COLLECTION
DES
MEILLEURS OUVRAGES
DE LA LANGUE FRANÇAISE
EN PROSE ET EN VERS.

OEUVRES COMPLÈTES
DE
BOILEAU DESPRÉAUX.

PARIS. — DE L'IMPRIMERIE DE RIGNOUX,
rue des Francs-Bourgeois-S.-Michel, n° 8.

OEUVRES COMPLÈTES

DE

BOILEAU DESPRÉAUX,

PRÉCÉDÉES

D'UNE NOTICE SUR SA VIE,

PAR M. DAUNOU,

MEMBRE DE L'INSTITUT, PROFESSEUR AU COLLÉGE ROYAL DE FRANCE.

TOME PREMIER.

PARIS.

BAUDOUIN FRÈRES, ÉDITEURS,

RUE DE VAUGIRARD, N° 17.

MDCCCXXVIII.

AVERTISSEMENT

DU

NOUVEL ÉDITEUR.

Le plus célèbre des adversaires que la gloire de Despréaux a rencontrés dans le dix-huitième siècle, dit encore de ce grand poëte : « Critique judicieux « et solide, il fut le vengeur et le conservateur « du goût; il fit la guerre aux mauvais écrivains et « déshonora leurs exemples; il fit sentir aux jeunes « gens les bienséances de tous les styles; donna « de chacun des genres une idée nette et précise; « connut ces vérités premières qui sont des règles « éternelles, et les grava dans les esprits avec des « traits ineffaçables..... (1). » Un éloge si magnifique et cependant si légitime, arraché à la raison d'un censeur, à d'autres égards rigoureux jusqu'à l'injustice, n'est-il pas la plus incontestable preuve de l'immense supériorité de Boileau, et le plus éclatant hommage que pût obtenir son génie?

« Je vous prêcherai éternellement, écrivait Vol-
« taire au jeune Helvétius qui se croyait poëte et

---

[1] Marmontel, *Essai sur le goût*.

AVERTISSEMENT

« n'avait pas assez d'estime pour le satirique, cet art
« d'écrire que Despréaux a si bien connu et si bien
« enseigné, ce respect pour la langue, cette suite
« d'idées, cet air aisé avec lequel il conduit son
« lecteur, ce naturel qui est le fruit de l'art, et
« cette apparence de facilité que l'on ne doit qu'au
« travail. » Voltaire ne croyait point au succès des
poëtes dépourvus d'admiration pour un écrivain
qui, en dictant les lois du goût aux auteurs de
son temps, est devenu le législateur de toutes les
littératures et de tous les siècles; dont les ouvrages
ont été traduits dans toutes les langues, comme
pour répondre aux critiques qui n'ont voulu voir
en lui qu'un habile traducteur des Grecs et des
Latins, et qui n'est pas moins admiré des étrangers que de ses compatriotes.

Cette nouvelle édition de Boileau Despréaux contient, sans exception, toutes ses OEuvres. Nous n'avons pas omis le moindre opuscule. Ses préfaces, ses notes, sa correspondance, ne sont nulle part plus complètes. Nous avons suivi, pour la pureté du texte, d'abord la grande édition exécutée par M. Pierre Didot, et ensuite la nouvelle et très bonne édition de M. Daunou, publiée en 1825 par M. Dupont. La comparaison de ces deux types, qui offrent quelques différences, et le choix des leçons les plus conformes à l'édition que Boileau a revue et préparée lui-même, nous ont permis de présenter un texte dont la correction sera, nous l'espérons, à l'abri de tout reproche.

Les notes insérées dans l'édition de 1701, donnée par Boileau, sont incontestablement son ouvrage; on lui attribue en outre celles de l'édition de 1713, publiée par Renaudot et Valincour, quoique plusieurs de ces dernières paraissent plutôt appartenir aux nouveaux éditeurs. Nous avons dû conserver les unes et les autres, parce qu'elles sont désormais inséparables des Œuvres de Despréaux; et pour les distinguer d'un petit nombre d'annotations nouvelles qui ont pour but d'éclaircir quelques parties du texte, nous les avons accompagnées de ce signe (B.), initiale de l'auteur auquel il est d'usage de les rapporter. Quant à nos propres remarques, elles ont été puisées dans les divers commentateurs; et pour rendre à chacun ce qui lui est dû, quelque peu considérables qu'aient été nos emprunts, nous devons dire que nous avons consulté particulièrement le grand et judicieux travail de M. Daunou.

Ce savant écrivain a des droits plus importants à notre reconnoissance; il a bien voulu nous permettre de réimprimer l'excellente *Vie de Boileau*, qui précède son commentaire. Ce morceau remarquable, qui offre sans contredit ce que nous possédons de plus complet sur l'auteur des Satires, nous dispense d'entrer dans aucun détail biographique et littéraire à l'égard de Despréaux. Il nous a suffi de rendre compte des efforts que nous avons faits pour rendre cette réimpression supérieure au plus grand nombre de celles qui l'ont précédée; d'indiquer le but des annotations nouvelles; et, pour ce qui regarde la correction typographique, de dire qu'elle a été l'objet de ces soins soutenus, au défaut desquels les plus belles éditions tombent bientôt dans le mépris.

LÉON THIESSÉ.

VIE

DE

BOILEAU DESPRÉAUX,

PAR M. DAUNOU,

NOUVELLEMENT REVUE ET AUGMENTÉE PAR SON AUTEUR.

La notice qu'on va lire présentera, dans un ordre à peu près chronologique, plusieurs traits de la vie de Boileau, et pourra d'ailleurs tenir lieu des recueils intitulés *Bolœana*. Ce nom, qui conviendroit aussi aux quarante notes qui suivent l'*Éloge de Despréaux* par d'Alembert, appartient, depuis 1740, à une compilation faite par Monchesnai; et l'on a, sous ce même titre de *Bolœana*, quelques pages d'anecdotes, placées par Cizeron-Rival, en 1770, à la suite de la Correspondance de Boileau et de Brossette.

Ces trois recueils de Monchesnai, de Cizeron-Rival et de d'Alembert, les *Éloges* de Boileau par Valincourt et par de Boze, les ouvrages même de ce poëte, sa *Vie* par Desmaiseaux, sa *Vie* abrégée par Goujet, les *Mémoires* de Racine fils sur la vie de son père, et le Commentaire de Brossette : telles sont les sources qui vont nous fournir ici des détails historiques. Nous ferons aussi quelque usage de la *Correspondance* de J.-B. Rousseau avec Brossette, et même des *Récréations littéraires* que Cizeron-Rival a publiées en 1765, et dans lesquelles il s'agit fort souvent de Despréaux. Quant aux lettres adressées par ce poëte lui-même à Brossette et à Racine, comme nous les imprimons tout entières dans le dernier volume de cette édition, nous n'en devons extraire que fort peu d'articles en celui-ci.

Les différentes sources qui viennent d'être indiquées ne sont pas toujours très pures; nous n'y puisons qu'avec réserve; et quoique nous ayons écarté les faits les plus invraisemblables, nous ne prétendons point garantir tous ceux qu'il a fallu conserver pour que cette partie de notre travail ne parût pas trop incomplète. Les anecdotes que l'on ne tient que de Brossette ne sont pas toutes bien avérées; et l'on a remarqué des inexactitudes même dans les mémoires de Racine fils.

I.

NAISSANCE DE BOILEAU DESPRÉAUX, SA FAMILLE, SA JEUNESSE, SES ÉTUDES.

Nicolas Boileau Despréaux naquit le 1er novembre 1636. Il a souvent parlé de son âge comme s'il étoit né en 1637; il en usoit ainsi pour se conformer à ce qu'il avoit dit un jour à Louis XIV : « Je suis né un an avant votre majesté, « pour annoncer les merveilles de son règne. »

Selon Louis Racine, Despréaux est né à Crône, village près de Villeneuve-Saint-Georges; et, selon d'autres, à Paris, dans la maison et dans la chambre même où la *Satire Ménippée* avoit été composée. Cette maison nous est indiquée tantôt comme faisant le coin du quai des Orfèvres et de la rue de Harlay, tantôt comme située dans la petite rue qui va de ce même quai à l'hôtel du premier président; et l'on ajoute que c'étoit précisément là que demeuroient le lieutenant-criminel Tardieu et sa femme, lorsqu'ils furent assassinés en 1665.

Louis Racine dit que Boileau fut baptisé à Crône, et

que ce village ayant été consumé par un incendie, on ne retrouva plus les registres de l'église, de telle sorte que la naissance du poëte ne put être constatée que par le registre domestique de son père. Au contraire, l'un de ses frères écrit à Brossette que le satirique a reçu le baptême dans la Sainte-Chapelle du Palais.

Son surnom de Despréaux vient, suivant Racine fils, d'un petit pré dans le village de Crône. Du moins on s'accorde à dire que Nicolas Boileau étoit le onzième enfant de Gilles Boileau, greffier du conseil de la grand'-chambre. Ce greffier caractérisoit ainsi trois de ses fils : « Gilot est un glorieux, Jaco un débauché ; pour Colin, « c'est un bon garçon qui ne dira jamais de mal de per- « sonne. » Or Colin est devenu le satirique Despréaux ; Jacques le débauché fut chanoine ; et Gilot le glorieux fut de l'Académie françoise vingt-cinq ans avant Nicolas.

Despréaux disoit, en parlant de son frère Gilles : « J'avois un frère aîné qui faisoit des vers. Quand il vit « mes premières satires, il en conçut une étrange ja- « lousie : *Ce petit drôle,* s'écrioit-il, *s'avise de faire des* « *vers.* Le généalogiste d'Hozier a dit de même de son « jeune frère : ce petit coquin s'avise de faire des généa- « logies. » Gilles étoit né en 1631 ; il mourut en 1669. »

Le chanoine Jacques Boileau aimoit à rire et à faire rire. « Mon frère ne pouvoit manquer d'être docteur, « disoit Despréaux ; s'il ne l'avoit pas été de Sorbonne, « il auroit pu l'être de la Comédie italienne. »

On rapporte que Jacques et Nicolas ayant eu une dispute fort vive, Nicolas répondit à des amis qui l'exhortoient à se réconcilier avec son frère : « De tout mon « cœur, parce que je me suis possédé ; je ne lui ai dit « aucunes sottises : s'il m'en étoit échappé une, je ne « lui pardonnerois de ma vie. »

Les jésuites disoient que les solitaires de Port-Royal faisoient des souliers par pénitence : Je ne sais, répondit Jacques Boileau, s'ils ont fait de mauvais souliers, mais je sais qu'ils vous portoient de bonnes bottes. Ce joyeux et savant abbé, né un an avant son frère Nicolas, vécut jusqu'en 1716.

Voilà trois fils du greffier Gilles Boileau qui ont cultivé les lettres : un autre, nommé *Jérôme,* qui est le second dans l'ordre des naissances, fut greffier après son père, depuis 1653 [1] jusqu'en 1679. C'est la date de la mort de Jérôme, chez qui Despréaux demeura jusqu'alors, et qui étoit fort adonné au jeu : il avoit une femme ridicule, à laquelle le satirique paroît avoir fait allusion dans la dixième satire.

On connoît un autre frère de Despréaux, mais né d'un premier lit, et appelé *Pierre Boileau-Puimorin.* Celui-là ne fit point de vers, mais il essaya un jour d'en faire. Il s'étoit avisé de critiquer *la Pucelle* devant l'auteur de ce poëme. C'est bien à vous d'en juger, lui dit Chapelain, vous, qui ne savez pas lire ! Je ne sais que trop lire, repartit Puimorin, depuis que vous faites imprimer. Puimorin fut si content de cette réponse, qu'il voulut la versifier : comme il n'en pouvoit venir à bout,

---

[1] Brossette dit 1657 ; mais Boileau, dans son épître X, s'exprime ainsi :

<pre>Dès le berceau perdant une fort jeune mère,
Réduit seize ans après à pleurer mon vieux père.</pre>

Or la mère de Boileau, Anne Denielle, mourut, âgée de 23 ans, en 1637. Si le père avoit vécu jusqu'en 1657, Despréaux auroit mis, sans difficulté, dans son vers, *vingt ans* au lieu de *seize.* Il se pourroit néanmoins que ce nombre de seize ne fût pas très précis, et qu'il tînt la place de 17 ou 18.

Racine et Despréaux s'en chargèrent, et firent cette épigramme :

> Froid, sec, dur, rude auteur, digne objet de satire,
> De ne savoir pas lire oses-tu me blâmer?
> Hélas! pour mes péchés, je n'ai su que trop lire
>   Depuis que tu fais imprimer.

Racine demandoit qu'on changeât le premier hémistiche du second de ces vers, et qu'on mît *de mon peu de lecture*. Molière soutint avec raison que la première manière étoit plus naturelle.

Invité à dîner chez de riches marchands juifs, Puimorin vouloit y mener avec lui son frère Despréaux qui répondit : Je ne veux point aller manger chez des coquins qui ont crucifié notre Seigneur. Ah! répliqua Puimorin, pourquoi m'en faites-vous souvenir lorsque le dîner est prêt et que ces pauvres gens m'attendent?

Despréaux disoit de lui : Mon frère a une joie continue avec des redoublements.

Ce Puimorin mourut pourtant de tristesse, si le récit qu'on en fait mérite quelque confiance. Il avoit été convenu entre lui et quelques uns de ses amis que le premier qui passeroit de vie à trépas viendroit donner aux survivants des nouvelles de l'autre monde. L'un d'eux étant mort peu de temps après, Puimorin crut le voir apparoître au milieu d'une nuit; et la frayeur qu'il en ressentit lui laissa une mélancolie profonde qui abrégea ses jours.

La jeunesse de Despréaux ne fut pas très heureuse : Il avoit perdu sa mère dès 1637. On lui donna pour logement dans la maison paternelle une guérite au dessus du grenier, et, quelque temps après, on l'en fit descendre pour le loger dans le grenier même; ce qui lui faisoit dire qu'il avoit commencé sa fortune par descendre au grenier. Il ajoutoit que si on lui offroit de renaître aux conditions onéreuses de sa première jeunesse, il n'y pourroit consentir... « Peut-on, disoit-il, « ne pas regarder comme un grand malheur le chagrin « continuel et particulier à cet âge de ne jamais faire sa « volonté?... Qu'importe qu'on connoisse le prix de ces « chaînes quand on les a secouées, si l'on n'en sent que « le poids quand on les porte? Au surplus, ajoutoit-il, « il seroit difficile de savoir quel est le meilleur temps de « la vie : on peut seulement dire que ce n'est presque « jamais celui qui s'écoule au moment où l'on fait cette « question. »

« Despréaux fit ses premières études au collége d'Har- « court, où il achevoit sa quatrième lorsqu'il fut attaqué « de la pierre. Il fallut le tailler; et l'opération, faite en « apparence avec beaucoup de succès, lui laissa cepen- « dant pour tout le reste de sa vie une très grande in- « commodité. » Ainsi s'exprime M. de Boze : Louis Racine dit que l'opération fut très mal faite. Depuis, on a raconté que Despréaux avoit essuyé dans son enfance un autre accident, auquel Helvétius attribue *la disette de sentiments* qu'il prétend remarquer *dans tous les ouvrages de ce poëte*. De là, ajoute Helvétius, le célibat de Boileau, sa *satire contre les Femmes*, son antipathie pour Quinault et pour toutes les poésies galantes, sa *satire sur l'Équivoque*, son admiration pour Arnauld, et son *épître sur l'Amour de Dieu*. De là aussi son aversion pour les jésuites qui avoient apporté les dindons en France; car c'étoit un dindon qui, à grands coups de bec, l'avoit blessé dans une partie très délicate. (*Voyez* la première note sur le chapitre 1er du discours III du livre *de l'Esprit.*) Nous ne pouvons pas être tentés de réfuter sérieusement tant de conséquences, si rapidement déduites d'un fait fort peu avéré, révélé, dit-on, après 1711, par le médecin Gendron à l'intendant de Languedoc, Le Nain, qui l'a conté à un quidam de qui le tenoit l'un des rédacteurs de *l'Année littéraire;* recueil où Helvétius et après lui le chevalier de Cubières et plusieurs autres ont pris cette anecdote.

Quelle que fût la cause de la maladie de Boileau, écolier de quatrième, « dès qu'il fut en état de reprendre
« ses exercices, continue de Boze, il alla en troisième
« au collége de Beauvais, sous M. Sevin, qui enseignoit
« cette classe depuis près de cinquante ans; et qui pas-
« soit pour l'homme du monde qui jugeoit le mieux de
« l'esprit des jeunes gens... Il reconnut dans son nou-
« veau disciple un talent extraordinaire pour les vers,
« et crut pouvoir assurer sans restriction qu'il se feroit
« par là un nom fameux. »

Le jeune Despréaux passoit les nuits et les jours à lire des poésies et des romans. Il commença, au collége, une tragédie, dont la première scène étoit une querelle entre trois géants. Le roi Grifalar, autre géant, survenoit pour les apaiser.

Géants, arrêtez-vous,
Gardez pour l'ennemi la fureur de vos coups.

De toute ma tragédie, disoit Despréaux, je n'ai retenu que ces trois hémistiches qui ne sont pas mal tournés : Boyer n'en a jamais fait de si bons.

Il fit comme un autre ce qu'on appeloit un cours de philosophie, et en rapporta le seul fruit qu'un bon esprit pût retirer d'un tel genre d'études, un profond mépris pour la scolastique. Cependant on le destinoit au barreau; il fut condamné à étudier en droit, et même reçu avocat le 4 décembre 1656, environ trois ans après avoir perdu son père.

D'Alembert raconte que « M. Dongois, son beau-frère, « greffier du parlement, l'avoit pris chez lui pour le « former à la procédure. Ce M. Dongois avoit un arrêt « à dresser dans une affaire importante. Il le composoit « avec enthousiasme, et le dictoit à Despréaux avec em- « phase. Quand il eut fini, il dit à son scribe de lui en « faire la lecture, et comme le scribe ne répondoit pas, « M. Dongois s'aperçut qu'il s'étoit endormi, et avoit à « peine écrit quelques mots de ce chef-d'œuvre. Outré « d'indignation, le greffier renvoya Despréaux, en assu- « rant que ce jeune homme, sans émulation, sans res- « sort, et presque sans instinct, ne seroit qu'un sot le « reste de sa vie. »

Il convient de remarquer ici que c'est Boileau-Puimorin, et non Despréaux, que Racine père et Racine fils font figurer dans l'aventure que vient de raconter d'Alembert. *J'étois accablé de sommeil*, écrit Racine père à Despréaux (lettre du 6 août 1693), *à peu près comme étoit M. Puimorin en écrivant ce bel arrêt sous M. Dongois*. « M. Dongois (ajoute Racine fils dans une note) « étant obligé de passer la nuit à dresser le dispositif « d'un arrêt, le dictoit à M. Puimorin, frère de Boileau; « et M. Puimorin écrivoit si promptement, que M. Don- « gois étoit étonné que ce jeune homme eût tant de dis- « positions pour la pratique. Après avoir dicté pendant « deux heures, il voulut lire l'arrêt, et trouva que le « jeune Puimorin n'avoit écrit que le dernier mot de « chaque phrase. »

Peut-être en étoit-il arrivé autant à Despréaux lui-même. « Celui-ci, dit de Boze, ayant été chargé d'une « première cause, loin de s'en instruire, ne songea qu'aux

« moyens de s'en défaire honnêtement, et y réussit de
« manière que le procureur retirant ses sacs, le soup-
« çonna d'y avoir découvert une procédure peu régu-
« lière, et dit en sortant que ce jeune avocat irait loin. »
Mais le fait est tout différemment raconté par Louis
Racine, selon lequel Despréaux se tira fort mal de ce
début. Comme il alloit commencer son plaidoyer, le
procureur s'approcha de lui et lui recommanda de ne
point oublier de demander que la partie fût interrogée
sur faits et articles. Pourquoi donc, répondit Boileau,
cela n'est-il pas fait encore? Si tout n'est pas prêt, pourquoi me faire plaider? Le procureur éclata de rire, et
dit à ses confrères : Voilà un jeune avocat qui ira loin ;
il a de grandes dispositions.

Despréaux n'estimoit pas plus les déclamations des
avocats et les harangues des magistrats que les formules
des greffiers. Conversant un jour avec l'avocat-général
de Harlay, il louoit Virgile de ne dire jamais rien de
trop : Je ne me serois pas douté, dit Harlay, que ce fût
là un si grand mérite. Si grand, repartit Boileau, que
c'est celui qui manque à toutes vos harangues.

Ayant conçu pour le barreau une répugnance invincible, Boileau s'avisa d'aller faire un cours de théologie
en Sorbonne; et comme nous l'a déja dit de Boze, il y
retrouva la chicane sous un autre habit. Ce nouveau
genre d'étude, qui ne lui parut guère plus aimable, lui
valut pourtant un bénéfice, le prieuré de Saint-Paterne,
qui rapportoit par an huit cents livres. Il le garda huit
ou neuf ans, et le rendit avec tous les fruits qu'il en
avoit perçus. Cette restitution servit, dit-on, à doter sa
maîtresse qui se faisoit religieuse, la demoiselle Marie
Poncher de Bretouville.

Après avoir renoncé au greffe, au barreau, à la Sorbonne, aux bénéfices, et même aux maîtresses, Boileau se livra tout entier à la poésie.

II.

TRAVAUX LITTÉRAIRES DE BOILEAU.

Ce fut en 1660 que Boileau, âgé de vingt-quatre ans, prit place parmi les poëtes françois par sa première satire et par celle qui est appelée la sixième dans les éditions de ses OEuvres. Durant les sept années précédentes, il s'étoit exercé en quelques autres genres, avoit composé un sonnet, des chansons, même une ode contre les Anglois. Ses satires le firent mieux connoître : il fut admis à les lire dans une société alors fameuse que présidoient la marquise de Rambouillet sous le nom d'*Arténice*, et sa fille la duchesse de Montausier sous le nom de *Julie*. Là brilloient Chapelain et Cotin : le jeune Despréaux n'eut pas le bonheur de leur plaire ; il n'admira pas non plus leur génie, ni leur goût, ni leur savoir ; il sortit de l'hôtel Rambouillet, plus satirique qu'il n'y étoit entré.

Il ne tarda point à fréquenter de meilleures compagnies, celles de M. La Rochefoucault, de mesdames de La Fayette et de Sévigné. Voilà où le rencontroit, dès 1665, le marquis de Pomponne, qui dans une lettre à son père, datée du 4 février de cette année-là, après avoir nommé ces personnages et quelques autres, ajoutoit : « Et sur le tout Boileau que vous connoissez, qui y « étoit venu réciter de ses satires qui me parurent ad- « mirables. »

Entre les années 1660 et 1669, Despréaux composa les sept satires que les éditions nomment la septième, la deuxième, la quatrième, la troisième, la cinquième, la huitième et la neuvième, outre le discours en vers adressé à Louis XIV. Quelques uns de ses écrits en prose sont du même temps ; savoir la *Dissertation sur Joconde*, le *Dialogue des Héros de roman*, et le *Discours sur la satire*.

Il étoit donc, en 1668, établi satirique de profession. Plus d'une fois on lui avoit représenté que c'étoit le moyen de se faire beaucoup d'ennemis. Hé bien, disoit-il, je serai honnête homme, et je ne les craindrai point. Lorsqu'on lui annonçoit une critique d'un de ses poëmes : Tant mieux, répondoit-il, les mauvais ouvrages sont ceux dont on ne parle pas. Du reste il prétendoit, si nous en croyons Monchesnai, que ses ennemis n'avoient jamais su trouver dans ses ouvrages le véritable défaut, *l'endroit fatal d'Achille* ; et lorsqu'on lui demandoit quel étoit donc ce côté foible, cet endroit vulnérable ; c'est, répliquoit-il, ce que je ne vous dirai point ; devinez, si vous pouvez.

Mademoiselle de Lamoignon, sœur du premier président, avoit peine à pardonner à Boileau ses satires et ses épigrammes. Quoi ! disoit le poëte, vous ne permettriez pas une satire contre le grand-turc ! Non, répondit-elle, c'est un souverain. — Mais au moins contre le diable ! ajouta Despréaux. Elle se tut un moment, et répliqua : Non ; il ne faut jamais dire de mal de personne.

D'Alembert répète, après Louis Racine, une anecdote que Despréaux lui-même se plaisoit à raconter ainsi : « Un bon prêtre, à qui je me confessois, me demanda « quelle étoit ma profession. — Poëte. — Vilain métier ! « Et dans quel genre ? — Satirique. — Encore pis. Et « contre qui ? — Contre les faiseurs d'opéras et de ro- « mans. — Achevez votre *confiteor*. »

Boileau travailloit lentement ; et, pour justifier les délais qu'éprouvoit toujours la publication de ses ouvrages, il avoit coutume de dire : Le public ne s'informera pas du temps que j'y aurai mis. Un de ses amis, le trouvant un jour fort agité, lui demanda ce qui l'occupoit : Une rime, dit-il, je la cherche depuis trois heures. — Voulez-vous que je vous apporte un dictionnaire des rimes? — Non, non, trouvez-moi plutôt le dictionnaire de la raison. Ses commentateurs prétendent qu'il faisoit ordinairement le second vers avant le premier : il est certain qu'il s'appliquoit surtout à éviter ces vers-chevilles que la rime seule amène, et qu'il appeloit *frères chapeaux*.

Boileau lisoit parfaitement ses vers, dit Louis Racine, et il étoit fort attentif à la contenance de ses auditeurs.

Depuis 1669 jusqu'en 1674, Despréaux ne fit aucune satire, mais il publia ses cinq premières épîtres, son *Art poétique*, les quatre premiers chants du *Lutrin* et la traduction de Longin. Cette seconde partie de sa carrière littéraire est la plus brillante. Il paroît néanmoins que son libraire Barbin avoit éprouvé quelques difficultés pour l'impression de l'*Art poétique*. Des intrigues de Montausier et de Pellisson firent suspendre le privilége; mais enfin Colbert écrivit à Boileau : « Le roi m'a « ordonné de vous accorder un privilége pour votre « *Art poétique* aussitôt que je l'aurai lu. » On trouvera dans notre tome III la lettre de remercîment adressée par le poëte au ministre peu de jours après. Boileau Puimorin, qui étoit contrôleur des menus, eut en cette qualité un entretien avec Colbert, et en profita pour excuser son frère de s'en être tenu à une simple lettre. Tout ce que je puis vous en dire, répondit Colbert, c'est que jamais lettre ne m'a fait plus de plaisir que la sienne.

De 1675 à 1694, Despréaux a écrit en vers ses épîtres IX, VIII, VII et VI, les deux derniers chants du *Lutrin*, plusieurs épigrammes, la satire contre les femmes et l'ode sur la prise de Namur; en prose, les lettres à Vivonne au nom et dans le style de Balzac et de Voiture, le discours de réception à l'Académie françoise en 1683, les neuf premières réflexions sur Longin, beaucoup de lettres à Racine, et une longue lettre à Arnauld qui avoit pris la défense de la satire x.

Boileau racontoit qu'un de ses parents auquel il avoit fait présent de ses OEuvres lui dit, après les avoir lues: Mon cousin, pourquoi tout n'est-il pas de vous dans vos ouvrages? J'y ai trouvé deux lettres à M. de Vivonne, dont l'une est de Balzac, et l'autre de Voiture, du mois de juin 1675. Un grand seigneur lui avoit dit un jour, à Versailles, à propos de la traduction de Longin: Vous avez donc fait un traité sur le sublimé!

Les épîtres x, xi et xii, la satire onzième et la douzième; les trois dernières réflexions sur Longin, quelques autres écrits en prose, et des lettres au commentateur Brossette, forment la quatrième partie des travaux littéraires de Boileau, qui n'est pas la plus précieuse: elle correspond aux seize dernières années de sa vie, de 1695 à 1711.

Jamais Despréaux n'a retiré de ses ouvrages le moindre profit pécuniaire. Racine, père de famille, ne porta pas la générosité si loin, et ce fut pour lui que furent faits ces deux vers de l'*Art poétique :*

> Je sais qu'un noble esprit peut, sans honte et sans crime,
> Tirer de son travail un tribut légitime.

Ne voulant faire entrer dans notre édition que les ouvrages de Boileau dont l'authenticité est certaine ou fort probable, nous en exclurons quelques pièces qui ont été imprimées sous son nom, et dont il n'est sûrement point l'auteur. Telles sont :

Une satire contre les exactions ou maltôtes ecclésiastiques, commençant par ces mots : *Quel est donc ce chaos et cette extravagance?*

Une satire contre le mariage : *Non, je ne ferai pas ce qu'on veut que je fasse;*

Une épître à Despréaux lui-même : *Oui, ranime, il est temps, ta satirique audace*, imprimée en 1770, à la suite de la correspondance de Boileau avec Brossette;

Une épître à M. de Termes, sur l'usage à faire de ses revenus, insérée dans la première partie du tome II des *Mémoires de littérature* du père Desmolets. « Il m'eût été « facile, » dit Desmolets dans la préface du tome III des mêmes Mémoires, « de reconnoître que cette épître « n'étoit pas de ce grand poëte, si j'avois eu le temps « de la lire avant de la donner à l'imprimeur. »

On trouve, page 221-263 des *Factums* de Furetière contre l'Académie françoise (édition d'Amsterdam, 1694), un Dialogue de M. D. et de M. L. M., avocat au parlement. Despréaux est réellement indiqué par l'initiale D; il est un des interlocuteurs du dialogue; mais jamais il n'a dû être soupçonné un seul instant d'avoir composé ce libelle, dont Charpentier seul est l'auteur. (*Voyez* le *Carpenteriana*, page 487, et la *Bibliothèque françoise* de Goujet, tome XVIII, page 258.)

C'est aussi contre toute raison que, dans le *Santoliana* de 1764, page 256, l'abbé Dinouart attribue à Despréaux une réponse à la lettre de Charpentier, sur un poëme latin (de Santeul) intitulé *Gabrielis Cossarti Tumulus;* réponse imprimée à Paris en 1675, in-12.

Dans le *Mercure de France*, septembre 1748, on avoit annoncé, comme un ouvrage de Boileau, un poëme

VIE DE BOILEAU.

ayant pour titre *le Bâton du Chantre*, qu'on assimiloit au *Lutrin*. Ce poëme, que nous n'avons pu rencontrer, est d'un abbé Gaucher, chanoine de Gien, mort en 1753. Il l'avoit lu à Goujet, qui en parle dans le catalogue manuscrit de ses livres.

Nous lisons, page 183 du tome III des *Lettres de la comtesse de la Rivière*, les lignes suivantes :

« Despréaux avoit composé pour ma fille un petit ou-
« vrage intitulé *Conseils d'un vieux ami à sa jeune amie ;*
« petit pour la forme, grand pour la matière ; conte-
« nant cent conseils que ma fille goûte comme si elle
« avoit trente ans. »

Ces Conseils ne se retrouvent nulle part, ni imprimés ni manuscrits. Mais ajoutons que ces prétendues Lettres de la comtesse de la Rivière, publiées en 1776, en trois volumes in-12, par mademoiselle Poulain de Nogent, ne sont aucunement authentiques, quoiqu'elles ne soient pas purement romanesques. Plusieurs noms propres y sont défigurés ; les anachronismes y fourmillent : par exemple, madame de la Rivière y parle, sous la date de 1689, de quatre cantiques de Racine qui n'ont été composés qu'en 1694.

III.

DIVERS TRAITS DU CARACTÈRE ET DE LA VIE DE BOILEAU.

Les travaux littéraires de Boileau ne l'empêchèrent jamais de cultiver ses amis, et de porter dans les sociétés une humeur enjouée, un esprit aimable. Il étoit fort exact aux rendez-vous. « Je ne me fais jamais attendre,
« disoit-il, parce que j'ai remarqué que les défauts d'un
« homme se présentent toujours aux yeux de celui qui
« l'attend. »

Dans une maison où se trouvoit Despréaux, une demoiselle dansa, chanta, joua du clavecin; et comme elle n'excelloit ni au clavecin, ni dans le chant, ni à la danse, il lui dit : « On vous a tout appris, mademoiselle, hor-« mis à plaire, et c'est pourtant ce que vous savez le « mieux. »

« Despréaux, dit madame de Sévigné, a été avec Gour-« ville voir M. le Prince. M. le Prince l'envoya voir son « armée. Hé bien, qu'en dites-vous? dit M. le Prince. « Monseigneur, dit Despréaux, je crois qu'elle sera fort « bonne quand elle sera majeure. C'est que le plus âgé « n'a pas dix-huit ans. »

On lui attribue plusieurs autres mots; par exemple, qu'il y a, entre un mort et un paralytique, cette différence, que le paralytique est un mort qui souffre, et le mort un paralytique qui ne souffre pas.

Il étoit question d'un homme qui parloit fort lentement : « Le oui et le non, dit Boileau, sont des périodes « dans sa bouche. »

L'avocat Fourcroi, qui avoit des poumons redoutables, disputoit contre Molière en présence de Boileau; celui-ci, se tournant vers Molière, lui dit : « Qu'est-ce « que la raison avec un filet de voix contre une gueule « comme celle-là? »

Le libraire Barbin possédoit une maison de campagne très ornée et très petite, dans laquelle il avoit un jour rassemblé beaucoup trop de monde. Boileau voulut partir aussitôt après le dîner. Mais où allez-vous donc si vite? lui dit Barbin. — Je m'en vais prendre l'air à Paris.

Boileau s'est quelquefois moqué de certains hommes qui, disoit-il, s'imaginent ne pas croire en Dieu, et sont faits pour croire aux revenants, aux légendes et aux bulles.

VIE DE BOILEAU.

Il avoit à un très haut degré le talent de contrefaire les tons et les gestes de plusieurs personnages, même de ceux qui contrefont les autres, c'est-à-dire des comédiens. Un jour, devant Louis XIV, il contrefit Molière qui étoit présent et qui dit : Nous ne pouvons juger de notre propre ressemblance ; mais la mienne est parfaite, s'il m'a aussi bien imité que tous les autres. Racine, dans une lettre à Despréaux, parle de la perfection avec laquelle ce satirique copioit la manière de danser d'un M. Jannart, qu'on croit oncle de la femme de La Fontaine.

Madame de Sévigné a dit de Boileau qu'il n'étoit cruel qu'en vers. Il se dépeignoit lui-même comme un homme doux et candide, n'ayant *ni griffes ni ongles*. Sa vie est pleine de bonnes actions et de traits généreux.

Quelques seigneurs lui ayant raconté que, dans une débauche, ils avoient envoyé chercher un apothicaire, lui avoient administré de force un remède presque bouillant, et l'avoient ensuite contraint de danser, Despréaux, indigné d'une méchanceté si grossière, leur en fit tant de honte, que l'un d'eux envoya sur l'heure trente pistoles au malheureux pharmacien.

Boileau avoit prêté neuf mille livres à un de ses neveux, et ce débiteur ne fut ni reconnoissant ni exact. Le poëte lui abandonna deux mille livres sur les neuf, et dit : « Si j'eusse été content de lui, je lui eusse volontiers « cédé la somme entière : car aussi bien il m'avoit accou- « tumé à m'en passer. »

« Le célèbre M. Patru se trouvoit, dit de Boze, à la « honte de son siècle, réduit à vendre ses livres, la plus « agréable et presque la seule chose qui lui restoit. « M. Despréaux apprit qu'il étoit sur le point de les don- « ner pour une somme assez modique ; et il alla aussitôt

« lui offrir près d'un tiers davantage ; mais, l'argent
« compté, il mit dans son marché une nouvelle condi-
« tion qui étonna M. Patru, ce fut qu'il garderoit ses
« livres comme auparavant, et que sa bibliothèque ne
« seroit qu'en survivance à M. Despréaux. » Ce fait nous
est aussi attesté par Boursault.

« Il ne fut pas moins généreux, poursuit de Boze,
« envers M. Cassandre, auteur d'une excellente traduc-
« tion de la *Rhétorique* d'Aristote ; et sa bourse fut en-
« core ouverte à beaucoup d'autres : car la vue d'un
« homme de lettres qui étoit dans le besoin lui faisoit
« tant de peine, qu'il ne pouvoit s'empêcher de prêter
« de l'argent, même à Linière, qui souvent alloit du
« même pas au premier endroit du voisinage faire une
« chanson contre son créancier. »

« Après la mort de Colbert, dit d'Alembert, la pen-
« sion qu'il avoit fait donner à Corneille fut supprimée,
« quoique ce grand homme fût pauvre, âgé, malade et
« mourant. Despréaux courut chez le roi pour l'engager
« à rétablir cette pension. Il offrit le sacrifice de celle
« dont il jouissoit lui-même, disant qu'il ne pouvoit, sans
« honte, recevoir une pension de sa majesté, tandis qu'un
« homme tel que Corneille en étoit privé. Le roi envoya
« deux cents louis à Corneille, et ce fut un parent de
« Despréaux qui les porta. Les jésuites (particulièrement
« le père Tournemine) nièrent cet acte de bienfaisance
« du poëte, et l'attribuèrent au père de La Chaise ; mais
« ils sont les seuls qui en aient fait honneur à leur con-
« frère. Le témoignage de Boursault, qui rapporte ce
« fait dans ses lettres, et qui n'aimoit pas Despréaux,
« suffit pour les réfuter. »

On lit, dans la cent vingt-septième lettre de la comtesse de la Rivière, que Despréaux vouloit qu'on élevât

les enfants avec douceur, et qu'on leur laissât la liberté de se mêler aux entretiens. Ailleurs, madame de la Rivière parle des relations de Boileau avec le comte Desmoulins : mais nous n'avons point assez de confiance dans ces lettres pour en extraire les articles nombreux qui concernent Despréaux.

IV.

OPINIONS DE BOILEAU SUR LES ÉCRIVAINS DE L'ANTIQUITÉ.

On sait à quel point Boileau admiroit les anciens, et surtout Homère. Je soutiens, disoit-il un jour à Brossette, que si un homme employoit plusieurs années de sa vie à apprendre le grec, uniquement pour entendre l'*Iliade* et l'*Odyssée*, il seroit bien payé de ses peines par la seule lecture de ces deux poëmes. L'avocat général Harlay de Beaumont avoit mal parlé d'Homère : « Il faut, monsieur, lui répondit Boileau, que vous ne l'ayez jamais lu pour en parler ainsi. Si vous l'aviez lu avec attention, vous sauriez que c'est un homme qui dit toujours ce qu'il faut dire sur un sujet, et rien de plus. *Voyez*, au livre 1 de l'*Iliade*, le discours du père de Chryséis qui vient redemander sa fille à Agamemnon. Je vous propose ce discours comme le plus excellent modèle de harangues, parce qu'en deux périodes il renferme une infinité d'idées et de circonstances; il n'appartient qu'à Homère d'être si heureusement laconique. »

On dit aussi sur la foi de Brossette que Despréaux louoit dans Homère le talent d'exprimer noblement les plus petites choses, et celui de faire connoître un homme en un seul mot. C'est, disoit-il encore, un poëte que les graces ne quittent point : tout ce qu'il écrit est dans la nature.

VIE DE BOILEAU.

« Je me souviens, dit Lamotte, qu'un jour je deman-
« dai raison à M. Despréaux de la bizarrerie et de l'in-
« décence des dieux d'Homère: il dédaigna de les jus-
« tifier par le secours trivial des allégories, et il voulut
« bien me faire confidence d'un sentiment qui lui étoit
« propre, quoique, tout persuadé qu'il en étoit, il n'ait
« pas voulu le rendre public; c'est qu'Homère avoit
« craint d'ennuyer par le tragique continu de son sujet;
« que, n'ayant de la part des hommes que des combats
« et des passions funestes à peindre, il avoit voulu égayer
« le fond de sa matière aux dépens des dieux mêmes,
« et qu'il leur avoit fait jouer la comédie dans les en-
« tr'actes de son action, pour délasser le lecteur, que la
« continuité des combats auroit rebuté sans ces inter-
« mèdes. » Nous rapportons et ne garantissons pas ce
récit de Lamotte.

« Boileau et Racine, en écrivant en faveur des an-
« ciens contre Perrault, furent plus adroits que le che-
« valier Temple : ils se gardèrent bien de parler d'as-
« tronomie et de physique. Boileau s'en tint à justifier
« Homère contre Perrault, mais en glissant adroitement
« sur les défauts du poëte grec et sur le sommeil que
« lui reproche Horace. » *Voltaire*, Dict. phil., art. *Anc.
et Mod.*

Adry a publié en 1807 (à la suite de la Princesse de
Clèves et des lettres de Valincour sur ce roman, Paris,
2 vol. in-12) un dialogue entre Despréaux, d'Aguesseau, Racine, Renaudot, le comte de Fiesque et Valincour, extrait des *OEuvres posthumes* de ce dernier,
en 2 vol. in-fol. manuscrits. Boileau fait dans ce dialogue le récit suivant :

« Je vous dirai que, dans le temps que Perrault pu-
« blia ces étranges dialogues, où il blâme, comme disoit

« M. le prince de Conti, ce que tous les hommes ont
« toujours admiré, et où il admire ce que tous les hom-
« mes ont toujours méprisé, la cour et la ville parurent
« durant quelque temps partagées sur son sujet, car il
« n'y a point d'opinion si extravagante qui, dans sa nou-
« veauté, ne s'attire des sectateurs ; et comme je l'ai dit
« autrefois :

« Un sot trouve toujours un plus sot qui l'admire.

« Un jour que nous étions dans la galerie (de Ver-
« sailles), M. Valincour, M. Racine et moi, nous fûmes
« assaillis par trois ou quatre jeunes gens de la cour,
« grands admirateurs du fade style de Quinault et des
« fausses pointes de Benserade. L'un d'eux commença
« par nous demander s'il étoit bien vrai que nous mis-
« sions ces deux poëtes si fort au dessous d'Homère et de
« Virgile. — C'est, lui dis-je, comme si vous me deman-
« diez si je préfère les diamans de la couronne à ceux
« que l'on fait au Temple. — Eh! qu'a donc de si mer-
« veilleux cet Homère? me dit un autre. Est-ce d'avoir
« fait l'éloge des Myrmidons? — Quoi, interrompit un
« troisième, est-ce qu'Homère a parlé des Myrmidons?
« Ah, parbleu, voilà qui est plaisant! —Et sur cela toute
« la troupe fit un si grand éclat de rire, que je me trou-
« vai hors d'état de répondre. Ce bruit attira à nous un
« grand seigneur, également respectable par son âge,
« par son rang et par mille autres qualités. Qu'y a-t-il
« donc entre vous, messieurs? nous dit-il, je vous trouve
« bien émus. — C'est, lui dis-je, que ces messieurs
« veulent qu'Homère ait été un mauvais poëte, parce
« qu'il a parlé des Myrmidons.—Vous êtes de plaisantes
« gens, leur dit-il, de contredire ces messieurs-là ; vous
« êtes bien heureux qu'ils veuillent vous instruire, et

« vous ne devez songer qu'à profiter de leurs avis, sans
« vous mêler de critiquer ce qu'ils entendent mieux que
« vous. Ces paroles prononcées d'un air et d'un ton d'au-
« torité imposèrent à cette jeunesse, et alors le grand
« seigneur, que je regardois déja comme un grand pro-
« tecteur d'Homère, nous ayant menés tous trois dans
« l'embrasure d'une fenêtre, et prenant un air plus grave:
« Vous voyez, dit-il, comme j'ai parlé à ces jeunes gens-
« là, et l'on ne sauroit trop réprimer les airs décisifs
« qu'ils prennent en toute occasion sur les choses qu'ils
« savent le moins; mais, dans le fond, vous autres, dites-
« moi, est-il vrai que cet Homère ait parlé de Myrmidons
« dans son poëme? — Vraiment, monsieur, lui dis-je, il
« fallait bien qu'il en parlât; c'étoient les soldats d'Achille,
« et les plus vaillants de l'armée des Grecs. — Hé bien,
« me dit-il, voulez-vous que je vous parle franchement?
« Il a fait une sottise. — Comment donc, monsieur, est-
« ce qu'on en feroit une si, dans une histoire du roi, on
« parloit du régiment de Champagne ou de celui de
« Picardie? — Oh! je sais bien, dit-il, que vous ne
« manquerez jamais de réponse: vous avez tous beau-
« coup d'esprit assurément, et personne ne vous le con-
« teste; mais vous êtes entêtés de vos opinions, et vous
« ne vous rendez jamais à celles d'autrui; et c'est aussi
« ce qui vous fait des ennemis. Pour moi, je ne me pique
« pas d'être savant, mais il y a assez long-temps que je
« suis à la cour pour connoître ce qui est de son goût.
« Le poëme d'Homère, n'est-ce pas un ouvrage sérieux?
« — Très sérieux, lui dis-je, et même tragique. — Et
« c'est en cela, me dit-il, que sa sottise en est encore
« plus grande d'avoir été fourrer là des Myrmidons: si
« Scarron, par exemple, en avoit parlé dans ses vers ou
« dans le Roman comique, cela eût été à merveille et

« fort à sa place ; mais dans un ouvrage sérieux, je vous
« le répète encore, messieurs, malgré tout votre entête-
« ment, cela est tout-à-fait ridicule, et l'on a raison de s'en
« moquer. J'avoue que la liberté satirique fut sur le point
« d'éclater contre un discours si contraire au bon sens ; et
« il me seroit peut-être échappé quelque sottise plus
« grande assurément que celle d'Homère, si, heureuse-
« ment pour moi, le roi ne fût sorti pour aller à la messe.
« Le grand seigneur nous quitta brusquement pour le
« suivre. »

Quelqu'un disoit à Boileau : Je lis maintenant un auteur qui est bien mon homme, c'est Démosthène. Si c'est votre homme, repartit Boileau, ce n'est pas le mien, il me fait tomber la plume des mains : toutes les fois que je lis sa harangue pour la couronne, je voudrois n'avoir rien écrit.

Térence est bien supérieur à Plaute, disoit Boileau ; toutes les expressions de Térence vont au cœur ; il ne cherche point à faire rire, ce qu'affectent surtout les autres comiques ; il ne s'étudie qu'à dire des choses raisonnables, et tous ses termes sont dans la nature, qu'il peint admirablement. Les valets qu'il introduit sur la scène ne sont pas, comme dans Plaute, toujours sûrs du succès de leurs stratagèmes ; les dénouements ne sont pas prévus dès les premières scènes : il faut qu'un incident vraisemblable, mais inattendu, qu'une reconnaissance naturelle vienne au secours du valet dont la prudence a été trompée. Si l'on peut s'en rapporter à Monchesnai, Despréaux ajoutoit que Térence plus parfait que Molière savoit mieux s'arrêter à propos et ne point dépasser la mesure. Il seroit triste que Boileau n'eût pas reconnu que son ami Molière étoit fort supérieur à Térence dans presque toutes les parties de l'art-

comique. Mais il y a malheureusement dans le troisième chant de l'*Art poétique* des vers qui sembleroient confirmer la relation de Monchesnai.

Boileau ne révéroit pas sans distinction toute l'antiquité : on dit, par exemple, qu'il ne voyoit dans la vie de Pomponius-Atticus, par Cornélius-Népos, que l'éloge puéril d'un très petit personnage.

Le jésuite Hardouin venoit de soutenir que plusieurs livres attribués à d'anciens auteurs grecs et latins avoient été fabriqués par des moines du douzième et du treizième siècle. Je ne sais ce qui en est, disoit Boileau ; mais, quoique je n'aime pas les moines, je n'aurois pas été fâché de vivre avec frère Horace, frère Juvénal, dom Virgile et dom Cicéron.

« Savez-vous, demandoit Boileau, pourquoi les anciens ont si peu d'admirateurs? C'est parce que les trois quarts, tout au moins, de ceux qui les ont traduits étoient des ignorants ou des sots. Madame de La Fayette, la femme de France qui avoit le plus d'esprit, et qui écrivoit le mieux, comparoit un sot traducteur à un laquais que sa maîtresse envoie faire compliment à quelqu'un. Ce que sa maîtresse lui aura dit en termes polis, il va le rendre grossièrement ; il l'estropie... Voilà la plus parfaite image d'un mauvais traducteur. Mais ce n'est pas même assez qu'un traducteur ait de l'esprit, s'il n'a la sorte d'esprit de son original. Car Tourreil n'est pas un sot à beaucoup près, et cependant quel monstre que son Démosthène! je dis monstre, parce qu'en effet c'est un monstre qu'un homme démesurément grand et bouffi. Un jour que Racine étoit à Auteuil chez moi, Tourreil y vint et nous consulta sur un endroit qu'il avoit traduit de cinq ou six façons, toutes moins naturelles et plus guindées les unes que les autres. Ah, le

bourreau! il fera tant qu'il donnera de l'esprit à Démosthène, me dit Racine tout bas. Ce qu'on appelle esprit
dans ce sens-là, c'est précisément l'or du bon sens converti en clinquant. » D'Olivet, qui rapporte ce discours
de Boileau, l'avoit écouté avec une attention si profonde,
qu'il se croit sûr de l'avoir rendu sans aucune altération.

« Le travail de la traduction, dit encore d'Olivet, est
« une riche mine de principes et d'idées, et une excellente
« école dans l'art d'écrire : c'étoit l'avis de Despréaux. »

V.

OPINIONS DE BOILEAU SUR PLUSIEURS ÉCRIVAINS MODERNES.
SES QUERELLES AVEC QUELQUES UNS.

Despréaux avoit su apprécier les *Essais de Montaigne;*
il ne partageoit point les préventions des solitaires de
Port-Royal contre cet admirable livre : c'étoit l'un de
ceux qu'il lisoit avec le plus de délices.

Il a contrefait avec un bonheur extrême l'emphase de
Balzac et l'afféterie de Voiture. Il les citoit l'un et l'autre
pour montrer qu'on ne doit pas juger du caractère mo-
ral des auteurs par leurs écrits : « Balzac, disoit-il, feroit
peur à pratiquer par l'affectation de son style; c'est un
homme qui commence une lettre par ces mots : Votre
abondance est la cause de ma disette; au lieu que Voiture feroit regretter à ses lecteurs de n'avoir pas vécu
avec lui. On m'a cependant assuré que la société de Balzac, loin d'être épineuse, étoit remplie de douceur et
d'agrément; tandis que Voiture, accoutumé à courtiser
des altesses, faisoit le souverain avec ses égaux. Ils ne
se ressembloient que par le travail que leur coûtoient

leurs lettres : il leur falloit quelquefois quinze jours pour en composer une. »

Boileau n'en a pas moins loué Voiture à plusieurs reprises : il s'en repentoit sans doute, lorsque dans sa onzième satire il disoit en s'adressant à l'Équivoque :

> Le lecteur ne sait plus admirer dans Voiture
> De ton froid jeu de mots l'insipide figure.

Pascal étoit le premier prosateur du dix-septième siècle aux yeux de Boileau, qui donnoit aussi beaucoup d'éloges à La Bruyère, observant toutefois que ce moraliste avoit éludé l'une des plus grandes difficultés de l'art d'écrire en s'épargnant le travail des transitions.

Despréaux ne pouvoit souffrir que l'on comparât Saint-Évremond à Montaigne. « Qu'est-ce qu'un Saint-Évremond, disoit-il, que les sots osent comparer à l'auteur des *Essais?* Les écarts de l'un valent mieux que tout le concert et l'arrangement de l'autre, qui n'est qu'un charlatan de ruelles, un faux Aristarque... J'estime plus un seul chapitre d'Aulu-Gelle que tous les *miscellanea* de cet auteur. »

Boileau appeloit les romans de mademoiselle Scudéri *une boutique de verbiage :* « Ses héros, ajoutoit-il, et ceux de son frère, n'entrent jamais dans un appartement que tous les meubles n'en soient inventoriés. Vous diriez d'un procès verbal dressé par un sergent. Le temps a fait voir que la Scudéri étoit un esprit faux : c'est à elle qu'on doit l'institution des précieuses. Le fameux hôtel Rambouillet n'étoit pas exempt de ce jargon, qui a, dieu merci, trouvé sa fin, aussi bien que le burlesque qui nous avoit si long-temps tyrannisés. La belle nature ne se fait sentir que depuis que Molière et La Fontaine ont écrit. »

VIE DE BOILEAU.

Vous avez beau faire, disoit Boileau à monsieur et à madame Dacier, je n'appelle gens d'esprit que ceux qui ont de belles pensées, et non pas ceux qui s'étudient à commenter les belles pensées d'autrui. Racine et Boileau mettoient Dacier fort au dessous de son beau-père Tanneguy-le-Febvre. Ils reprochoient à Dacier d'avoir trouvé le secret de morfondre Horace, et de s'être écarté du véritable sens, toutes les fois qu'il avoit hasardé quelque explication nouvelle. Ils citoient plusieurs exemples de ces interprétations fausses, qu'ils appeloient *les révélations de M. Dacier.* Telle est sa remarque sur le Nasidiénus d'Horace, personnage qu'il prend pour un riche avare, tandis que c'est un faux docteur en bonne chère, donneur de festins raffinés et ridicules.

On rapporte plusieurs autres propos de Boileau sur Dacier. « Il fuit les Graces, et les Graces le fuient. — Sa femme écrit mieux que lui. — Dans leurs productions d'esprit, c'est madame Dacier qui est le père.—L'*Horace* de Dacier est celui de ses livres qui s'est le mieux vendu; mais je puis dire que c'est moi qui ai fait connoître les satires et les épîtres d'Horace : on ne parloit que de ses odes. — Plutarque a été mieux traduit par Amyot que par Dacier, etc. »

Monsieur et madame Dacier se récrioient vivement contre le vers de la satire XII, où Socrate est appelé

Très équivoque ami du jeune Alcibiade.

Vous avez, leur répondit Despréaux, un bien beau zèle pour les morts : mais que diriez-vous donc, si j'avois fait la chanson qui court contre le père Massillon? Ah! répliqua Dacier, le bel homme que Massillon pour le comparer à Socrate!

Pour terminer cet exposé des opinions de Boileau sur

les écrivains en prose qui ont fini ou commencé leur carrière de son temps, nous transcrivons quelques lignes d'une des lettres publiées sous le nom de J. B. Rousseau : «Je me souviens à l'égard du *Diable boiteux*, que « M. Despréaux l'ayant un jour *attrapé* entre les mains « de son petit laquais Atis, le menaça en ma présence « de le chasser, si le livre couchoit dans la maison. » Cette anecdote nous paroît au moins douteuse : est-il possible que l'auteur du *Dialogue des héros de roman* n'ait pas mieux apprécié les compositions de Le Sage?

Mais on a recueilli beaucoup plus de jugements de Boileau sur les poëtes ou versificateurs de son siècle.

Je ne puis louer les héros, dit Sarasin;

> Car je n'ai qu'un filet de voix,
> Et ne chante que pour Sylvie.

Boileau aimoit beaucoup ces deux vers. Il regardoit comme un badinage d'un très bon genre la *Pompe funèbre de Voiture*, par le même Sarasin; et, s'il faut en croire Monchesnai, il ajoutoit qu'il y avoit dans cet auteur la matière d'un excellent esprit, mais que la forme n'y étoit pas.

Voici encore, disoit-il, deux vers excellents, et je suis bien étonné qu'ils soient de Georges Scudéri :

> Il n'est rien de si doux pour des cœurs pleins de gloire,
> Que la paisible nuit qui suit une victoire.

On prétend que Despréaux admiroit aussi ces trois vers de Racan :

> Il voit comme fourmis marcher nos légions
> Dans ce petit amas de poussière et de boue
> Dont notre vanité fait tant de régions.

S'il est vrai que Despréaux ait dit : Je donnerois les trois meilleurs de mes vers pour ceux-là, c'étoit trop de modestie.

L'inimitié ou la mésintelligence entre Chapelain et Despréaux étoit née dès 1660 à l'hôtel Rambouillet. En 1662, Chapelain rédigea, par ordre de Colbert, un Mémoire sur les auteurs dignes d'être encouragés par des pensions. Despréaux ne prétendoit point à ces faveurs, mais il s'indignoit avec raison de les voir distribuées par l'auteur de *la Pucelle* et prodiguées à de très médiocres écrivains.

Il a été fait, pour ces pensions, deux listes que l'on confond quelquefois, mais que Desmolets a distinguées et insérées au tome II de ses Mémoires. La première avoit été rédigée par Costar qui mourut en 1660. Elle commence par le nom de Silhon et finit par celui de Vinnius qui n'est pas le seul étranger qu'elle comprenne : on y distingue Milton; et ce qui est fort étrange, ses écrits relatifs au procès de Charles Ier y sont indiqués comme dignes d'être récompensés en France. Chapelain s'y trouve au nombre des auteurs françois recommandables, aussi bien que Racan, Pellisson, Scarron, etc., dont les articles sont parsemés de plaisanteries qu'on ne s'attend point à trouver là. Mais Mazarin mourut en 1661, sans avoir exécuté ce projet de munificence ministérielle.

En 1662, Chapelain fut chargé de composer une autre liste : elle occupe les pages 181-257 de ses *Mémoires de littérature,* imprimés en 1726 (Paris, Briasson in-12), volume curieux et le plus instructif peut-être qui ait été publié sous le nom de Chapelain. Ce second catalogue contient quatre-vingt-onze personnages, depuis Hédelin, abbé d'Aubignac, jusqu'au marquis de Coislin, et chaque nom y est accompagné d'une note. On y ren-

contre Corneille et de Pure, Molière et Cotin. Chapelain lui-même n'y est pas oublié : il est désigné sous le n° 58, comme « un homme qui fait une profession exacte d'ai-
« mer la vertu sans intérêt, qui a l'usage du monde, qui
« est assez fort dans les matières de langues; à l'avis du-
« quel on s'en rapporte volontiers pour la manière dont
« il se faut prendre à former le plan d'un ouvrage d'es-
« prit, de quelque nature qu'il soit, ayant fait étude sur
« tous les genres... qui enfin, s'il n'étoit point attaché à
« son poëme (de la Pucelle), ne feroit peut-être pas mal
« l'histoire de laquelle il sait assez bien les conditions. »

Gilles Boileau, frère du satirique, étoit inscrit (n° 66) sur la liste de Chapelain, comme un homme qui avoit
« de l'esprit et du style en prose et en vers, qui savoit les
« deux langues anciennes aussi bien que la sienne, qui
« pourroit faire quelque chose de fort bon, si la jeunesse
« et le feu trop enjoué n'empêchoient point qu'il s'y as-
« sujétît. »

Telles étoient les décisions et la puissance de Chapelain, l'un des académiciens que Despréaux a le plus voués à la dérision publique. Madame de Sévigné écrit cependant à sa fille en 1673 que Despréaux est attendri pour le pauvre Chapelain, alors attaqué de la maladie dont il mourut l'année suivante. Le jésuite Oudin prétendoit être en état de prouver, dit d'Alembert, que l'auteur des satires avoit pris beaucoup d'hémistiches et même des vers entiers dans la Pucelle. « Si l'accusation
« est fondée, poursuit d'Alembert, ce que nous avons
« peine à croire, ce grand poëte pouvoit répondre
« comme Molière : je prends mon bien où je le trouve.
« On assure que Voltaire a pris des vers de Cotin et de
« l'abbé du Jary. »

Cotin aussi avoit, comme nous l'avons dit, mal ac-

cueilli les essais de Despréaux; et d'ailleurs, dit d'Olivet, il étoit l'intime ami de Gilles Boileau : « Dans les brouil-
« leries qui survenoient entre les deux frères, il prenoit
« toujours le parti de l'aîné, et n'oublioit rien pour
« susciter des chagrins domestiques au cadet. » Mais c'étoit encore plus le mauvais goût et les mauvais vers que le satirique ne pouvoit pardonner à l'abbé Cotin.

Peut-on s'en étonner lorsqu'on voit que Boileau, malgré son admiration pour le génie tragique de P. Corneille, s'est permis de critiquer assez vivement certains vers et même certaines pièces de ce grand poëte?

Il appeloit galimatias simple celui que l'auteur seul comprenoit; galimatias double, celui que l'auteur même n'entendoit pas; et il citoit pour exemple du second genre ces quatre vers de P. Corneille dans *Tite* et *Bérénice* :

> Faut-il mourir, madame? et, si proche du terme,
> Votre illustre inconstance est-elle encor si ferme,
> Que les restes d'un feu que j'avois cru si fort,
> Puissent dans quatre jours se promettre ma mort?

Thomas Corneille n'étoit pas fort estimé de Boileau. Ah! disoit celui-ci, pauvre Thomas! tes vers, comparés à ceux de ton aîné, montrent bien que tu n'es qu'un cadet de Normandie.

On lit dans le *Menagiana* que Boileau a plus d'une fois déclaré que si les rondeaux de Benserade eussent paru avant 1674, il n'auroit eu garde de parler de lui avec éloge, comme il l'a fait à la fin du quatrième chant de l'*Art poétique*. Saint-Amand, disoit Boileau, s'est formé du mauvais de Régnier, comme Benserade du mauvais de Voiture.

Despréaux, qui n'a pas toujours bien placé ses éloges,

quoiqu'il n'en fût point prodigue, a quelquefois jugé fort sévèrement ses amis. Il assuroit, dit Louis Racine, que Chapelle avoit acquis à bon marché sa réputation, et qu'excepté son *petit Voyage*, ses vers étoient bien médiocres.

L'abbé de La Chambre, curé de Saint-Barthélemi, n'avoit fait, en toute sa vie, qu'un seul vers ; il fit confidence de ce vers à Despréaux, qui lui dit : Ah ! que la rime est belle !

Segrais, l'un des auteurs que Boileau a trop loués, auroit été bien ingrat, s'il falloit s'en tenir à ce qu'on lui fait dire dans le *Segraisiana*. « Racine et Despréaux « n'estiment que leurs vers ; ils ne louent personne, et il « ne paroît pas un madrigal qu'ils ne censurent. Mais, « ôtez-les de la poésie, ils sont muets ; car que savent-ils « autre chose que rimer? — Madame de La Fayette pré-« tendoit que celui qui se met au dessus des autres, quel-« que esprit qu'il ait, se met au dessous de son esprit. « Despréaux est de ces gens-là ; il ne sait autre chose que « parler de lui et critiquer ce qui n'en est pas. Pourquoi « mal parler, comme il a fait, de mademoiselle de Scu-« déri, dont les vers sont si naturels et si tendres ? Ces « vers, qui plaisent à tout le monde, ne sont pas de son « goût : c'est qu'il ne sauroit y mordre. Il a encore le dé-« faut de se copier sans cesse, de rebattre toujours la « même chose. » Tâchons de croire, pour l'honneur de Segrais, qu'il n'a point écrit ces sottises.

Despréaux eut la foiblesse de solliciter et le malheur d'obtenir une défense de représenter la *Satire des satires*, mauvaise comédie de Boursault qui se vengeoit ainsi, en 1669, des traits lancés, assez mal à propos, contre lui par le satirique. Ils se réconcilièrent en 1685. Boursault étoit alors receveur des tailles à Mont-Luçon :

VIE DE BOILEAU.

il alla trouver Boileau qui étoit venu prendre les eaux de Bourbonne, et lui fit accepter un prêt de deux cents louis. Boileau fut sensible à ce procédé; et, dans les éditions suivantes des satires, il remplaça le nom de Boursault par quelque autre nom de même rime, Hainault, Quinault, Perrault, etc.

Monchesnai, pour montrer l'impartialité de Boileau, lui attribue ces paroles : « Je loue jusqu'à M. Perrault « quand il est louable : est-ce bien lui qui a fait ces six « vers que je trouve à la fin d'une préface de ses *Pa-* « *rallèles?* »

> Ils devroient, ces auteurs, demeurer dans leur grec,
>   Et se contenter du respect
>   De la gent qui porte férule.
> D'un savant traducteur on a beau faire choix :
>   C'est les traduire en ridicule
>   Que de les traduire en françois.

Peut-être Despréaux ne faisoit-il cas de ces vers que parce qu'il se plaisoit à y voir un trait de satire contre les traductions de Dacier.

Ne trouvant sur le Théâtre françois de vrai comique que dans Molière, Boileau disoit pourtant de Regnard, qu'il n'étoit pas médiocrement plaisant; mais il traitoit de bouffonneries toutes les pièces de Scarron; c'est, dit Marmontel, la plus juste application de ces trois mots, *comique*, *plaisant* et *bouffon*. (Éléments de littérature, tom. V, p. 289.)

Monchesnai se vante d'avoir réconcilié Regnard et Boileau. Regnard, qui avoit fait la satire des Maris en réponse à celle des Femmes, et, depuis, une pièce intitulée *le Tombeau de Despréaux*, dédia les *Ménechmes* à l'auteur de l'*Art poétique*, et lui rendit de grands hommages. Despréaux estimoit la versification et les traits comiques de Regnard.

Il prisoit beaucoup moins les satires que Monchesnai lui-même avoit publiées. Ce Monchesnai, auteur du *Bolœana*, n'étoit pas, dit Racine fils, assez lié avec Boileau pour faire bien un tel recueil. Il vient me voir rarement, disoit le satirique, parce que, lorsqu'il est avec moi, il est toujours embarrassé de son mérite et du mien.

Régnier Desmarais, Lamotte, Fontenelle et Crébillon qui, comme Monchesnai, ont survécu à Despréaux, avoient été diversement jugés par lui.

Dans une de ses préfaces, Boileau se déclare l'ami de l'abbé Régnier Desmarais, dont il a mis néanmoins l'*Édit d'amour* au nombre des mauvais livres que les chanoines du *Lutrin* se jettent à la tête. Il fut, non sans raison, très mécontent d'une traduction en vers du premier livre de l'*Iliade*, publiée par cet abbé en 1700. — Régnier Desmarais se croit un grand homme, disoit-il, parce qu'il a hérité de la grimace de Chapelain.

Despréaux estimoit Lamotte et disoit de lui : C'est dommage qu'il ait été s'encanailler de Fontenelle. Il reprochoit toutefois à Lamotte d'avoir employé dans ses odes des mots techniques trop peu dignes du genre lyrique, tels que *strophe*, *quatrain*, etc., et des *rimes de bouts-rimés*, comme *Sphinx*, *Syrinx*, et autres.

On remarquoit un trait contre Fontenelle, le neveu des Corneille, dans une strophe qui devoit être, en 1693, la seconde de l'ode sur Namur, et qui en a été retranchée. Tout le monde connoît l'épigramme de Racine qui finit par ces vers :

Mais quand sifflets prirent commencement...
C'est à l'Aspar du sieur de Fontenelle.

VIE DE BOILEAU.

Despréaux et Racine ont passé pour auteurs de la chanson suivante :

ADIEUX DE FONTENELLE A LA VILLE DE PARIS.

> Adieu, ville peu courtoise
> Où je crus être adoré.
> Aspar est désespéré.
> Le poulailler de Pontoise
> Me doit remmener demain
> Voir ma famille bourgeoise,
> Me doit remmener demain
> Un bâton blanc à la main.
>
> Mon aventure est étrange :
> On m'adoroit à Rouen;
> Dans le Mercure galant
> J'avois plus d'esprit qu'un ange.
> Cependant je pars demain
> Sans argent et sans louange,
> Cependant je pars demain
> Un bâton blanc à la main.

On dit que Racine et Boileau avoient couvert la route de Rouen, où retournoit Fontenelle, de colporteurs qui chantoient et vendoient cette chanson.

Fontenelle a fait contre Boileau cette épigramme :

> Quand Despréaux fut sifflé pour son ode,
> Ses partisans crioient dans tout Paris :
> Pardon, messieurs, le pauvret s'est mépris,
> Plus ne loûra, ce n'est pas sa méthode :
> Il va draper le sexe féminin;
> A son grand nom vous verrez s'il déroge.
> Il a paru, cet ouvrage malin;
> Pis ne vaudroit, quand ce seroit éloge.

Des poëtes qui commençoient leur carrière quand Boileau finissoit la sienne, aucun n'a été plus rigou-

reusement jugé par lui que Prosper Jolyot de Crébillon, qu'on a tant exalté depuis. Idoménée, dit-on, sembloit à Despréaux une production de Racine ivre. « Tous
« les gens de lettres savent, dit Voltaire, que, lorsqu'on
« apporta à Boileau la tragédie de *Rhadamiste et Zéno-*
« *bie*, il n'en put soutenir la lecture, et qu'il jeta le livre
« à la moitié du second acte. Les Pradons, dit-il, dont
« nous nous sommes tant moqués, étoient des soleils en
« comparaison de ces gens-ci. L'abbé Fraguier et l'abbé
« Gédoyn étoient présents avec Le Verrier, qui lisoit la
« pièce. Je les entendis plus d'une fois raconter cette anec-
« dote, etc. » (Diction. philosoph., art. *Vers* et *Poésie*.)

Il paroît qu'en général il prisoit fort peu les auteurs et les poëtes qui ne s'étoient fait connoître que dans les dernières années du dix-septième siècle et dans les premières du dix-huitième. Il disoit à Charpentier, du moins celui-ci l'assure : « N'est-il pas vrai que j'aurai
« un grand compte à rendre devant Dieu, d'avoir traité
« de froids rimeurs les Chapelain, les Cotin, les Cas-
« sagne, etc.? Si ces pauvres poëtes vivoient encore, ne
« seroient-ils pas des soleils auprès de ceux que nous
« avons aujourd'hui? »

Il n'estimoit ni les bouffonneries du théâtre Italien ni les farces de la Foire. En avouant que ce qui excite le rire a toujours quelque mérite, il mettoit entre la comédie et la farce la même différence qu'entre un enfant légitime et un bâtard. « Il n'y a, disoit-il, selon Mon-
« chesnai, que la belle nature et le véritable comique
« auxquels il appartienne de renvoyer l'esprit légitime-
« ment satisfait, *et plein d'une délectation sans reproche*.
« Voilà le seul attrait que les honnêtes gens demandent
« à la comédie, le seul qui donne de la réputation à un
« auteur. »

VIE DE BOILEAU.

Malgré les hommages qu'il avoit accordés aux opéras de Quinault, il persévéroit à déprimer le genre lyrique, dans lequel il prétendoit n'avoir rien remarqué de *plus beau* que ces quatre lignes rimées :

> Doux ruisseaux, coulez sans violence ;
> Rossignols, arrêtez votre voix ;
> Taisez-vous, zéphyrs, faites silence,
> C'est Iris qui chante dans ces bois.

Boursault, qui rapporte ce jugement, a l'air de le prendre au sérieux, et d'estimer ces quatre prétendus vers. D'Alembert sent bien que Boileau les trouvoit tels qu'ils sont, c'est-à-dire détestables, et qu'il n'avoit d'autre intention que de se moquer du genre auquel ils appartenoient.

VI.

RELATIONS DE BOILEAU AVEC MOLIÈRE, LA FONTAINE ET RACINE.

Les entretiens de Boileau rouloient ordinairement sur la littérature. Aussi fréquentoit-il de préférence les hommes de lettres les plus éclairés de son temps : Patru, Arnauld, Nicole, le président Lamoignon, Fléchier, Furetière, les jésuites Bouhours, Bourdaloue, Commire, Cossart, Gaillard, Rapin, etc...., mais surtout Chapelle, Racine, La Fontaine et Molière. Quand il dînoit avec ces derniers, *la Pucelle* de Chapelain étoit sur la table, et ceux qui faisoient des fautes de langage étoient condamnés à en lire quelques vers.

Grimarest, dans la Vie de Molière, parle d'un fameux souper d'Auteuil ; souper *très véritable*, dit Louis Racine, qui ajoute :

« Mon père n'en étoit pas. Le sage Boileau y perdit

« la raison comme les autres. Le vin ayant jeté tous les
« convives dans la morale la plus sérieuse, leurs ré-
« flexions sur les misères de la vie et sur cette maxime,
« que le premier bonheur est de ne point naître, et le
« second de mourir promptement, leur firent prendre
« l'héroïque résolution d'aller sur-le-champ se jeter dans
« la rivière. Ils y alloient, et elle n'étoit pas loin. Molière
« leur représenta qu'une si belle action ne devoit pas
« être ensevelie dans les ténèbres de la nuit, et qu'elle
« méritoit d'être faite en plein jour. Ils s'arrêtèrent, et
« se dirent en se regardant les uns les autres : Il a rai-
« son. A quoi Chapelle ajouta : Oui, messieurs, ne nous
« noyons que demain, et en attendant, allons boire le
« vin qui nous reste. » Ce *Souper d'Auteuil* a été mis sur
la scène françoise par un héritier du bon goût et du
bon esprit de ces convives (M. Andrieux).

Boileau, rencontrant un jour Chapelle, se mit à lui
faire une réprimande sur sa passion pour le vin. J'ai
résolu de m'en corriger, dit Chapelle; mais, pour achever de me persuader, entrons ici, vous me parlerez à
votre aise. Ils entrent dans un cabaret. Boileau y continue son sermon, durant lequel le prédicateur et le
nouveau converti s'enivrent.

Je ne connois qu'un auteur qui ait réussi dans la comédie, disoit Boileau à Louis XIV, et c'est Molière;
tous les autres n'ont fait que des farces. Quand Boileau
eut désigné Molière comme l'homme de génie qui ho-
noroit le plus le règne de Louis-le-Grand : « Je ne le
« croyois pas, répondit le monarque ; mais vous vous
« y connoissez mieux que moi. »

Boileau voyoit avec peine que Molière, le premier
philosophe du siècle, vînt se donner lui-même en spectacle sur le théâtre, et y livrer son dos aux bastonnades

de la comédie. Deux mois avant la mort de Molière, Boileau lui conseilloit de renoncer à la représentation. Vous voilà, lui disoit-il, dans un pitoyable état ; donnez enfin du repos à votre poitrine épuisée. Que me dites-vous là ? répondit Molière ; il y a un honneur pour moi à ne point quitter.

Boileau regrettoit qu'on eût perdu le *Docteur amoureux*, petite comédie de Molière. Il y a toujours, disoit-il, quelque chose de saillant et d'instructif dans ses moindres ouvrages. Racine, brouillé avec Molière quand celui-ci donna son *Avare*, reprochoit à Boileau d'avoir ri tout seul à cette pièce : Je vous estime trop, répondit le satirique, pour ne pas croire que vous y avez ri vous-même, du moins intérieurement. Boileau préféroit cette comédie à celle de Plaute sur le même sujet, et la regardoit comme une des meilleures productions de Molière, dont il estimoit particulièrement la prose. Quoiqu'il ait, dans la satire II, loué Molière de son habileté à trouver la rime, il avouoit que ce poëte avoit fait quelquefois de trop grands sacrifices à la nécessité de rimer : il blâmoit, par exemple, dans le *Misanthrope*, ce vers de la première scène :

> Et la plus haute estime a des régals peu chers.

Il admiroit d'ailleurs cette excellente pièce, dont les premières représentations n'avoient pas été fort applaudies, et soutenoit à Racine qu'elle auroit le succès le plus éclatant et le plus durable.

Ce fut Boileau qui fournit à Molière l'idée de la scène V de l'acte III des *Femmes savantes*, entre Trissotin et Vadius, scène qui s'étoit passée entre Gilles Boileau et Cotin, ou bien entre Cotin et Ménage. Molière avoit besoin de citer et d'insérer dans cette comédie une mauvaise pièce de vers : Boileau lui apporta le sonnet de Cotin à la princesse Uranie, sur sa fièvre. Enfin deux vers de la scène première de l'acte premier du même ouvrage,

> Quand sur une personne on prétend s'ajuster,
> C'est par les beaux côtés qu'il la faut imiter,

furent corrigés de cette manière par Despréaux :

> Quand sur une personne on prétend se régler,
> C'est par ses beaux endroits qu'il lui faut ressembler.

On peut s'étonner que Boileau n'ait pas été content de ces deux vers de l'*Amphitryon*, qui sont devenus proverbe :

> Le véritable Amphitryon
> Est l'Amphitryon où l'on dine.

En général, il goûtoit peu cette pièce : le prologue de Plaute lui sembloit supérieur à celui du poëte françois ; il n'aimoit pas les scènes entre Alcmène et Jupiter, et préféroit aux deux vers,

> Et j'étois venu, je vous jure,
> Avant que je fusse arrivé,

le vers de Rotrou :

> J'étois chez nous long-temps avant que d'arriver.

La Fontaine étoit fort souvent des dîners et des soupers de Boileau, Molière, Chapelle, etc. C'est dans un de ces repas que Molière dit ce mot célèbre : Ne nous moquons pas du bon homme, il vivra peut-être plus long-temps que nous tous. Un jour ils disputoient sur les *a parte* : La Fontaine soutenoit qu'ils choquoient la vraisemblance, et Boileau les défendoit vivement. Voyant

que le fabuliste ne se rendoit pas, et s'échauffoit de plus
en plus, le satirique se mit à répéter durant un quart
d'heure : La Fontaine ne sait ce qu'il dit, La Fontaine
n'a pas le sens commun, La Fontaine, etc... La Fontaine
parloit toujours et n'entendoit rien. Eh, mon ami! lui
dit enfin Despréaux, il y a une heure que je vous accable d'injures sans que vous vous en aperceviez : dites
à présent que l'*a parte* n'est pas vraisemblable.

Boileau vouloit substituer, dans la fable du Renard
et du Corbeau, *mon beau chanteur* à *mon beau monsieur*.
La rime avec *flatteur* eût été plus riche, et la raillerie
un peu moins fine. On peut douter, malgré le témoignage de Louis Racine, que Boileau ait trouvé de la
langueur dans la fable du Bûcheron et de la Mort, par
La Fontaine.

Peu s'en faut que certains commentateurs ou historiens de ces deux poëtes ne les aient dépeints comme
ennemis l'un de l'autre. D'une part, ils veulent appliquer à Despréaux une épigramme [1], qui n'est peut-être
pas de La Fontaine, mais dans laquelle il n'auroit cer-

[1] Il est trois points dans l'homme de collége :
Présomption, injures, mauvais sens.
De se louer il a le privilége;
Il ne connoît arguments plus puissants.
Si l'on se fâche, il vomit des injures;
Il ne connoît plus brillantes figures.
Veut-il louer un roi, l'honneur des rois,
Il ne le prend que pour sujet de thème.
J'avois promis trois points : en voilà trois.
On y peut joindre encore un quatrième :
Qu'il aille voir la cour tant qu'il voudra,
Jamais la cour ne le décrassera.

Il y a peu d'apparence que par cet *homme de collége* qui *prend
un roi pour sujet de thème*, etc., on ait voulu désigner Despréaux. Cette
épigramme est d'ailleurs plus prolixe que piquante, et seroit assez
peu digne de La Fontaine.

tainement pas eu en vue l'auteur de l'*Art poétique*. De l'autre, ils veulent que le conteur La Fontaine soit particulièrement désigné dans les vers où Despréaux flétrit

> Ces dangereux auteurs
> Qui de l'honneur en vers infames déserteurs,
> Trahissant la vertu sur un papier coupable,
> Aux yeux de leurs lecteurs rendent le vice aimable.

On prétend aussi qu'en disant dans la satire x :

> Je sais que d'un conte odieux
> Vous avez comme moi sali votre mémoire;
> Mais laissons là... Joconde et son histoire

Boileau a voulu exprimer le regret qu'il avoit de s'être occupé d'un conte de La Fontaine, et d'avoir disserté sur Joconde.

Mais il faut noter que c'est dans cette satire x que Boileau nomme La Fontaine en l'associant à Molière : elle est écrite en forme de dialogue, et les vers que nous venons d'en extraire n'y sont qu'une simple transition qu'on ne sauroit prendre pour un désaveu des éloges donnés plusieurs années auparavant à l'imitateur de l'Arioste. Les vers de l'*Art poétique* sont plus sérieux : ils expriment une maxime générale, applicable, il est vrai, à La Fontaine ; mais qui certes n'est point là exprès pour lui. C'étoit en ce temps-là même qu'on réunissoit les images de ces deux poëtes dans une sorte de machine, dont on faisoit présent au jeune duc du Maine, et qu'on appeloit assez ridiculement *la Chambre du Sublime*. Racine y figuroit auprès de Boileau qui avec une fourche empêchoit sept ou huit mauvais poëtes d'approcher du balustre, et faisoit signe au contraire à La Fontaine d'avancer.

En 1683, La Fontaine et Despréaux furent proposés concurremment pour une place vacante à l'Académie françoise. Le fabuliste désiroit que le satirique se désistât; et celui-ci fit la réponse la plus convenable en cette conjoncture : Je ne fais et ne ferai aucune démarche; mais, si l'on me nomme, j'accepterai. Quant à l'omission de l'Apologue et du nom de La Fontaine dans l'*Art poétique*, elle est à nos yeux sans excuse. Le reproche à faire aux Contes n'empêchoit point de parler des Fables : et Boileau seroit plus répréhensible encore si, pour se justifier, il avoit dit, comme Louis Racine et Monchesnai l'assurent, que La Fontaine n'étoit le créateur ni de ses sujets pris à Ésope et à Phèdre, ni de son style emprunté de Marot et de Rabelais.

Despréaux et Racine étoient encore les intimes amis de La Fontaine lorsqu'il tomba malade en 1692. Ils lui amenèrent un religieux qui l'exhortoit à faire des aumônes : Je n'ai pas d'argent, répondit-il, mais on fait une nouvelle édition de mes Contes, et je m'en suis réservé cent exemplaires que je vous donne; vous les vendrez au profit des pauvres.

Les relations de Boileau avec Racine remontent à l'année 1664 : ce fut alors que l'ode de *la Renommée aux Muses*, ayant été portée à Despréaux, celui-ci mit par écrit quelques observations sur cette pièce. Racine les trouva fort judicieuses, et témoigna un vif désir de connoître l'aristarque. Tel fut le commencement de l'amitié de ces deux poëtes.

Racine le fils nous apprend lui-même que son père aimoit d'abord les *concetti*, les faux brillants, mais que Boileau sut le ramener à la nature, et lui apprit à rimer difficilement.

Despréaux a dit à Racine fils : Votre père avoit la foiblesse de lire quelquefois Scarron, et de rire; mais il se cachoit de moi.

Dans une dispute entre Racine et Boileau, sur un point de littérature, Boileau, accablé des railleries de son caustique ami, lui dit, d'un grand sang-froid : Avez-vous eu envie de me fâcher ? — Dieu m'en garde ! — Eh bien ! vous avez donc tort, car vous m'avez fâché.

Dans une autre dispute, pressé par de bonnes raisons, mais encore plus piqué de certaines plaisanteries, Boileau s'écria : Eh bien ! oui, j'ai tort, monsieur Racine, mais j'aime mieux avoir tort que d'avoir orgueilleusement raison.

Brossette écrit à J.-B. Rousseau que Despréaux condamnoit l'endroit de l'*Andromaque* de Racine où Pyrrhus dit à son confident, en parlant d'Hermione :

> Crois-tu, si je l'épouse,
> Qu'Andromaque en son cœur n'en sera point jalouse ?

« Ce n'est pas que ce sentiment soit faux; au contraire, « il est pris dans la nature : mais c'est qu'il n'est pas assez « tragique. M. Despréaux avoit remarqué qu'aux représentations de l'*Andromaque* on ne manquoit jamais de « sourire en cet endroit. » (Tome II, page 107 des *Lettres de J.-B. Rousseau.*) Nous doutons que Despréaux ait fait cette critique; et quand il l'auroit faite, nous ne la trouverions pas plus juste.

Plusieurs détails de la comédie des *Plaideurs* ont été imaginés dans la joie des festins que faisoient ensemble Chapelle, Furetière, Boileau et Racine. Boileau a fourni l'idée de la dispute entre Chicaneau et la comtesse. Par l'Intimé, qui, dans la cause du chapon, commence comme Cicéron, *pro Quintio* : *Quæ res duæ plurimum possunt... gratia et eloquentia*, on désignoit un avocat qui s'étoit servi du même exorde dans la cause d'un pâtissier et d'un boulanger. — Le public accueillit assez mal les premières représentations de cette comédie : trois hommes la soutinrent, Louis XIV, Boileau et Molière, quoique ce dernier fût alors brouillé avec Racine.

Boileau détermina Racine à supprimer dans *Britannicus* une scène qui ouvroit le troisième acte : cette scène, parfaitement versifiée, se passoit entre Burrhus et Narcisse. « Vous indisposerez les spectateurs, dit
« Boileau, en leur montrant ces deux hommes ensemble.
« Pleins d'admiration pour l'un et d'horreur pour l'autre,
« ils souffriront pendant leur entretien. Convient-il au
« gouverneur de l'empereur, à cet homme si respectable
« par son rang et par sa probité, de s'abaisser à parler
« à un misérable affranchi, le plus scélérat des hommes?
« Il le doit trop mépriser pour avoir avec lui quelque
« éclaircissement. Et d'ailleurs, quel fruit espère-t-il de
« ses remontrances? est-il assez simple pour croire
« qu'elles feront naître quelques remords dans le cœur
« de Narcisse? Lorsqu'il lui fait connoître l'intérêt qu'il
« prend à Britannicus, il découvre son secret à un traître:
« il précipite la perte de Britannicus, au lieu de le
« servir. »

La princesse Henriette-Anne d'Angleterre avoit engagé Corneille et Racine à traiter le sujet de Bérénice : Racine avoit promis d'y travailler. Si je m'y étois trouvé, disoit Boileau, je l'aurois bien empêché de donner sa parole.

Madame de Sévigné, après une longue critique de *Bajazet*, ajoute : *Despréaux en dit encore plus que moi.* Louis Racine observe avec raison que Despréaux n'a pu professer une telle opinion ; car il louoit le dénouement de cette tragédie, il admiroit le rôle d'Acomat ; et, loin de trouver la versification négligée, il faisoit remarquer l'énergie de ces quatre vers, expression profonde du dédain le plus superbe :

> L'imbécille Ibrahim, sans craindre sa naissance,
> Traîne, exempt de péril, une éternelle enfance :
> Indigne également de vivre ou de mourir,
> On l'abandonne aux mains qui daignent le nourrir.

Il citoit ces vers en preuve du penchant et du talent de Racine pour la satire : Racine, disoit-il, est plus caustique, plus malin que moi.

Boileau, après avoir défendu la *Phèdre* de son ami contre les intrigues de l'hôtel Rambouillet, se mit en tête de faire admirer cette tragédie au docteur Arnauld. Il la lui porta, la lui fit lire, et le docteur la trouva belle, instructive, et presque édifiante : il étoit seulement un peu fâché qu'on eût fait Hippolyte amoureux. L'observation étoit d'un homme de goût, encore plus que d'un casuiste ; Racine se l'étoit faite, mais il y répondoit : Qu'auroient pensé les femmes et les petits-maîtres, d'un Hippolyte ennemi de toutes les femmes ?

Arnauld préféroit *Esther* à *Athalie*. Cette dernière pièce avoit été si froidement reçue, elle étoit restée même dans une telle obscurité, que Racine croyoit avoir manqué ce sujet. « C'est votre chef-d'œuvre, lui disoit « Boileau ; je vous soutiens que c'est votre chef-d'œuvre ; « je m'y connois, et le public y reviendra. » La prophétie s'est accomplie, mais après la mort de Racine.

Despréaux avoit conçu une très haute idée de l'*Histoire de Port-Royal*, par Racine. Il la regardoit comme le plus parfait morceau d'histoire qui existât encore dans notre langue.

Racine, durant ses quinze dernières années, négligeoit les éditions que l'on donnoit de ses ouvrages. Boileau, sans lui en parler, en revoyoit les épreuves.

Quelques jours avant sa mort, Racine chargea l'un de ses fils d'écrire à M. Cavoye, pour le prier de solliciter le paiement de ce qui lui étoit dû de sa pension. Il vouloit laisser quelque argent comptant à sa famille. On fit la lettre, et on lui en donna lecture. Pourquoi, dit-il, ne demandez-vous pas aussi le paiement de la pension de Boileau? il ne faut point nous séparer. Recommencez votre lettre, et faites connoître à Boileau que j'ai été son ami jusqu'à la mort.

Boileau vint recueillir les derniers soupirs de son ami. Racine, se soulevant avec peine, lui dit en l'embrassant : Je regarde comme un bonheur pour moi de mourir avant vous.

Racine fils n'eût point fait de vers, s'il en eût cru Despréaux. « J'étois, dit Louis Racine, en philosophie
« au collége de Beauvais, et j'avois fait douze vers fran-
« çois pour déplorer la destinée d'un chien qui avoit
« servi de victime aux leçons d'anatomie qu'on nous
« donnoit. Ma mère, qui avoit souvent entendu parler
« du danger de la passion des vers, et qui la craignoit
« pour moi, après avoir porté cette pièce à Boileau,
« m'ordonna de l'aller voir. J'obéis, j'allai chez lui en
« tremblant, et j'entrai comme un criminel. Il prit un
« air sévère, et après m'avoir dit que la pièce qu'on lui
« avoit montrée étoit trop peu de chose pour lui faire
« connoître si j'avois quelque génie : il faut, ajouta-t-il,
« que vous soyez bien hardi pour oser faire des vers avec
« le nom que vous portez. Ce n'est pas que je regarde
« comme impossible que vous deveniez un jour capable
« d'en faire de bons, mais je me méfie de tout ce qui est
« sans exemple ; et depuis que le monde est monde, on

« n'a point vu de grand poëte fils d'un grand poëte. Le
« cadet de Corneille n'étoit point tout-à-fait sans génie,
« il ne sera jamais cependant que le très petit Corneille.
« Prenez bien garde qu'il ne vous en arrive autant.
« Pourrez-vous d'ailleurs vous dispenser de vous attacher
« à quelque occupation lucrative, et croyez-vous que
« celle des lettres en soit une? Vous êtes le fils d'un
« homme qui a été le plus grand poëte de son siècle, et
« d'un siècle où le prince et les ministres alloient au
« devant du mérite pour le récompenser. Vous devez
« savoir mieux qu'un autre à quelle fortune conduisent
« les vers. »

D'Alembert, qui a ramassé de toutes mains les relations défavorables à Boileau, n'a pu omettre celle que nous allons transcrire :

« Plusieurs hommes de lettres encore vivants, dit
« d'Alembert, ont entendu raconter à feu Boindin,
« qu'étant allé dans sa jeunesse avec Lamotte rendre
« hommage à Despréaux, dans sa maison d'Auteuil,
« il prit la liberté de demander à ce grand poëte quels
« avoient été les véritables hommes de génie du siècle
« de Louis XIV. Je n'en connois que trois, répondit
« brusquement et naïvement Despréaux : Corneille,
« Molière.... et moi. Vous ne comptez pas Racine! lui
« objectèrent les littérateurs. Racine, répondit Des-
« préaux, n'étoit qu'un très bel-esprit, à qui j'avois ap-
« pris à faire des vers difficilement. Des gens de lettres
« qui ont connu Lamotte, assurent lui avoir entendu
« raconter cette même conversation. » (Note d) sur l'éloge de Segrais. Voyez aussi les Mémoires de Duclos, tome X de ses œuvres, pag. 80, 81, 82.)

Cette anecdote que nous n'avons transcrite que pour ne point paroître la dissimuler, est assez démentie par

VIE DE BOILEAU. liij

celles qui précèdent, et par vingt endroits des poésies de Boileau et de ses lettres. On sait qu'après avoir écrit que Racine *surpassoit Euripide et balançoit Corneille*, Despréaux avoua que, s'il eût osé exprimer plus sincèrement sa pensée, il eût dit :

<blockquote>Balancer Euripide, et surpasser Corneille.</blockquote>

VII.

RELATIONS DE BOILEAU AVEC LES JANSÉNISTES, AVEC LES JÉSUITES, AVEC D'AUTRES THÉOLOGIENS.

« Despréaux, dit d'Alembert, ne prenoit qu'une part « très légère aux querelles sur la grace ; et l'exclamation « de notre poëte à ce sujet, *que Dieu est grand, et que* « *les hommes sont fous !* devroit être le refrain ordinaire « des hommes sensés, lorsqu'ils daignent parler de ces « controverses. Despréaux avouoit qu'il avoit été un « moment assez *fou* lui-même pour vouloir prendre quel- « que parti sur ce sujet, mais qu'il n'avoit jamais pu se « fixer là dessus à une opinion qui lui parût *avoir le sens* « *commun* : c'étoient ses propres expressions. » (Voyez la lettre de Boileau à Brossette, du 7 décembre 1703.)

Il avoit conçu pour les *Lettres provinciales* de Pascal l'estime et l'admiration que leur doit tout littérateur éclairé. Madame de Sévigné, dans une lettre du 15 janvier 1690, parle d'un dîner chez M. de Lamoignon, où se trouvoient Bourdaloue, un autre jésuite, Despréaux et Corbinelli. Il fut question des anciens et des modernes. « Despréaux soutint les anciens, à la réserve « d'un seul moderne qui surpasse, a son goût, et les « vieux et les nouveaux. Le compagnon de Bourdaloue,

« qui faisoit l'entendu... demanda quel étoit donc ce
« livre si distingué. Boileau ne voulut pas le lui dire.
« Corbinelli se joint au jésuite, et conjure Despréaux de
« nommer ce livre, afin de le lire toute la nuit. Des-
« préaux lui répondit en souriant : Ah, monsieur! vous
« l'avez lu plus d'une fois... Le jésuite reprend... et presse
« Despréaux de nommer cet auteur si merveilleux.—Mon
« père, ne me pressez point. — Le père continue. Enfin
« Despréaux le prend par le bras, et le serrant bien fort,
« lui dit : Mon père, vous le voulez, eh bien! morbleu,
« c'est Pascal. — Pascal! dit le père, tout rouge... Pascal
« est beau autant que le faux peut l'être. — Le faux! dit
« Despréaux, le faux! sachez qu'il est aussi vrai qu'il
« est inimitable ; on vient de le traduire en trois lan-
« gues, etc... »

C'étoit surtout devant des jésuites que Boileau aimoit à rendre hommage aux *Lettres provinciales*. Un jour il s'entretenoit avec le père Bouhours sur la difficulté de bien écrire en françois. Bouhours lui nommoit ceux de nos écrivains qu'il regardoit comme des modèles, et Boileau les rejetoit tous. Mais quel écrivain lirons-nous donc? disoit le père. Croyez-moi, répondit Boileau, lisons les *Provinciales*, et ne lisons pas d'autre livre.

Bouhours, dans le recueil des *Pensées ingénieuses*, avoit cité et loué plusieurs fois Despréaux; mais il avoit fait le même honneur à beaucoup d'auteurs médiocres : Vous m'avez mis, lui dit Despréaux, en bien mauvaise compagnie [1].

Le jésuite Rapin demandoit à Boileau pourquoi il n'avoit rien dit du père Le Moyne, auteur du poëme de

---

[1] Voyez une réponse de Boileau à Bourdaloue, rapportée dans une lettre à Brossette, du 12 mars 1706.

Saint-Louis. Boileau, en parodiant deux vers de Corneille sur le cardinal de Richelieu, répondit :

> Il s'est trop élevé pour en dire du mal,
> Il s'est trop égaré pour en dire du bien.

Selon d'autres, Despréaux répondit simplement : Je le trouve trop fou pour en dire du bien, trop poëte pour en dire du mal.

Malebranche parloit de sa dispute avec Arnauld sur les idées, et prétendoit qu'Arnauld ne l'avoit point entendu. Eh! qui donc, répondit Boileau, voulez-vous qui vous entende, si Arnauld ne vous entend pas?

Huet, évêque d'Avranches, avoit publié un in-folio intitulé *Démonstration évangélique*. Je ne trouve rien de démontré dans cet ouvrage, disoit Boileau, sinon la grande érudition de l'auteur.

D'Alembert raconte, d'après le témoignage de Falconnet, qui avoit fort connu Despréaux, les anecdotes suivantes :

« Despréaux observoit avec raison que les faux thau-
« maturges avoient très rarement tenté l'opération cri-
« tique de la résurrection des morts. Quelques uns néan-
« moins, disoit-il, en ont eu la hardiesse, entre autres le
« fameux Apollonius de Tyane, qui, si nous en croyons
« les historiens, ressuscita publiquement aux yeux de
« toute la ville de Rome, du temps de Néron, une jeune
« fille qu'on portoit en terre. Mais les historiens ecclé-
« siastiques, ajoutoit Despréaux, ont soin de nous aver-
« tir (ce qui n'est pas difficile à croire) que cette jeune
« fille n'étoit pas morte, qu'elle étoit seulement éva-
« nouie, etc. Un prodige plus difficile encore que la ré-
« surrection, disoit aussi notre poëte, et par cette raison

« plus rare dans l'histoire des faux miracles, c'est celui
« de remettre les membres coupés. »

« Le peu de goût de ce grand poëte pour les jésuites
« s'étendoit sur tous les moines, auxquels il n'épargnoit
« pas les sarcasmes dans l'occasion. Ayant passé à Cî-
« teaux, il y fut très bien reçu par les habitants de cette
« riche abbaye, qui lui firent voir tout leur couvent.
« L'un d'eux le pria de leur montrer le lieu où logeoit
« la Mollesse, comme il l'avoit dit dans son *Lutrin*.
« Montrez-la-moi vous-mêmes, mes pères, leur répondit-
« il, car c'est vous qui la tenez cachée avec grand soin. »

Les jésuites du dix-huitième siècle, et spécialement les journalistes de Trévoux, ont souvent saisi ou cherché les occasions de déprécier Despréaux. Par exemple, dans leur journal d'octobre 1733, en rendant compte du *Traité du Sublime* de Silvain, ouvrage dédié à Boileau, ils assurent (page 1826) que ce poëte avoit eu l'intention de faire hommage de son épître III à leur révérend père Ferrier, confesseur du roi; mais que cet illustre jésuite, auteur d'un traité de la *Science moyenne*, et de plusieurs écrits contre les jansénistes, étant mort avant l'impression de l'épître, *elle fut adressée au fameux M. Arnauld. Par là*, ajoutent-ils, *il est aisé de juger que si M. Despréaux entretint avec constance l'amitié de ce docteur, elle n'avoit point commencé par un trait de cette vertu.* Ils tiennent, disent-ils, cette *petite anecdote d'une personne digne de foi*, qu'ils s'abstiennent de nommer.

On assure que ce père Ferrier témoignoit beaucoup d'amitié à Despréaux et recevoit volontiers ses visites : Je dois être, lui disoit le poëte, un spectacle assez nouveau pour vous; car vous n'êtes pas accoutumé à voir des gens qui ne demandent rien.

Les jésuites et les autres ennemis de Boileau ont rendu

VIE DE BOILEAU. lvij

justice à la sincérité de ses sentiments religieux : cependant il ne faisoit grace ni aux abus et aux scandales qui s'étoient introduits dans l'église, ni aux superstitions et aux faux miracles, ni surtout aux attentats du fanatisme.

Il n'a pas craint de dire dans le *Lutrin :*

> La déesse en entrant, qui voit la nappe mise,
> Admire un si bel ordre, et reconnoît l'église....
> Abîme tout plutôt, c'est l'esprit de l'église.

Dans la satire xi, il disoit à l'équivoque :

> Tu fis dans une guerre, et si triste et si longue,
> Périr tant de chrétiens martyrs d'une diphthongue.

Il y peint le fanatisme :

> . . . . Aveugle en sa fureur...
> *Croyant*, pour venger Dieu de ses fiers ennemis,
> Tout ce que Dieu défend, légitime et permis :
> Et sans distinction, dans tout sein hérétique,
> Plein de joie, enfonçant un poignard catholique.

Quoiqu'il eût peu étudié les sciences exactes et qu'il ne sût pas trop bien ce que c'étoit qu'une parallaxe et qu'un astrolabe, il a contribué aux progrès de la saine philosophie, non seulement par son *Arrêt burlesque*, mais surtout par le caractère éminemment raisonnable de ses ouvrages.

VIII.

BOILEAU A LA COUR.

Vers 1669, Boileau fut attiré à la cour, et continua d'y paroître jusqu'en 1699.

Les Satires de Boileau n'avoient point déplu à Louis XIV; mais ce prince goûta davantage l'épître 1re

et quelques autres morceaux où il étoit si délicatement loué. Il voulut voir le poëte. Le duc de Vivonne le lui présenta. Boileau récita au monarque une partie du *Lutrin*, et d'autres pièces qui n'avoient point encore paru. Quel est, lui demanda Louis XIV, l'endroit de vos poésies que vous jugez le plus beau? Pressé de répondre à cette question, Boileau dit que le morceau qui lui paroissoit le moins foible étoit la fin de l'épître au roi; et sur-le-champ il récita quarante vers qu'il venoit d'ajouter à cette épître, et que personne ne connoissoit encore. Ah, traître! s'écria Vivonne, vous ne m'aviez pas dit cela. Louis XIV fut vivement touché de ces quarante vers : son émotion parut dans ses yeux et sur son visage. Cela est admirable, dit-il, je vous louerois davantage si vous ne m'aviez pas tant loué. Je vous donne une pension de deux mille livres; j'ordonnerai à Colbert de vous la payer d'avance; et je vous accorde le privilége pour l'impression de tous vos ouvrages. Le poëte revint de la cour comblé d'honneurs et de biens. Cependant il a dit plusieurs fois que sa nouvelle fortune lui avoit inspiré un sentiment de tristesse; il envisageoit la perte de sa liberté comme la suite infaillible de ces libéralités royales.

Boileau, dans une de ses lettres, nous rapportera lui-même quelques uns des compliments qu'il a faits à Louis XIV. Le poëte cependant ne sacrifioit point au prince la sévérité de son goût et de sa conscience littéraire. Louis XIV s'étoit avisé de faire on ne sait quels vers; il les montroit à Despréaux, et lui demandoit son avis : Sire, répondit le poëte, rien n'est impossible à votre majesté; elle a voulu faire de mauvais vers, et elle y a réussi.

Racine, Boileau et madame de Maintenon s'entretenoient un jour de romans, de théâtres et de poëmes.

Boileau se mit à déclamer contre le style burlesque : Heureusement, dit-il, ce misérable goût est passé, on ne lit plus Scarron, même dans les provinces. Racine chercha promptement un autre sujet de conversation ; et lorsqu'il fut seul avec Boileau, il lui dit : Pourquoi parlez-vous de Scarron devant elle? ignorez-vous l'intérêt qu'elle y prend? Hélas! non, répondit Boileau, mais c'est toujours la première chose que j'oublie quand je la vois. Malgré la remontrance de son ami, Boileau eut encore la même distraction au lever du roi. On y parloit de la mort du comédien Poisson. C'est une perte, dit le roi, c'étoit un bon comédien. Oui, reprit Despréaux, pour faire un don Japhet; il ne brilloit que dans ces misérables pièces de Scarron. Racine lui fit signe de se taire, et lui dit en sortant : Je ne puis plus paroître avec vous à la cour, si vous y êtes toujours si imprudent. J'en suis honteux, répondit Boileau, mais quel est l'homme à qui il n'échappe une sottise? — Boileau ne méprisoit point la prose de Scarron, il faisoit cas du *Roman comique* : mais il ne pouvoit souffrir les vers burlesques de cet auteur : Je ne saurois, disoit-il, entendre parler de Scarron que je ne frémisse :

Le duc de la Feuillade donnoit de grands éloges à un sonnet de Charleval terminé par ces deux vers :

Ne regardez point mon visage,
Regardez seulement à ma tendre amitié.

Boileau se permit de n'être pas de l'avis de M. le duc, qui allégua, en faveur du sonnet, le jugement du roi et de la dauphine. « Le roi est expert, répondit Boileau, à « prendre des villes, et madame la dauphine est une « princesse accomplie; mais je crois me connoître en « vers un peu mieux qu'eux. » A l'instant le duc vole chez le roi, et lui rapporte le propos du poëte. Oh! pour cela, dit Louis XIV, Despréaux a bien raison.

Le prince de Condé plaignoit Benserade, dont les rondeaux avoient essuyé beaucoup de critiques : « Ses « rondeaux sont clairs, disoit-il ; ils sont parfaitement « rimés et disent bien ce qu'ils veulent dire. » Despréaux répondit : « J'ai eu une estampe qui représentoit un sol- « dat qui se laissoit manger par les poules ; au bas étoient « ces deux vers :

> Le soldat qui craint le danger
> Aux poules se laisse manger.

« Cela est clair, cela est bien rimé, cela dit ce que cela « veut dire : cela ne laisse pas d'être le plus plat du « monde. »

Le prince de Condé soutenoit un jour avec emportement une mauvaise cause, et s'irritoit des contradictions qu'il éprouvoit. « Dorénavant, lui dit Boileau, je serai « toujours de l'avis de monsieur le prince quand il aura « tort. »

Un grand s'avisoit de critiquer, en présence de Boileau, quelques vers de ce poëte. « Monsieur, ce ne sont « pas vos critiques que je crains, répondit Boileau, ce « sont celles que je me fais à moi-même. »

Un autre seigneur se plaignoit de ne pas entendre certains endroits des *Satires* et de l'*Art poétique*. « Mon- « sieur, ce n'est pas ma faute. »

Racine et Boileau eurent dans le duc de Nevers un ennemi violent, qui se croyoit homme de lettres et presque leur rival. Il les soupçonnoit d'avoir fait contre lui un sonnet auquel ils n'avoient réellement aucune part, et les menaçoit d'une vengeance éclatante. Le duc Henri-Jules leur offrit pour retraite l'hôtel de Condé.

« Si vous êtes innocents, leur dit-il, venez-y; et si vous
« êtes coupables, venez-y encore. »

On conseilloit à Boileau de ne pas mettre le nom de Chapelain dans ses satires. « Prenez-y garde, lui disoit-
« on, M. de Montausier est son partisan déclaré; M. Col-
« bert lui fait de fréquentes visites. — Eh bien, répondit
« Boileau, quand il seroit visité du pape, je soutiens que
« ses vers sont détestables : il n'y a point de police au Par-
« nasse si je ne vois ce poëte-là attaché au mont fourchu. »
Molière a recueilli ce trait; il fait dire au Misanthrope :

> Je soutiendrai, morbleu, que ces vers sont mauvais,
> Et qu'un homme est pendable après les avoir faits.

Fort peu d'hommes de cour ont obtenu l'estime de Boileau. Le marquis de Termes fut l'un de ceux qui lui déplurent le moins. « M. de Termes est toujours à la
« pensée d'autrui, disoit le poëte, et c'est en cela surtout
« que consiste le savoir-vivre. »

Après la mort de Turenne, Louis XIV fit tout d'un coup huit maréchaux de France : il fut dit, à cette occasion, que le roi changeoit sa grosse monnoie en monnoie courante; et Despréaux est l'un de ceux auxquels ce mot est attribué. Le président Hénault en fait honneur à madame Cornuel. (*Abr. chron.*, ann. 1675.)

En 1677, Boileau devint historiographe du roi. Nous parlerons bientôt de la manière dont il a rempli cette fonction. Elle lui laissa tout ce qu'il avoit de franchise; il censuroit la tyrannie comme le mauvais goût. On l'entendoit blâmer hautement les persécuteurs des religieuses de Port-Royal, *déjà si cruelles*, disoit-il, *contre elles-mêmes*. Quand il apprit que l'ordre d'arrêter Arnauld venoit d'être signé : *Le roi*, s'écria-t-il, *est trop heureux pour le trouver.*

Cependant il jouissoit encore d'une très grande faveur à la cour en 1693. Alors en effet, son frère Jacques ayant obtenu un canonicat, et s'étant rendu à Versailles pour en faire ses remercîments à Louis XIV, ce prince daigna lui dire : « Monsieur, c'est une place qui étoit due à « votre mérite, aussi bien qu'aux pièces de votre frère « qui nous a tant réjouis. »

Au moi de mai 1699, Despréaux vint rendre compte à Louis XIV des circonstances de la mort de Racine, et parla surtout du courage qu'il avoit montré à ses derniers moments. « J'en suis étonné, dit le roi, car je me « souviens qu'au siége de Gand vous étiez le plus brave. » Quand Louis se fut montré sitôt consolé d'une mort qu'il pouvoit se reprocher, il eut beau ajouter : « Sou-« venez-vous, monsieur Despréaux, que j'ai toujours « une heure par semaine à vous donner, quand vous « voudrez venir; » M. Despréaux ne vint plus. En vain ses amis l'exhortoient à reparoître de temps en temps à Versailles. « Qu'irois-je y faire ? leur dit-il ; je ne sais « plus louer. »

Ce n'est pourtant pas ainsi que Boileau, dans une lettre à Brossette (du 9 mai 1699), raconte ce dernier entretien avec Louis XIV. « Le roi, dit-il, m'a comblé de « bonnes paroles.... M. Racine est regretté du plus grand « roi de l'univers.... Cependant cela m'a très peu consolé. »

IX.

BOILEAU HISTORIOGRAPHE.

En 1677, comme nous l'avons dit, Despréaux fut nommé historiographe, en même temps que Racine. On attachoit à ce titre une pension de 2000 livres pour le premier, de 4000 pour le second. Mézerai et Pellisson,

VIE DE BOILEAU. lxiij

auxquels cette même fonction avoit été antérieurement conférée, vivoient encore; et c'étoit la première fois, ou peu s'en faut[1], qu'on en revêtoit des poëtes qui n'avoient composé encore aucun ouvrage historique.

Racine fils prétend qu'ils écrivirent en effet quelques morceaux d'histoire qui ont péri en 1726 dans l'incendie de la maison de Valincour à Saint-Cloud. Mais ce même Valincour, successeur de Racine en cet emploi, assure,

---

[1] Dès le commencement du treizième siècle, Rigord prend le titre de chronographe du roi Philippe-Auguste; mais on ne croit pas que cet historien, quoique attaché au service de ce prince, ait été formellement qualifié historiographe.

Au quatorzième siècle, Froissart n'étoit que l'*écrivain* de la reine d'Angleterre, femme d'Édouard III. C'est pour elle qu'il a composé ses chroniques : il lui en a présenté les premiers livres.

Alain Chartier fut nommé clerc, notaire et secrétaire de la maison de Charles VI; il continua de l'être sous Charles VII, dont on suppose qu'il a écrit l'histoire en cette qualité. Mais cet ouvrage n'est pas très authentique, et c'est plutôt Jean Chartier, frère d'Alain, qu'on peut considérer comme le premier historiographe proprement dit: car, après que Charles VII lui en eut donné le titre, il mit en ordre les grandes chroniques de Saint-Denis, et les continua jusqu'en 1460.

Il s'en faut que, depuis ce temps jusqu'à Henri IV, on ait une suite non interrompue d'historiographes. Comines, tout comblé qu'il étoit des faveurs de Louis XI, n'a point eu ce titre; et ce n'est pas en une telle qualité qu'il a écrit ses Mémoires.

Mais Louis XII attira l'Italien Paul-Émile en France, et le chargea expressément d'écrire nos annales. Le même prince fit de Jean d'Authon son *chroniqueur* en titre, et s'attacha aussi Claude Seyssel, sans lui donner pourtant cette qualification.

Charles IX conféra, en propres termes, la fonction d'*historiographe* à Du Haillan, et Henri III à Nicolas Vignier.

Pierre Mathieu, qui a laissé des poésies et des livres d'histoire, prend le titre d'*historiographe du roi*, à la tête de celui qu'il publia en 1606. Depuis il accompagna Louis XIII dans quelques expéditions militaires; il mourut en 1621, et sa charge de *conseiller-historiographe* fut donnée à Charles Bernard, par un brevet daté du 13 octobre de cette même année.

dans une lettre à d'Olivet, que les deux poëtes, après avoir essayé ce travail, sentirent qu'il étoit tout-à-fait opposé à leur génie. Boileau craignoit surtout d'être obligé de suivre les traces de Pellisson. « L'histoire « qu'écrit Pellisson, disoit-il, est un panégyrique per- « pétuel; il loue le roi sur un buisson, sur un arbre, « sur un rien; et, quand on lui fait quelque remon- « trance à ce sujet, il répond qu'il veut louer le roi. » Boileau disoit encore : « Quand je faisois le métier de

---

André Duchesne ne se qualifie ordinairement que *géographe du roi*; mais il remplace cette qualité par celle d'*historiographe*, dans son histoire de la *Maison de Béthune*.

Scipion Dupleix fut redevable de ce même titre à Richelieu, qu'il a fort loué.

Théodore Godefroi a été pareillement nommé historiographe sous le règne de Louis XIII; et Denis Godefroi, fils de Théodore, obtint, le 27 mai 1640, des lettres patentes qui lui conféroient cette charge, aux gages de 3,600 livres, pour en jouir en survivance de son père.

Telle étoit aussi la valeur de la pension accordée, au même titre, par Richelieu, à l'académicien Jean Sirmond, neveu du P. Sirmond, jésuite.

Sous Louis XIV, Mézerai dut aux bons offices du chancelier Séguier un brevet d'historiographe, avec une pension de 4000 liv., qui fut depuis réduite à 2000.

Pellisson en eut, sous le même titre, une de 6000 liv., lorsqu'il fut rentré en grace.

Après la mort de Racine, Despréaux ne tarda point d'avoir pour collègue dans cette fonction Trousset de Valincour, qui vécut jusqu'en 1730.

Le jésuite Daniel fut nommé historiographe en 1713, par brevet et avec une pension de 2000 livres.

Voltaire n'eut *cette place* (car c'étoit le terme qu'on employoit) qu'en 1745. Il la quitta en 1750 pour s'attacher au roi de Prusse. Elle fut conférée à Duclos, qui la conserva jusqu'à sa mort, en 1772; puis à Marmontel, qui l'occupoit en 1789.

Nous sommes loin d'avoir donné dans cette note une liste complète des historiographes; mais il suit des détails que nous venons d'exposer que Despréaux est à peu près le seul qui, ayant porté assez long-temps ce titre, n'a laissé aucun ouvrage historique.

« satirique, que j'entendois assez bien, on m'accabloit
« d'injures et de menaces ; aujourd'hui on me paie bien
« cher pour faire le métier d'historiographe, que je
« n'entends point du tout. »

Despréaux prétendoit que Louis XIV s'exposoit trop dans les combats : Sire, dit-il un jour à ce prince, je vous prie, en qualité de votre historien, de ne pas faire finir sitôt mon histoire. Cette histoire que Boileau craignoit de finir trop tôt, il est fort probable qu'il ne l'a point commencée. Un commis du trésor public disoit de lui et de Racine : On n'a rien encore vu de la main de ces deux messieurs, en leur qualité d'historiographes, que leurs noms au bas des quittances. Despréaux cependant suivit Louis XIV aux campagnes de 1678 en Flandre, et de 1681 en Alsace ; et Racine a fait un plus grand nombre de ces voyages.

Ces expéditions n'étoient pas très agréables aux deux poëtes; ils avoient à y supporter non seulement des fatigues, mais aussi les mauvaises railleries de quelques courtisans. On trouvoit particulièrement que Boileau se couvroit d'habits trop chauds et trop lourds. Comment pouvez-vous durer avec de si grosses hardes ? lui dit un jour le roi. Il répondit : Sire, j'ai toujours ouï dire que le chaud étoit un ami incommode, mais que le froid est un ennemi mortel.

Monchesnai qui rapporte ces propos est du nombre de ceux qui assurent que Despréaux s'étoit mis en devoir d'écrire les campagnes de Louis XIV; et voici, à ce sujet, l'un des articles du Bolœana. Despréaux lisoit au roi un morceau de cette histoire, et il y étoit dit que Louis XIV ayant fait semblant de marcher vers la Flandre, avoit tout d'un coup *rebroussé* chemin. Le monarque l'arrêta sur ce mot de *rebrousser*, pour lequel, dit

Monchesnai, sa majesté avoit de la répugnance. Tous les courtisans, y compris Racine, furent de l'avis du prince; mais le satirique soutint qu'il ne convenoit jamais de substituer à un terme propre, établi dans une langue, un mot impropre ou une périphrase.

X.

BOILEAU ACADÉMICIEN.

Despréaux, à l'âge de quarante-sept ans, n'étoit point encore académicien en 1683, après avoir publié neuf satires, neuf épîtres, et, depuis près de dix ans, l'*Art poétique* et les quatre premiers chants du *Lutrin*. Louis XIV lui demanda un jour s'il étoit membre de cette compagnie, il répondit: « Je n'en suis pas digne. » — Je veux, dit le roi, que vous en soyez. Il en fut en 1684. (Voyez, tome II, le Remercîment de Boileau à MM. de l'Académie française; et tome III, les Lettres de Boileau à Brossette, du 2 juin 1700, et les suivantes, ainsi que celle du 3 juillet 1703.)

On avoit nommé, avant lui, La Fontaine dont Louis XIV refusoit de confirmer l'élection. Ce prince, quand les académiciens vinrent lui annoncer celle du satirique, leur répondit: Ce choix m'est très agréable et sera généralement approuvé; vous pouvez maintenant nommer La Fontaine: il a promis d'être sage.

« Le libraire Coignard m'a apporté, disoit Boileau, « le recueil des pièces qui ont remporté les prix à l'Aca- « démie françoise : je ne sais où est ce volume ; mon « laquais aura cru que c'étoit un livre pour lui ; il a de- « viné que je ne le lirois pas, je n'aime point à bâiller. » Il parloit sur le même ton des oraisons funèbres: « Je « fais toujours semblant de les louer, disoit-il; j'aime « mieux les louer que les lire. »

VIE DE BOILEAU.

Au mois de janvier 1687, Charles Perrault lut à l'Académie françoise son poëme intitulé, *le Siècle de Louis-le-Grand*, où il louoit, aux dépens des anciens, les auteurs et surtout les poëtes françois du dix-septième siècle, parmi lesquels il ne nommoit ni Racine, ni Boileau, ni La Fontaine. Despréaux indigné et encore plus ennuyé de cette lecture l'auroit brusquement interrompue s'il n'avoit été retenu par Huet : dès qu'elle fut achevée, il s'écria qu'il étoit honteux à une compagnie d'hommes de lettres d'écouter de pareilles sottises. C'étoit montrer trop peu de patience ; Boileau manquoit de l'une des vertus académiques.

Furetière, exclu de la compagnie des Quarante pour avoir fait à lui seul, plus vite qu'elle, un dictionnaire de la langue françoise, mourut en 1688. On délibéra dans l'Académie si l'on feroit prier Dieu pour le repos de son ame. « Messieurs, dit Boileau, il faut considérer « ici Dieu, le public et l'Académie. Dieu vous saura « gré de sacrifier votre ressentiment. Il vous sera glo- « rieux devant le public de ne pas poursuivre votre « ennemi au delà du tombeau. Il seroit digne enfin de « l'Académie de ne pas refuser une messe à un ancien con- « frère, et de ne pas envier à un chrétien les ressources « qu'offre l'église pour apaiser le courroux du ciel. »

Boileau et Racine ont fort contribué à retarder jusqu'en 1691 l'admission de Fontenelle dans cette compagnie.

La fonction de président, ou, comme parle l'Académie, de *directeur*, échut à Boileau, par la voie du sort, durant le second trimestre de l'année 1693 ; mais il s'abstint de prononcer en cette qualité aucune harangue, quoique le décès de trois académiciens durant ces trois mois l'appelât à répondre aux discours de réception de leurs successeurs : il se laissa remplacer par *le gros Charpentier*, avec lequel il avoit eu quelques disputés, et par l'abbé Dangeau. (Voyez *Journal des savans*, mars 1824, pag. 154 et 155.) Après la mort de Racine, l'Académie ne revit guère plus Despréaux que lorsqu'elle avoit quelque élection à faire.

Ainsi en 1706, quand il fut question d'élire le marquis de Saint-Aulaire, Despréaux, bien que le président de Lamoignon lui eût recommandé ce candidat, déclara que, pour lui donner une boule noire, il viendroit tout exprès d'Auteuil à l'Académie où il ne paroissoit plus depuis long-temps. « Je ne lui conteste pas, disoit-« il, ses titres de noblesse, mais ses titres au Parnasse. » Ce marquis avoit pourtant fait quelques vers ; mais le satirique les appeloit de malheureux vers d'amateur, contraires au bon goût et quelquefois aux bonnes mœurs. « Et quant à vous, ajoutoit-il, qui trouvez ces « vers-là si bons, vous me ferez beaucoup d'honneur « et de plaisir de trouver les miens détestables. » Ces paroles s'adressoient, dit-on, à l'abbé de Lavau, académicien, protecteur de Saint-Aulaire qu'il donnoit pour un nouvel Anacréon. Voltaire racontoit que cet abbé, pour mieux soutenir son client, offrit d'apporter à la séance suivante une pièce où l'on verroit le talent de Saint-Aulaire briller de tout son éclat ; que Despréaux, de son côté, promit de prouver aussi, papier sur table, l'incurable médiocrité du candidat ; que les deux académiciens vinrent en effet munis chacun d'une pièce justificative ; et que, de part et d'autre, la pièce se trouva précisément la même. Irland de Lavau étoit mort dès 1694, et par conséquent l'anecdote est au moins fort inexactement racontée. D'Alembert, qui la révoque en doute, croit cependant que, Despréaux se vengeoit en cette circonstance, de quelques vers attribués au marquis, et dirigés d'une manière générale contre les satiriques. A notre avis, il est peu croyable que Boileau eût conservé tant de colère contre des vers d'une telle innocence; mais s'il est vrai qu'il n'ait repoussé Saint-Aulaire que pour favoriser Mimeure, autre poëte de cour, d'Alembert a raison de dire que ce n'étoit pas la peine d'afficher tant de rigueur pour finir par tant de complaisance. Le même d'Alembert rapporte que, le 20 mars 1710, quand le premier président, Antoine de Mesme, fut reçu à l'Académie françoise, Despréaux lui dit : « Je viens à vous, monsieur, pour que vous « me félicitiez d'avoir pour confrère un homme tel que « vous. » On doit avouer que ce compliment n'étoit ni très fin ni très mérité.

Boileau avoit conçu, comme l'abbé de Saint-Pierre, un projet pour rendre utile l'Académie françoise. Ses idées sur ce sujet nous ont été conservées par d'Olivet.

« Quoi! disoit Boileau, l'Académie ne voudra-t-elle « jamais connoître ses forces? Toujours bornée à son « dictionnaire, quand donc prendra-t-elle l'essor? Je « voudrois que la France pût avoir ses auteurs classiques « aussi bien que l'Italie. Pour cela il nous faudroit un « certain nombre de livres qui fussent déclarés exempts « de fautes quant au style. Quel est le tribunal qui aura « droit de prononcer là-dessus, si ce n'est l'Académie? « Je voudrois qu'elle prît d'abord le peu que nous avons « de bonnes traductions [1], qu'elle invitât ceux qui ont ce

---

[1] Despréaux, dans son âge mûr, a traduit Longin, mais il paroît que dès sa jeunesse il avoit esquissé une sorte de traduction ou d'interprétation de Perse et de Juvénal. On vient en effet de publier, en 1827, sous le titre d'*OEuvres posthumes de Boileau*, deux volumes in-18, contenant les satires de ces deux poëtes latins, *expliquées, traduites et commentées* par Despréaux. L'éditeur, M. Parrelle, a bien

« talent à en faire de nouvelles, et que si elle ne jugeoit
« pas à propos de corriger tout ce qu'elle y trouveroit
« d'équivoque, de hasardé, de négligé, elle fût du moins
« exacte à le marquer au bas des pages, dans une espèce
« de dictionnaire qui ne fût que grammatical. Mais
« pourquoi veux-je que cela se fasse sur des traductions?
« parce que des traductions avouées par l'Académie, en
« même temps qu'elles seroient lues comme des modèles
« pour bien écrire, serviroient aussi de modèle pour
« bien penser, et rendroient le goût de la bonne anti-
« quité familier à ceux qui ne sont pas en état de lire les
« originaux. Ce n'est pas l'esprit qui manque aux François,
« ni même le travail, c'est le goût; et il n'y a que le goût
« ancien qui puisse former parmi nous des auteurs et
« des connoisseurs. » *Hist. de l'Acad. franç.*, t. II, p. 122.

Boileau proposoit d'employer l'Académie françoise
et les presses du Louvre à donner de bonnes éditions des

voulu nous en montrer le manuscrit qui consiste en notes et versions, distribuées entre les lignes et sur les marges d'un exemplaire
des satires de Juvénal et de Perse, *cum annotationibus Farnabii*, Amst.
Blaeu, 1630, petit in-12. L'écriture de ces additions est plus menue,
plus soignée et plus légère que celle des lettres autographes de
Boileau à Racine, conservées à la bibliothèque du roi. Mais, de part
et d'autre, les caractères depuis *a* jusqu'à *z*, attentivement confron-
tés, paroissent offrir les mêmes configurations. On y remarque au
moins de très grandes ressemblances, et ce qu'on y trouveroit de diversité s'expliqueroit assez, tant par la nature de ce travail sur un
livre imprimé, que par la distance d'environ 30 années entre l'une
et l'autre écriture. Boileau avoit 50 ans lorsqu'il écrivoit à Racine :
il pouvoit n'en avoir que 20 à 24 lorsqu'il essayoit de traduire ou
de commenter des satires latines; c'étoit apparemment l'un des exercices qui le préparoient à les imiter avec tant d'habileté. Du reste,
il s'en faut que ces versions soient complètes; nous doutons aussi
qu'il y ait lieu d'en louer l'énergie ou l'élégance, et de les placer au
nombre des *ouvrages* de Boileau : ce sont de simples études, qui méritent néanmoins, à plus d'un titre, l'attention des hommes de lettres.

VIE DE BOILEAU.

livres classiques françois. (Voyez le *Dictionnaire philosophique* de Voltaire, au mot *Société royale de Londres.*)

Terminons cet article par un trait que cite d'Alembert, secrétaire perpétuel de l'Académie françoise. «Despréaux, dit-il, trouvoit que l'emblème qui convenoit le mieux à cette Académie étoit une troupe de singes se mirant dans une fontaine, avec ces mots : *Sibi pulchri.* »

Peu après son entrée dans cette Compagnie, Boileau devint aussi membre de l'Académie des inscriptions, qui depuis son établissement en 1663, s'appeloit l'Académie des médailles, ou la petite Académie, et n'étoit encore composée que de quelques hommes de lettres déja membres de l'Académie françoise. Ils n'étoient qu'au nombre de cinq, lorsque Louvois leur adjoignit *deux hommes dont il jugea le secours très utile pour l'histoire du roi*, MM. Racine et Despréaux. Le règlement de 1701, qui donna une nouvelle forme à l'Académie des inscriptions, y maintint Boileau au nombre des pensionnaires. Il fut déclaré pensionnaire vétéran en 1705. On voit par ses Lettres à Racine et à Brossette, qu'il affectoit de prendre intérêt aux travaux de cette compagnie, apparemment afin de mieux montrer le dédain qu'il avoit le tort de conserver pour les productions et les décisions de l'autre.

XII.

MALADIES DE BOILEAU, PROCÈS SOUTENU PAR LUI EN 1698, SA VIEILLESSE, SA MORT.

Quoique Boileau ait vécu près de soixante-quinze ans, sa santé, toujours chancelante, occupa trop souvent les médecins. Après avoir eu la pierre, et subi l'opération de la taille dans son enfance, il éprouva dans l'âge viril une extinction de voix, pour laquelle il fut envoyé aux eaux de Bourbon en 1687. Sa poitrine resta délicate, ses yeux s'affoiblirent, et il perdit par degrés le sens de l'ouïe. Sa surdité étoit presque entière en 1706, époque où d'autres incommodités l'assiégèrent. Des tournoiements de tête, des évanouissements, une fièvre presque habituelle, des douleurs aiguës ont tourmenté sa vieillesse. Voilà bien des maladies : il a eu aussi bien des médecins, Gendron, Dodart, Fagon, Adrien Helvétius, Camille Falconnet, etc.

Après avoir habité, comme nous l'avons dit, la maison de son frère Jérôme, greffier du conseil de la grand'chambre, jusqu'en 1679, il prit un logement chez son neveu Dongois, greffier en chef du parlement, et y resta, selon toute apparence, jusqu'en 1687. Cependant il avoit acquis dès 1685 sa maison de campagne d'Auteuil. C'étoit là que, dans sa vieillesse, il se récréoit avec un petit nombre d'amis; et l'on raconte qu'il s'amusoit particulièrement à jouer aux quilles. « Il excelloit à ce jeu, dit « Louis Racine, et je l'ai vu souvent abattre les neuf « quilles d'un seul coup. » — « Il faut avouer, disoit « Boileau, que j'ai deux grands talents aussi utiles l'un « que l'autre à la société, l'un de bien jouer aux quilles, « et l'autre de bien faire des vers. »

En 1698, sa famille eut à soutenir un procès peu agréable. On avoit, en 1695, établi une commission pour rechercher les faux-nobles et pour lever sur eux un droit dans lequel une compagnie de traitants étoit intéressée. Ces traitants, qui avoient à leur tête le fameux Bourvalais, intentèrent à la famille Boileau un procès qu'elle gagna, ainsi que nous le racontera Despréaux dans sa correspondance avec Brossette. Les Boileau montrèrent comment ils descendoient, sinon d'*Estienne Boileau*, ou *Boylesve*, nommé, par saint Louis, prevôt de la ville de Paris en 1258; du moins d'un Jean Boileau, secrétaire du roi, anobli en 1371 par Charles V, et parent du confesseur de ce même prince, savoir de Hugues Boileau, trésorier de la Sainte-Chapelle, auquel le pape accorda le droit d'officier pontificalement à certaines fêtes; ce qui est, dit Brossette, un *beau privilége*, dont les trésoriers, successeurs de Hugues, ont joui. Un arrêt du 10 avril 1699 déclara excellents les parchemins de la famille Boileau; mais les OEuvres de Despréaux étoient des titres encore meilleurs; et l'on croit que cet arrêt n'a été rendu que par considération pour le poëte. On prétend que les pièces produites par sa famille avoient été fabriquées par un faussaire nommé Haudiquier. C'est du moins ce qu'ont assuré à d'Alembert des personnes dignes de foi, Foncemagne, par exemple. Plusieurs années après, il se rencontra, dit-on, parmi les papiers de ce faussaire, un mémoire de vingt louis, somme payée par Despréaux pour sa part, à l'effet de récompenser les services et l'habileté du généalogiste. Quoi qu'il en soit, ce fut à l'occasion de ce procès que le poëte composa la onzième satire, dans laquelle devoit entrer un portrait du financier Bourvalais. Mais content d'avoir gagné sa cause, Boileau ne jugea point à propos d'en provoquer, par une vengeance superflue, un nouvel et dangereux examen. Cette affaire l'avoit inquiété et forcé à des démarches pénibles.

Un plus amer chagrin de sa vieillesse fut la perte de sa maison d'Auteuil. Quoiqu'il n'eût aucun besoin d'argent, il la vendit à Le Verrier, qui désiroit ardemment de l'acquérir. « Vous y serez toujours chez vous, lui « disoit Le Verrier; j'exige que vous y conserviez une « chambre, et que vous veniez souvent l'habiter. » Quelques jours après la vente, Boileau y retourne en effet, entre dans le jardin, et n'y trouvant plus un berceau

VIE DE BOILEAU.

qu'il aimoit : « Qu'est devenu mon berceau? s'écrie-t-il
« en appelant Antoine, le jardinier. — Abattu par l'ordre
« de M. Le Verrier, répond Antoine. — Je ne suis plus
« le maître ici, reprit Boileau, qu'y viens-je faire? » Et
il remonta dès l'instant même en voiture. Ce fut son
dernier voyage à Auteuil.

Malgré le zèle qu'annonçoit Brossette, son futur commentateur, ce Brossette auquel il disoit : « Vous saurez
« bientôt votre Boileau mieux que moi-même, » Despréaux ne laissoit pas de prendre assez de soin de ses
propres ouvrages. Il avoit beau dire qu'à son âge, aux
bords du tombeau, il étoit honteux de s'occuper encore
de rimes, il n'en préparoit pas moins une édition complète de ses OEuvres, qui eût paru en 1710, si le vieux
roi, obsédé par les jésuites, n'eût défendu d'y insérer la
satire contre l'Équivoque.

Boileau demeuroit en 1711, au cloître Notre-Dame,
chez le chanoine Le Noir, son confesseur. Ce fut là que
le 2 mars de cette année, il fit son testament. Il laissoit
à son frère Jacques une somme de 25,000 livres; à sa
sœur de premier lit, madame de Boissinot, 10,000, avec
substitution à la demoiselle de Sirmond, petite-nièce du
testateur; à madame Manchon, sa sœur, 10,000; à sa
nièce, mademoiselle Boileau Despréaux (fille de Jérôme), 10,000, avec substitution à monsieur Manchon;
à son neveu, le greffier Dongois, 5,000; à madame de
La Chapelle, sa nièce, 5,000; à monsieur Boileau, son
cousin, payeur des rentes du clergé, une pension viagère de 500 livres, dont le fonds (de 10,000 livres) appartiendroit moitié à monsieur de La Chapelle, petit-
neveu du testateur, et moitié à madame de Saint-Dizant,
sa petite-nièce; à son valet de chambre, Jean Benoist,
6,000 livres, outre les gages qui se trouveroient lui être

dus, et de plus les habits, hardes et linges servant à la personne du testateur; à Élizabeth-Marie Sernin, sa servante, 4,000 livres; à La France, son petit laquais, 1500; à François, son cocher, 500; à *Antoine*, ci-devant son jardinier d'Auteuil, 500; et tout le surplus de la valeur de ses biens, meubles et immeubles, aux pauvres. De plus il charge son frère Jacques et son neveu Dongois, exécuteurs de son testament, de recueillir ses derniers ouvrages, spécialement sa satire de l'*Équivoque*, et de les remettre au libraire Billiot *pour en faire son profit.*

Toutes les sommes énoncées dans ce testament forment un capital de 87,500 livres, et comme Boileau suppose qu'il se trouvera un surplus dont il dispose en faveur des pauvres de six paroisses de la cité, on a lieu de conclure qu'il laissoit environ 90,000 francs. Il jouissoit de plus, d'une rente viagère de 1500 livres sur la ville de Lyon, et des pensions que nous avons indiquées.

« C'est, disoit-il, en finissant sa carrière, une grande
« consolation pour un poëte qui va mourir que de n'a-
« voir jamais offensé les mœurs. »

Il mourut d'une hydropisie de poitrine, le 17 mars 1711. Durant les jours précédents, il avoit souvent répété ce vers de Malherbe:

> Je suis vaincu du temps, je cède à ses outrages;

mais il auroit pu dire avec Horace:

> Exegi monumentum ære perennius....
> Quod non....
> Possit diruere....
> Annorum series et fuga temporum.

Le corps de Boileau fut déposé *sans pompe et sans aucun faste* dans la Sainte-Chapelle du Palais, ainsi qu'il l'avoit ordonné par le premier article du testament que nous venons de citer; mais un nombreux cortége suivit le convoi, et Louis Racine rapporte ce propos d'une femme: « Il avoit donc bien des amis, cet homme qui disoit, à ce qu'on assure, du mal de tout le monde! »

Les cendres de Boileau avoient été transférées de la Sainte-Chapelle dans le Musée des monuments françois. Lorsqu'on eut détruit ce bel établissement, on auroit pu replacer les restes de ce grand poëte à la Sainte-Chapelle, sous l'endroit encore bien connu où étoit placé de son temps le lutrin qu'il a célébré; mais on les a transportés à l'église de Saint-Germain-des-Prés, et l'on a gravé sur cette nouvelle tombe l'épitaphe suivante :

HOC. SUB. TITULO
FATIS. DIU. JACTATI
IN. OMNE. ÆVUM. TANDEM. COMPOSITI
JACENT. CINERES
NICOLAI. BOILEAU. DESPRÉAUX
PARISIENSIS
QUI. VERSIBUS. CASTISSIMIS
HOMINUM. ET. SCRIPTORUM. VITIA
NOTAVIT
CARMINA. SCRIBENDI
LEGES. CONDIDIT
FLACCI. ÆMULUS HAUD. IMPAR
IN. JOCIS. ETIAM. NULLI. SECUNDUS
OBIIT
XIII. MART. MDCCXI
EXEQUIARUM. SOLEMNIA. INSTAURATA
XIV. JVL. MDCCCXIX
CURANTE. URBIS. PRÆFECTO
PARENTANTIBUS. SUO. QUONDAM
REGIA. UTRAQUE
TUM. GALLICÆ. LINGUÆ
TUM. INSCRIPTIONUM
HUMANIORUMQ. LITTERARUM
ACADEMIA.

PRÉFACES

composées

PAR BOILEAU[1]

pour

LES DIVERSES ÉDITIONS DE SES OEUVRES.

I. PRÉFACE

pour les éditions de 1666-1669.

LE LIBRAIRE AU LECTEUR.

Ces Satires dont on fait part au public n'auroient jamais couru le hasard de l'impression si l'on eût laissé faire leur auteur. Quelques applaudissements qu'un assez grand nombre de personnes amoureuses de ces sortes d'ouvrages ait donnés aux sens, sa modestie lui persuadoit que de les faire imprimer, ce seroit augmenter le nombre des méchants livres, qu'il blâme en tant de rencontres et se rendre par là digne lui-même en quelque façon d'avoir place dans ses Satires.

[1] Nous n'y joindrons pas les préfaces qui n'appartiennent qu'à ses éditeurs ou comentateurs.

C'est ce qui lui a fait souffrir fort long-temps, avec une patience qui tient quelque chose de l'héroïque dans un auteur, les mauvaises copies qui ont couru de ses ouvrages, sans être tenté pour cela de les faire mettre sous la presse. Mais enfin toute sa constance l'a abandonné à la vue de cette monstrueuse édition qui en a paru depuis peu [1]. Sa tendresse de père s'est réveillée à l'aspect de ses enfants ainsi défigurés et mis en pièces, surtout lorsqu'il les a vus accompagnés de cette prose fade et insipide, que tout le sel de ses vers ne pourroit pas relever : je veux dire de ce *Jugement sur les Sciences* [2], qu'on a cousu si peu judicieusement à la fin de son livre. 1 a eu peur que ces Satires n'achevassent de se gâter en une si méchante compagnie; et il a cru enin, que puisqu'un ouvrage, tôt ou tard, doit passer par les mains de l'imprimeur, il valoit mieux subir le joug de bonne grace, et faire de lui-même ce qu'on avoit déja fait malgré lui. Joint que ce galant homme, qui a pris le soin de la première édition, y a mêlé les noms de quelques personnes que l'auteur honore, et devant qui l est bien aise de se justifier. Toutes ces considéxtions, dis-je, l'ont obligé à me confier les véritoles originaux

---

[1] A Rouen, en 1665.
[2] Cette pièce est de Saint-Évremond. (T. I de ses Œuvres, édition de 1753, pag. 112-119.)

de ses pièces, augmentées encore de deux autres [1],
pour lesquelles il appréhendoit le même sort.
Mais en même temps il m'a laissé la charge de
faire ses excuses aux auteurs qui pourront être
choqués de la liberté qu'il s'est donnée de parler
de leurs ouvrages en quelques endroits de ses
écrits. Il les prie donc de considérer que le Parnasse fut de tout temps un pays de liberté; que
le plus habile y est tous les jours exposé à la
censure du plus ignorant; que le sentiment d'un
seul homme ne fait point de loi; et qu'au pis
aller, s'ils se persuadent qu'il ait fait du tort à
leurs ouvrages, ils s'en peuvent venger sur les
siens, dont il leur abandonne jusqu'aux points
et aux virgules. Que si cela ne les satisfait pas
encore, il leur conseille d'avoir recours à cette
bienheureuse tranquillité des grands hommes
comme eux, qui ne manquent jamais de se consoler d'une semblable disgrace par quelque exemple
fameux, pris des plus célèbres auteurs de l'antiquité, dont ils se font l'application tout seuls.
En un mot, il les supplie de faire réflexion que
si leurs ouvrages sont mauvais, ils méritent d'être
censurés; et que s'ils sont bons, tout ce qu'on
dira contre eux ne les fera pas trouver mauvais [2].

[1] Les satires III e v.
[2] Ici finit la préface de l'édition de 1666 : ce qui suit fut ajouté dans celle de 1667.

PRÉFACES

Au reste, comme la malignité de ses ennemis s'efforce depuis peu de donner un sens coupable à ses pensées même les plus innocentes, il prie les honnêtes gens de ne se pas laisser surprendre aux subtilités raffinées de ces petits esprits qui ne savent se venger que par des voies lâches, et qui lui veulent souvent faire un crime affreux d'une élégance poétique [1]. Il est bien aise aussi de faire savoir dans cette édition que le nom de Scutari, l'heureux Scutari, ne veut dire que Scutari; bien que quelques uns l'aient voulu attribuer à un des plus fameux poëtes de notre siècle [2], dont l'auteur estime le mérite et honore la vertu.

J'ai charge encore d'avertir ceux qui voudront faire des satires contre les satires de ne se point cacher. Je leur réponds que l'auteur ne les citera point devant d'autre tribunal que celui des Muses : parce que, si ce sont des injures grossières, les beurrières lui en feront raison; et si c'est une raillerie délicate, il n'est pas assez ignorant dans les lois pour ne pas savoir qu'il doit porter la peine du talion. Qu'ils écrivent donc librement : comme ils contribueront sans doute à rendre l'auteur plus illustre, ils feront le profit du libraire; et cela me regarde. Quelque intérêt pour-

[1] Les six dernières lignes de cet alinéa n'ont pas été reproduites dans l'édition de 1668.
[2] Scudéri.

tant que j'y trouve, je leur conseille d'attendre quelque temps, et de laisser mûrir leur mauvaise humeur. On ne fait rien qui vaille dans la colère. Vous avez beau vomir des injures sales et odieuses, cela marque la bassesse de votre ame, sans rabaisser la gloire de celui que vous attaquez; et le lecteur qui est de sang-froid n'épouse point les sottes passions d'un rimeur emporté. Il y auroit aussi plusieurs choses à dire touchant le reproche qu'on fait à l'auteur d'avoir pris ses pensées dans Juvénal et dans Horace; mais, tout bien considéré, il trouve l'objection si honorable pour lui, qu'il croiroit se faire tort d'y répondre.

II. PRÉFACE

POUR L'ÉDITION DE 1674, IN-4°.

AU LECTEUR.

J'avois médité une assez longue préface, où, suivant la coutume reçue parmi les écrivains de ce temps, j'espérois rendre un compte fort exact de mes ouvrages, et justifier les libertés que j'y ai prises; mais depuis j'ai fait réflexion que ces sortes d'avant-propos ne servoient ordinairement qu'à mettre en jour la vanité de l'auteur, et, au lieu d'excuser ses fautes, fournissoient souvent de nouvelles armes contre lui. D'ailleurs, je ne crois point mes ouvrages assez bons pour mériter des éloges, ni assez criminels pour avoir besoin d'apologie. Je ne me louerai donc ici ni ne me justifierai de rien. Le lecteur saura seulement que je lui donne une édition de mes Satires plus correcte que les précédentes, deux épîtres nouvelles [1], l'Art poétique en vers, et quatre chants du Lutrin [2]. J'y ai ajouté aussi la traduction du Traité que le rhéteur Longin a composé du sublime ou du merveilleux dans le discours. J'ai fait originairement cette traduction pour m'instruire, plutôt que dans le dessein de la donner au public; mais j'ai cru qu'on ne seroit pas fâché de la voir ici à la suite de la Poétique, avec laquelle ce Traité a quelque rapport, et où j'ai même inséré plusieurs préceptes qui en sont tirés. J'avois dessein d'y joindre aussi quelques dialogues en prose que j'ai composés; mais des considérations particulières m'en ont empêché. J'espère en donner quelque jour un volume à part. Voilà tout ce que j'ai à dire au lecteur. Encore ne sais-je si je ne lui en ai point déjà trop dit, et si, en ce peu de paroles, je ne suis point tombé dans le défaut que je voulois éviter.

[1] Les épîtres II et III.
[2] Les deux derniers chants de ce poëme n'ont été imprimés qu'en 1683.

III. PRÉFACE

POUR L'ÉDITION DE 1674 OU 1675, IN-12.

AU LECTEUR.

Je m'imagine que le public me fait la justice de croire que je n'aurois pas beaucoup de peine à répondre aux livres qu'on a publiés contre moi; mais j'ai naturellement une espèce d'aversion pour ces longues apologies qui se font en faveur de bagatelles aussi bagatelles que sont mes ouvrages. Et, d'ailleurs, ayant attaqué, comme j'ai fait, de gaieté de cœur, plusieurs écrivains célèbres, je serois bien injuste si je trouvois mauvais qu'on m'attaquât à mon tour. Ajoutez que si les objections qu'on me fait sont bonnes, il est raisonnable qu'elles passent pour telles; et si elles sont mauvaises, il se trouvera assez de lecteurs sensés pour redresser les petits esprits qui s'en pourroient laisser surprendre. Je ne répondrai donc rien à tout ce qu'on a dit ni à tout ce qu'on a écrit contre moi; et si je n'ai donné aux auteurs de bonnes règles de poésie, j'espère leur donner par là une leçon assez belle de modération. Bien loin de leur rendre injures pour injures, ils trouveront bon que je les remercie ici du soin qu'ils prennent de publier que ma Poétique est une traduction de la Poétique d'Horace : car puisque dans mon ouvrage, qui est d'onze cents vers, il n'y en a pas plus de cinquante ou soixante tout au plus imités d'Horace, ils ne peuvent pas faire un plus bel éloge du reste qu'en le supposant traduit de ce grand poëte; et je m'étonne après cela qu'ils osent combattre les règles que j'y débite. Pour Vida, dont ils m'accusent d'avoir pris aussi quelque chose, mes amis savent bien que je ne l'ai jamais lu, et j'en puis faire tel serment qu'on voudra, sans craindre de blesser ma conscience.

IV. PRÉFACE

POUR LES ÉDITIONS DE 1683 ET 1694.

Voici une édition de mes ouvrages beaucoup plus exacte que les précédentes, qui ont toutes été assez peu correctes. J'y ai joint cinq épîtres nouvelles [1], que j'avois composées long-temps avant que d'être engagé dans le glorieux emploi [2]

---

[1] Épîtres v, vi, vii, viii et ix; l'épître v avoit déja paru dans l'édition de 1675.

[2] Le titre d'historiographe avoit été donné à Boileau et à Racine en 1677.

qui m'a tiré du métier de la poésie. Elles sont du même style que mes autres écrits, et j'ose me flatter qu'elles ne leur feront point de tort; mais c'est au lecteur à en juger, et je n'emploierai point ici ma préface, non plus que dans mes autres éditions, à le gagner par des flatteries, ou à le prévenir par des raisons dont il doit s'aviser de lui-même. Je me contenterai de l'avertir d'une chose dont il est bon qu'on soit instruit : c'est qu'en attaquant dans mes satires les défauts de quantité d'écrivains de notre siècle, je n'ai pas prétendu pour cela ôter à ces écrivains le mérite et les bonnes qualités qu'ils peuvent avoir d'ailleurs. Je n'ai pas prétendu, dis-je, que Chapelain, par exemple, quoique assez méchant poëte, n'ait pas fait autrefois, je ne sais comment, une assez belle ode; et qu'il n'y eût point d'esprit ni d'agrément dans les ouvrages de M. Quinault, quoique si éloignés de la perfection de Virgile. J'ajouterai même, sur ce dernier, que dans le temps où j'écrivis contre lui, nous étions tous deux fort jeunes, et qu'il n'avoit pas fait alors beaucoup d'ouvrages qui lui ont dans la suite acquis une juste réputation. Je veux bien aussi avouer qu'il y a du génie dans les écrits de Saint-Amand, de Brébeuf, de Scudéri, et de plusieurs autres que j'ai critiqués, et qui sont en effet d'ailleurs, aussi bien que moi, très dignes de critique. En un mot, avec la même sincérité que j'ai raillé de ce qu'ils ont de blâmable, je suis prêt à convenir de ce qu'ils peuvent avoir d'excellent. Voilà, ce me semble, leur rendre justice, et faire bien voir que ce n'est point un esprit d'envie et de médisance qui m'a fait écrire contre eux. Pour revenir à mon édition, outre mon remercîment à l'académie et quelques épigrammes que j'y ai jointes, j'ai aussi ajouté au poëme du Lutrin deux chants nouveaux qui en font la conclusion. Ils ne sont pas, à mon avis, plus mauvais que les quatre autres chants, et je me persuade qu'ils consoleront aisément les lecteurs de quelques vers que j'ai retranchés à l'épisode de l'horlogère [1], qui m'avoit toujours paru un peu trop long. Il seroit inutile maintenant de nier que ce poëme a été composé à l'occasion d'un différent [2]....

---

[1] L'horlogère a été remplacée par une perruquière dans les éditions du Lutrin postérieures à 1700.

[2] Nous supprimons le reste de cette préface afin qu'il n'y ait pas double emploi : ce que nous en retranchons a été détaché par Boileau lui-même en 1701, pour servir de préface particulière au Lutrin.

V. AVERTISSEMENT

QUI, DANS L'ÉDITION DE 1694, SUIT LA PRÉFACE QUE L'ON VIENT DE LIRE.

AU LECTEUR.

J'ai laissé ici la même préface qui étoit dans les deux éditions précédentes, à cause de la justice que j'y rends à beaucoup d'auteurs que j'ai attaqués. Je croyois avoir assez fait connoître par cette démarche, où personne ne m'obligeoit, que ce n'est point un esprit de malignité qui m'a fait écrire contre ces auteurs, et que j'ai été plutôt sincère à leur égard que médisant. M. Perrault néanmoins n'en a pas jugé de la sorte. Ce galant homme, au bout de près de vingt-cinq ans qu'il y a que mes satires ont été imprimées la première fois, est venu tout à coup, et dans le temps qu'il se disoit de mes amis, réveiller des querelles entièrement oubliées, et me faire sur mes ouvrages un procès que mes ennemis ne me faisoient plus. Il a compté pour rien les bonnes raisons que j'ai mises en rimes pour montrer qu'il n'y a point de médisance à se moquer des méchants écrits, et, sans prendre la peine de réfuter ces raisons, a jugé à propos de me traiter dans un livre[1], en termes assez peu obscurs, de médisant, d'envieux, de calomniateur, d'homme qui n'a songé qu'à établir sa réputation sur la ruine de celle des autres. Et cela fondé principalement sur ce que j'ai dit dans mes Satires que Chapelain avait fait des vers durs, et qu'on était à l'aise aux sermons de l'abbé Cotin.

Ce sont en effet les deux grands crimes qu'il me reproche, jusqu'à vouloir me faire comprendre que je ne dois jamais espérer de rémission du mal que j'ai causé, en donnant par là occasion à la postérité de croire que sous le règne de Louis-le-Grand il y a eu en France un poëte ennuyeux et un prédicateur assez peu suivi. Le plaisant de l'affaire est que, dans le livre qu'il fait pour justifier notre siècle de cette étrange calomnie, il avoue lui-même que Chapelain est un poëte très peu divertissant, et si dur dans ses expressions, qu'il n'est pas possible de le lire. Il ne convient pas ainsi du désert qui étoit aux prédications de l'abbé Cotin. Au contraire, il assure qu'il a été fort pressé à un des sermons de cet abbé; mais en même temps il nous apprend cette jolie particularité de la vie d'un si grand prédicateur, que sans ce sermon, où heureusement quelques uns de ses juges se trouvèrent, la justice, sur la requête de ses

[1] Le *Parallèle des anciens et des modernes*.

parents, lui alloit donner un curateur comme à un imbécille. C'est ainsi que M. Perrault sait défendre ses amis, et mettre en usage les leçons de cette belle rhétorique moderne inconnue aux anciens, où vraisemblablement il a appris à dire ce qu'il ne faut point dire. Mais je parle assez de la justesse d'esprit de M. Perrault dans mes Réflexions critiques sur Longin, et il est bon d'y renvoyer les lecteurs.

Tout ce que j'ai ici à leur dire, c'est que je leur donne dans cette nouvelle édition, outre mes anciens ouvrages exactement revus, ma Satire contre les femmes, l'Ode sur Namur, quelques épigrammes, et mes Réflexions critiques sur Longin. Ces Réflexions, que j'ai composées à l'occasion des Dialogues de M. Perrault, se sont multipliées sous ma main beaucoup plus que je ne croyois, et sont cause que j'ai divisé mon livre en deux volumes. J'ai mis à la fin du second volume les traductions latines qu'ont faites de mon ode les deux plus célèbres professeurs en éloquence de l'université; je veux dire M. Lenglet et M. Rollin. Ces traductions ont été généralement admirées, et ils m'ont fait en cela tous deux d'autant plus d'honneur, qu'ils savent bien que c'est la seule lecture de mon ouvrage qui les a excités à entreprendre ce travail. J'ai aussi joint à ces traductions quatre épigrammes latines que le révérend père Fraguier[1], jésuite, a faites contre le Zoïle moderne. Il y en a deux qui sont imitées d'une des miennes. On ne peut rien voir de plus poli ni de plus élégant que ces quatre épigrammes, et il semble que Catulle y soit ressuscité pour venger Catulle : j'espère donc que le public me saura quelque gré du présent que je lui en fais.

Au reste, dans le temps que cette nouvelle édition de mes ouvrages alloit voir le jour, le révérend père de La Landelle[2], autre célèbre jésuite, m'a apporté une traduction latine qu'il a aussi faite de mon ode, et cette traduction m'a paru si belle, que je n'ai pu résister à la tentation d'en enrichir encore mon livre, où on la trouvera avec les deux autres à la fin du second tome.

VI. PRÉFACE

POUR L'ÉDITION DE 1701.

Comme c'est ici vraisemblablement la dernière édition de mes ouvrages que je reverrai, et qu'il n'y a pas d'apparence qu'âgé comme je suis de plus

---

[1] Depuis, l'abbé Fraguier, de l'académie des Inscriptions et Belles-Lettres et de l'Académie françoise.

[2] Depuis, l'abbé de Saint-Remi. Il a traduit une ode de Boileau en latin, et tout Virgile en françois.

de soixante-trois ans, et accablé de beaucoup d'infirmités, ma course puisse être encore fort longue, le public trouvera bon que je prenne congé de lui dans les formes, et que je le remercie de la bonté qu'il a eue d'acheter tant de fois des ouvrages si peu dignes de son admiration. Je ne saurois attribuer un si heureux succès qu'au soin que j'ai pris de me conformer toujours à ses sentiments, et d'attraper, autant qu'il m'a été possible, son goût en toutes choses. C'est effectivement à quoi il me semble que les écrivains ne sauroient trop s'étudier. Un ouvrage a beau être approuvé d'un petit nombre de connoisseurs : s'il n'est plein d'un certain agrément et d'un certain sel propre à piquer le goût général des hommes, il ne passera jamais pour un bon ouvrage, et il faudra à la fin que les connoisseurs eux-mêmes avouent qu'ils se sont trompés en lui donnant leur approbation.

Que si on me demande ce que c'est que cet agrément et ce sel, je répondrai que c'est un je ne sais quoi qu'on peut beaucoup mieux sentir que dire. A mon avis néanmoins, il consiste principalement à ne jamais présenter au lecteur que des pensées vraies et des expressions justes. L'esprit de l'homme est naturellement plein d'un nombre infini d'idées confuses du vrai, que souvent il n'entrevoit qu'à demi, et rien ne lui est plus agréable que lorsqu'on lui offre quelqu'une de ces idées, bien éclaircie et mise dans un beau jour. Qu'est-ce qu'une pensée neuve, brillante, extraordinaire? Ce n'est point, comme se le persuadent les ignorants, une pensée que personne n'a jamais eue, ni dû avoir : c'est au contraire une pensée qui a dû venir à tout le monde, et que quelqu'un s'avise le premier d'exprimer. Un bon mot n'est bon mot qu'en ce qu'il dit une chose que chacun pensoit, et qu'il la dit d'une manière vive, fine et nouvelle. Considérons, par exemple, cette réplique si fameuse de Louis douzième à ceux de ses ministres qui lui conseilloient de faire punir plusieurs personnes qui, sous le règne précédent, et lorsqu'il n'étoit encore que duc d'Orléans, avoient pris à tâche de le desservir. « Un roi « de France, leur répondit-il, ne venge point les « injures d'un duc d'Orléans. » D'où vient que ce mot frappe d'abord? N'est-il pas aisé de voir que c'est parce qu'il présente aux yeux une vérité que tout le monde sent, et qu'il dit mieux que tous les plus beaux discours de morale, « qu'un grand « prince, lorsqu'il est une fois sur le trône, ne doit « plus agir par des mouvements particuliers, ni « avoir d'autre vue que la gloire et le bien général « de son état? »

Veut-on voir au contraire combien une pensée fausse est froide et puérile? Je ne saurois rapporter un exemple qui le fasse mieux sentir que deux vers du poëte Théophile, dans sa tragédie intitulée *Pyrame et Thisbé*, lorsque cette malheureuse amante ayant ramassé le poignard encore tout sanglant dont Pyrame s'étoit tué, elle querelle ainsi ce poignard :

> Ah ! voici le poignard qui du sang de son maître
> S'est souillé lâchement. Il en rougit, le traître !

Toutes les glaces du Nord ensemble ne sont pas, à mon sens, plus froides que cette pensée. Quelle extravagance, bon Dieu ! de vouloir que la rougeur du sang dont est teint le poignard d'un homme qui vient de s'en tuer lui-même soit un effet de la honte qu'a ce poignard de l'avoir tué ! Voici encore une pensée qui n'est pas moins fausse, ni par conséquent moins froide. Elle est de Benserade, dans ses Métamorphoses en rondeaux, où parlant du déluge envoyé par les dieux pour châtier l'insolence de l'homme, il s'exprime ainsi :

> Dieu lava bien la tête à son image.

Peut-on, à propos d'une si grande chose que le déluge, dire rien de plus petit ni de plus ridicule que ce quolibet, dont la pensée est d'autant plus fausse en toutes manières, que le dieu dont il s'agit en cet endroit, c'est Jupiter, qui n'a jamais passé chez les païens pour avoir fait l'homme à son image; l'homme dans la fable étant, comme tout le monde sait, l'ouvrage de Prométhée?

Puisqu'une pensée n'est belle qu'en ce qu'elle est vraie, et que l'effet infaillible du vrai, quand il est bien énoncé, c'est de frapper les hommes, il s'ensuit que ce qui ne frappe point les hommes n'est ni beau ni vrai, ou qu'il est mal énoncé, et que par conséquent un ouvrage qui n'est point goûté du public est un très méchant ouvrage. Le gros des hommes peut bien, durant quelque temps, prendre le faux pour le vrai, et admirer de méchantes choses; mais il n'est pas possible qu'à la longue une bonne chose ne lui plaise; et je défie tous les auteurs les plus mécontents du public de me citer un bon livre que le public ait jamais rebuté, à moins qu'ils ne mettent en ce rang leurs écrits, de la bonté desquels eux seuls sont persuadés. J'avoue néanmoins, et on ne le sauroit nier, que quelquefois, lorsque d'excellents ouvrages viennent à paroître, la cabale et l'envie trouvent moyen de les rabaisser, et d'en rendre en apparence le succès douteux : mais cela ne dure guère [1]; et il en arrive de ces ouvrages comme d'un morceau de bois qu'on enfonce dans l'eau avec la main : il demeure au fond tant qu'on l'y retient; mais bientôt la main venant à se las-

---

[1] Suivant Brossette, Boileau citoit, pour exemples, l'*École des femmes* de Molière et la *Phèdre* de Racine.

ser, il se relève et gagne le dessus. Je pourrois dire un nombre infini de pareilles choses sur ce sujet, et ce seroit la matière d'un gros livre; mais en voilà assez, ce me semble, pour marquer au public ma reconnoissance et la bonne idée que j'ai de son goût et de ses jugements.

Parlons maintenant de mon édition nouvelle. C'est la plus correcte qui ait encore paru; et non seulement je l'ai revue avec beaucoup de soin, mais j'y ai retouché de nouveau plusieurs endroits de mes ouvrages : car je ne suis point de ces auteurs fuyant la peine, qui ne se croient plus obligés de rien raccommoder à leurs écrits, dès qu'ils les ont une fois donnés au public. Ils allèguent, pour excuser leur paresse, qu'ils auroient peur, en les trop remaniant, de les affoiblir, et de leur ôter cet air libre et facile qui fait, disent-ils, un des plus grands charmes du discours; mais leur excuse, à mon avis, est très mauvaise. Ce sont les ouvrages faits à la hâte, et, comme on dit, au courant de la plume, qui sont ordinairement secs, durs et forcés. Un ouvrage ne doit point paroître trop travaillé, mais il ne sauroit être trop travaillé; et c'est souvent le travail même qui, en le polissant, lui donne cette facilité tant vantée qui charme le lecteur. Il y a bien de la différence entre des vers faciles et des vers facilement faits. Les écrits de Virgile, quoique extraordinairement travaillés, sont bien plus naturels que ceux de Lucain, qui écrivoit, dit-on, avec une rapidité prodigieuse. C'est ordinairement la peine que s'est donnée un auteur à limer et à perfectionner ses écrits qui fait que le lecteur n'a point de peine en les lisant. Voiture, qui paroît si aisé, travailloit extrêmement ses ouvrages. On ne voit que des gens qui font aisément des choses médiocres ; mais des gens qui en fassent même difficilement de fort bonnes, on en trouve très peu.

Je n'ai donc point de regret d'avoir encore employé quelques unes de mes veilles à rectifier mes écrits dans cette nouvelle édition, qui est, pour ainsi dire, mon édition favorite : aussi y ai-je mis mon nom, que je m'étois abstenu de mettre à toutes les autres. J'en avois ainsi usé par pure modestie ; mais aujourd'hui que mes ouvrages sont entre les mains de tout le monde, il m'a paru que cette modestie pourroit avoir quelque chose d'affecté. D'ailleurs j'ai été bien aise, en le mettant à la tête de mon livre, de faire voir par là quels sont précisément les ouvrages que j'avoue, et d'arrêter, s'il est possible, le cours d'un nombre infini de méchantes pièces qu'on répand partout sous mon nom, et principalement dans les provinces et dans les pays étrangers. J'ai même, pour mieux prévenir cet inconvénient, fait mettre au commencement de ce volume une liste exacte et détaillée de tous mes écrits [1], et on la trouvera immédiatement après cette préface. Voilà de quoi il est bon que le lecteur soit instruit.

Il ne reste plus présentement qu'à lui dire quels sont les ouvrages dont j'ai augmenté ce volume. Le plus considérable est une onzième satire que j'ai tout récemment composée, et qu'on trouvera à la suite des dix précédentes. Elle est adressée à M. de Valincour, mon illustre associé à l'histoire. J'y traite du vrai et du faux honneur, et je l'ai composée avec le même soin que tous mes autres écrits. Je ne saurois pourtant dire si elle est bonne ou mauvaise : car je ne l'ai encore communiquée qu'à deux ou trois de mes plus intimes amis, à qui même je n'ai fait que la réciter fort vite, dans la peur qu'il ne lui arrivât ce qui est arrivé à quelques autres de mes pièces, que j'ai vues devenir publiques avant même que je les eusse mises sur le papier, plusieurs personnes à qui je les avois dites plus d'une fois les ayant retenues par cœur, et en ayant donné des copies. C'est donc au public à m'apprendre ce que je dois penser de cet ouvrage, ainsi que de plusieurs autres petites pièces de poésie qu'on trouvera dans cette nouvelle édition, et qu'on y a mêlées parmi les épigrammes qui y étoient déja. Ce sont toutes bagatelles, que

---

[1] C'est une simple liste des pièces contenues dans l'édition de 1701, suivant l'ordre qu'elles y tiennent.

j'ai la plupart composées dans ma plus tendre jeunesse, mais que j'ai un peu rajustées, pour les rendre plus supportables au lecteur. J'y ai fait aussi ajouter deux nouvelles lettres; l'une que j'écris à M. Perrault, et où je badine avec lui sur notre démêlé poétique, presque aussitôt éteint qu'allumé; l'autre est un remercîment à M. le comte d'Ériceyra, au sujet de la traduction de mon Art poétique faite par lui en vers portugais, qu'il a eu la bonté de m'envoyer de Lisbonne, avec une lettre et des vers françois de sa composition, où il me donne des louanges très délicates, et auxquelles il ne manque que d'être appliquées à un meilleur sujet. J'aurois bien voulu pouvoir m'acquitter de la parole que je lui donne à la fin de ce remercîment, de faire imprimer cette excellente traduction à la suite de mes poésies; mais malheureusement un de mes amis [1], à qui je l'avois prêtée, m'en a égaré le premier chant; et j'ai eu la mauvaise honte de n'oser récrire à Lisbonne pour en avoir une autre copie! Ce sont là à peu près tous les ouvrages de ma façon, bons ou méchants, dont on trouvera ici mon livre augmenté. Mais une chose qui sera sûrement agréable au public, c'est le présent que je lui fais, dans ce même livre, de la lettre que le célèbre M. Arnauld

---

[1] L'abbé Regnier-Desmarais, secrétaire de l'Académie françoise.

a écrite à M. Perrault à propos de ma dixième satire [1], et où, comme je l'ai dit dans l'Épître à mes vers, il fait en quelque sorte mon apologie. Je ne doute point que beaucoup de gens ne m'accusent de témérité, d'avoir osé associer à mes écrits l'ouvrage d'un si excellent homme; et j'avoue que leur accusation est bien fondée : mais le moyen de résister à la tentation de montrer à toute la terre, comme je le montre en effet par l'impression de cette lettre, que ce grand personnage me faisoit l'honneur de m'estimer, et avoit la bonté

Meas esse aliquid putare nugas [2] ?

Au reste, comme, malgré une apologie si authentique, et malgré les bonnes raisons que j'ai vingt fois alléguées en vers et en prose, il y a encore des gens qui traitent de médisances les railleries que j'ai faites de quantité d'auteurs modernes, et qui publient qu'en attaquant les défauts de ces auteurs je n'ai pas rendu justice à leurs bonnes qualités, je veux bien, pour les convaincre du contraire, répéter encore ici les mêmes paroles que j'ai dites sur cela dans la préface de mes deux éditions précédentes [3]. Les voici :

---

[1] Cette lettre, n'étant pas de Boileau, n'est point insérée dans la présente édition.
[2] *Catull.* epist. 1, ad Cornelium Nepotem.
[3] De 1683 et 1694.

PRÉFACES DE BOILEAU.

« Il est bon que le lecteur soit averti d'une « chose, c'est qu'en attaquant..... etc. [1] »

Après cela, si on m'accuse encore de médisance, je ne sais point de lecteur qui n'en doive aussi être accusé, puisqu'il n'y en a point qui ne dise librement son avis des écrits qu'on fait imprimer, et qui ne se croie en plein droit de le faire, du consentement même de ceux qui les mettent au jour. En effet, qu'est-ce que mettre un ouvrage au jour? N'est-ce pas en quelque sorte dire au public : Jugez-moi? Pourquoi donc trouver mauvais qu'on nous juge? Mais j'ai mis tout ce raisonnement en rimes dans ma neuvième satire, et il suffit d'y renvoyer mes censeurs.

[1] Voyez ci-dessus.

OEUVRES

DE

BOILEAU DESPRÉAUX.

DISCOURS AU ROI.

1665.

Jeune et vaillant héros, dont la haute sagesse
N'est point le fruit tardif d'une lente vieillesse,
Et qui seul, sans ministre, à l'exemple des dieux,
Soutiens tout par toi-même, et vois tout par tes yeux,
Grand roi, si jusqu'ici, par un trait de prudence,
J'ai demeuré pour toi dans un humble silence,
Ce n'est pas que mon cœur, vainement suspendu,
Balance pour t'offrir un encens qui t'est dû :
Mais je sais peu louer; et ma muse tremblante
Fuit d'un si grand fardeau la charge trop pesante,
Et, dans ce haut éclat où tu te viens offrir,
Touchant à tes lauriers, craindroit de les flétrir.
Ainsi, sans m'aveugler d'une vaine manie,
Je mesure mon vol à mon foible génie :
Plus sage en mon respect que ces hardis mortels
Qui d'un indigne encens profanent tes autels;
Qui, dans ce champ d'honneur où le gain les amène,

Osent chanter ton nom, sans force et sans haleine;
Et qui vont tous les jours, d'une importune voix,
T'ennuyer du récit de tes propres exploits.

 L'un, en style pompeux habillant une églogue[1],
De ses rares vertus te fait un long prologue,
Et mêle, en se vantant soi-même à tout propos,
Les louanges d'un fat à celles d'un héros.

 L'autre, en vain se lassant à polir une rime,
Et reprenant vingt fois le rabot et la lime,
Grand et nouvel effort d'un esprit sans pareil!
Dans la fin d'un sonnet te compare au soleil[2].

 Sur le haut Hélicon leur veine méprisée
Fut toujours des neuf sœurs la fable et la risée.
Calliope jamais ne daigna leur parler,
Et Pégase pour eux refuse de voler.
Cependant à les voir, enflés de tant d'audace,
Te promettre en leur nom les faveurs du Parnasse,
On diroit qu'ils ont seuls l'oreille d'Apollon,
Qu'ils disposent de tout dans le sacré vallon :
C'est à leurs doctes mains, si l'on veut les en croire,
Que Phébus a commis tout le soin de ta gloire;
Et ton nom, du midi jusqu'à l'ourse vanté,
Ne devra qu'à leurs vers son immortalité.
Mais plutôt, sans ce nom dont la vive lumière

---

[1] Charpentier avoit fait en ce temps-là une églogue pour le roi en vers magnifiques, intitulée *Églogue royale*. (B.)

[2] Chapelain avoit fait un sonnet à la fin duquel il comparoit le roi au soleil.

AU ROI.

Donne un lustre éclatant à leur veine grossière,
Ils verroient leurs écrits, honte de l'univers,
Pourrir dans la poussière à la merci des vers.
A l'ombre de ton nom ils trouvent leur asile,
Comme on voit dans les champs un arbrisseau débile,
Qui, sans l'heureux appui qui le tient attaché,
Languiroit tristement sur la terre couché.
  Ce n'est pas que ma plume, injuste et téméraire,
Veuille blâmer en eux le dessein de te plaire;
Et, parmi tant d'auteurs, je veux bien l'avouer,
Apollon en connoît qui te peuvent louer :
Oui, je sais qu'entre ceux qui t'adressent leurs veilles,
Parmi les Pelletiers on compte des Corneilles.
Mais je ne puis souffrir qu'un esprit de travers,
Qui, pour rimer des mots, pense faire des vers,
Se donne en te louant une gêne inutile;
Pour chanter un Auguste, il faut être un Virgile :
Et j'approuve les soins du monarque[1] guerrier
Qui ne pouvoit souffrir qu'un artisan grossier
Entreprît de tracer, d'une main criminelle,
Un portrait réservé pour le pinceau d'Apelle.
  Moi donc, qui connois peu Phébus et ses douceurs,
Qui suis nouveau sevré sur le mont des neuf sœurs,
Attendant que pour toi l'âge ait mûri ma muse,
Sur de moindres sujets je l'exerce et l'amuse :
Et, tandis que ton bras, des peuples redouté,

---

[1] Alexandre-le-Grand. (B.)

Va, la foudre à la main, rétablir l'équité,
Et retient les méchants par la peur des supplices;
Moi, la plume à la main, je gourmande les vices,
Et, gardant pour moi-même une juste rigueur,
Je confie au papier les secrets de mon cœur.
Ainsi, dès qu'une fois ma verve se réveille,
Comme on voit au printemps la diligente abeille
Qui du butin des fleurs va composer son miel,
Des sottises du temps je compose mon fiel :
Je vais de toutes parts où me guide ma veine,
Sans tenir en marchant une route certaine ;
Et, sans gêner ma plume en ce libre métier,
Je la laisse au hasard courir sur le papier.
 Le mal est qu'en rimant ma muse un peu légère
Nomme tout par son nom, et ne sauroit rien taire.
C'est là ce qui fait peur aux esprits de ce temps,
Qui, tout blancs au dehors, sont tout noirs au dedans :
Ils tremblent qu'un censeur que sa verve encourage
Ne vienne en ses écrits démasquer leur visage,
Et, fouillant dans leurs mœurs en toute liberté,
N'aille du fond du puits tirer la vérité[1].
Tous ces gens, éperdus au seul nom de satire,
Font d'abord le procès à quiconque ose rire :
Ce sont eux que l'on voit, d'un discours insensé,
Publier dans Paris que tout est renversé,
Au moindre bruit qui court qu'un auteur les menace

[1] Démocrite disoit que la vérité étoit dans le fond d'un puits, et que personne ne l'en avoit encore pu tirer (B.)

De jouer des bigots[1] la trompeuse grimace;
Pour eux un tel ouvrage est un monstre odieux,
C'est offenser les lois, c'est s'attaquer aux cieux.
Mais, bien que d'un faux zèle ils masquent leur foiblesse,
Chacun voit qu'en effet la vérité les blesse :
En vain d'un lâche orgueil leur esprit revêtu
Se couvre du manteau d'une austère vertu;
Leur cœur qui se connoît, et qui fuit la lumière,
S'il se moque de Dieu, craint Tartufe et Molière.

    Mais pourquoi sur ce point sans raison m'écarter?
GRAND ROI, c'est mon défaut, je ne saurois flatter :
Je ne sais point au ciel placer un ridicule,
D'un nain faire un Atlas, ou d'un lâche un Hercule,
Et, sans cesse en esclave à la suite des grands,
A des dieux sans vertu prodiguer mon encens :
On ne me verra point d'une veine forcée,
Même pour te louer, déguiser ma pensée;
Et, quelque grand que soit ton pouvoir souverain,
Si mon cœur en ces vers ne parloit par ma main,
Il n'est espoir de biens, ni raison, ni maxime,
Qui pût en ta faveur m'arracher une rime.

    Mais lorsque je te vois, d'une si noble ardeur,
T'appliquer sans relâche aux soins de ta grandeur,
Faire honte à ces rois que le travail étonne,
Et qui sont accablés du faix de leur couronne :
Quand je vois ta sagesse, en ses justes projets,

---

[1] Molière, vers ce temps-là, fit jouer son *Tartufe*. (B.)

D'une heureuse abondance enrichir tes sujets,
Fouler aux pieds l'orgueil et du Tage et du Tibre,
Nous faire de la mer une campagne libre;
Et tes braves guerriers, secondant ton grand cœur,
Rendre à l'Aigle éperdu sa première vigueur [1];
La France sous tes lois maîtriser la Fortune;
Et nos vaisseaux, domptant l'un et l'autre Neptune [2],
Nous aller chercher l'or, malgré l'onde et le vent,
Aux lieux où le soleil le forme en se levant :
Alors, sans consulter si Phébus l'en avoue,
Ma muse tout en feu me prévient et te loue.

Mais bientôt la raison, arrivant au secours,
Vient d'un si beau projet interrompre le cours,
Et me fait concevoir, quelque ardeur qui m'emporte,
Que je n'ai ni le ton, ni la voix assez forte.
Aussitôt je m'effraie; et mon esprit troublé
Laisse là le fardeau dont il est accablé;
Et, sans passer plus loin, finissant mon ouvrage,
Comme un pilote en mer qu'épouvante l'orage,
Dès que le bord paroît, sans songer où je suis,
Je me sauve à la nage, et j'aborde où je puis.

[1] Le roi se fit faire satisfaction dans ce temps-là des deux insultes faites à ses ambassadeurs à Rome et à Londres; et ses troupes envoyées au secours de l'empereur défirent les Turcs sur les bords du Raab. (B.)

[2] « On forma une compagnie des Indes occidentales en 1664, et celle des grandes Indes fut établie la même année. Avant ce temps, il falloit que le luxe de la France fût tributaire de l'industrie hollandoise. » (VOLTAIRE. — *Siècle de Louis XIV.*)

DISCOURS
SUR LA SATIRE[1].

1668.

Quand je donnai la première fois mes satires au public, je m'étois bien préparé au tumulte que l'impression de mon livre a excité sur le Parnasse. Je savois que la nation des poëtes, et surtout des mauvais poëtes [2], est une nation farouche qui prend feu aisément, et que ces esprits avides de louanges ne digéreroient pas facilement une raillerie, quelque douce qu'elle pût être. Aussi oserai-je dire, à mon avantage, que j'ai regardé avec des yeux assez stoïques les libelles diffamatoires qu'on a publiés contre moi. Quelques calomnies dont on ait voulu me noircir, quelques faux bruits qu'on ait semés de ma personne, j'ai pardonné sans peine ces petites vengeances au déplaisir d'un auteur irrité qui se voyoit attaqué par l'endroit le plus sensible d'un poëte, je veux dire par ses ouvrages.

Mais j'avoue que j'ai été un peu surpris du chagrin bizarre de certains lecteurs, qui, au lieu de se divertir d'une querelle du Parnasse dont ils pouvoient être spectateurs indifférents, ont mieux aimé prendre parti [3] et

---

[1] Ce discours parut pour la première fois en 1668, avec la satire IX. (B.)

[2] Ceci regarde particulièrement Cotin, qui avait publié une satire contre l'auteur. (B.)

[3] Ce passage paroît regarder le duc de Montausier.

s'affliger avec les ridicules, que de se réjouir avec les honnêtes gens. C'est pour les consoler que j'ai composé ma neuvième satire, où je pense avoir montré assez clairement que, sans blesser l'état ni sa conscience, on peut trouver de méchants vers méchants, et s'ennuyer de plein droit à la lecture d'un sot livre. Mais puisque ces messieurs ont parlé de la liberté que je me suis donnée de nommer, comme d'un attentat inouï et sans exemples, et que des exemples ne se peuvent pas mettre en rimes, il est bon d'en dire ici un mot, pour les instruire d'une chose qu'eux seuls veulent ignorer, et leur faire voir qu'en comparaison de tous mes confrères les satiriques j'ai été un poëte fort retenu.

Et pour commencer par Lucilius, inventeur de la satire, quelle liberté, ou plutôt quelle licence ne s'est-il point donnée dans ses ouvrages? Ce n'étoient point seulement des poëtes et des auteurs qu'il attaquoit; c'étoient des gens de la première qualité de Rome; c'étoient des personnes consulaires. Cependant Scipion et Lélius ne jugèrent pas ce poëte, tout déterminé rieur qu'il étoit, indigne de leur amitié : et vraisemblablement, dans les occasions, ils ne lui refusèrent pas leurs conseils sur ses écrits, non plus qu'à Térence. Ils ne s'avisèrent point de prendre le parti de Lupus et de Métellus, qu'il avoit joués dans ses satires; et ils ne crurent pas lui donner rien du leur en lui abandonnant tous les ridicules de la république :

Num Lælius, aut qui
Duxit ab oppressa meritum Carthagine nomen;

> Ingenio offensi, aut læso doluere Metello,
> Famosisve Lupo cooperto versibus [1]?

En effet Lucilius n'épargnoit ni petits ni grands; et souvent des nobles et des patriciens il descendoit jusqu'à la lie du peuple :

> Primores populi arripuit, populumque tributim [2].

On me dira que Lucilius vivoit dans une république, où ces sortes de libertés peuvent être permises. Voyons donc Horace, qui vivoit sous un empereur, dans les commencements d'une monarchie, où il est bien plus dangereux de rire qu'en un autre temps. Qui ne nomme-t-il point dans ses satires? et Fabius le grand causeur, et Tigellius le fantasque, et Nasidiénus le ridicule, et Nomentanus le débauché, et tout ce qui vient au bout de sa plume. On me répondra que ce sont des noms supposés. Oh, la belle réponse! comme si ceux qu'il attaque n'étoient pas des gens connus d'ailleurs : comme si l'on ne savoit pas que Fabius étoit un chevalier romain qui avoit composé un livre de droit; que Tigellius fut en son temps un musicien chéri d'Auguste; que Nasidiénus Rufus étoit un ridicule célèbre dans Rome; que Cassius Nomentanus étoit un des plus fameux débauchés de l'Italie. Certainement il faut que ceux qui parlent de la sorte n'aient pas fort lu les anciens, et ne soient pas fort instruits des affaires de la cour d'Auguste. Horace ne se contente pas d'appeler les gens par leur nom; il a si peur qu'on

---
[1] Horat. lib. ii, sat. i, v. 65.
[2] Ibidem.

ne les méconnoisse, qu'il a soin de rapporter jusqu'à leur surnom, jusqu'au métier qu'ils faisoient, jusqu'aux charges qu'ils avoient exercées. Voyez, par exemple, comme il parle d'Aufidius Luscus, préteur de Fondi :

> Fundos, Aufidio Lusco prætore, libenter
> Linquimus, insani ridentes præmia scribæ,
> Prætextam, et latum clavum, etc.[1].

« Nous abandonnâmes, dit-il, avec joie le bourg de « Fondi, dont étoit préteur un certain Aufidius Luscus; « mais ce ne fut pas sans avoir bien ri de la folie de ce « préteur, auparavant commis, qui faisoit le sénateur « et l'homme de qualité. »

Peut-on désigner un homme plus précisément? et les circonstances seules ne suffisoient-elles pas pour le faire connoître? On me dira peut-être qu'Aufidius étoit mort alors : mais Horace parle là d'un voyage fait depuis peu. Et puis, comment mes censeurs répondront-ils à cet autre passage?

> Turgidus Alpinus jugulat dum Memnona, dumque
> Diffingit Rheni luteum caput, hæc ego ludo[2].

« Pendant, dit Horace, que ce poëte enflé d'Alpinus « égorge Memnon dans son poëme, et s'embourbe dans « la description du Rhin, je me joue en ces satires. »

Alpinus vivoit donc du temps qu'Horace se jouoit en ces satires; et si Alpinus en cet endroit est un nom supposé, l'auteur du poëme de Memnon pouvoit-il s'y méconnoître? Horace, dira-t-on, vivoit sous le règne du

[1] Lib. 1, sat. v, v. 35.
[2] Lib. 1, sat. x, v. 36.

plus poli de tous les empereurs : mais vivons-nous sous un règne moins poli? et veut-on qu'un prince qui a tant de qualités communes avec Auguste soit moins dégoûté que lui des méchants livres, et plus rigoureux envers ceux qui les blâment?

Examinons pourtant Perse, qui écrivoit sous le règne de Néron. Il ne raille pas simplement les ouvrages des poëtes de son temps : il attaque les vers de Néron même. Car enfin tout le monde sait, et toute la cour de Néron le savoit, que ces quatre vers, *Torva Mimalloneis, etc.*, dont Perse fait une raillerie si amère dans sa première satire, étoient des vers de Néron. Cependant on ne remarque point que Néron, tout Néron qu'il étoit, ait fait punir Perse; et ce tyran, ennemi de la raison, et amoureux, comme on sait, de ses ouvrages, fut assez galant homme pour entendre raillerie sur ses vers, et ne crut pas que l'empereur, en cette occasion, dût prendre les intérêts du poëte.

Pour Juvénal, qui florissoit sous Trajan, il est un peu plus respectueux envers les grands seigneurs de son siècle. Il se contente de répandre l'amertume de ses satires sur ceux du règne précédent : mais à l'égard des auteurs, il ne les va point chercher hors de son siècle. A peine est-il entré en matière, que le voilà en mauvaise humeur contre tous les écrivains de son temps. Demandez à Juvénal ce qui l'oblige de prendre la plume. C'est qu'il est las d'entendre et la *Théséide* de Codrus, et l'*Oreste* de celui-ci, et le *Télèphe* de cet autre, et tous les poëtes enfin, comme il dit ailleurs, qui récitoient leurs vers au mois d'août.

Et augusto recitantes mense poetas [1]

Tant il est vrai que le droit de blâmer les auteurs est un droit ancien, passé en coutume parmi tous les satiriques, et souffert dans tous les siècles!

Que s'il faut venir des anciens aux modernes, Regnier, qui est presque notre seul poëte satirique, a été véritablement un peu plus discret que les autres. Cela n'empêche pas néanmoins qu'il ne parle hardiment de Gallet, ce célèbre joueur, *qui assignoit ses créanciers sur sept et quatorze;* et du sieur de Provins, *qui avoit changé son balandran* [2] *en manteau court;* et du Cousin, *qui abandonnoit sa maison de peur de la réparer;* et de Pierre du Puis, et de plusieurs autres.

Que répondront à cela mes censeurs? Pour peu qu'on les presse, ils chasseront de la république des lettres tous les poëtes satiriques, comme autant de perturbateurs du repos public. Mais que diront-ils de Virgile, le sage, le discret Virgile, qui, dans une églogue [3] où il n'est pas question de satire, tourne d'un seul vers deux poëtes de son temps en ridicule?

Qui Bavium non odit, amet tua carmina, Maevi,

dit un berger satirique dans cette églogue. Et qu'on ne me dise point que Bavius et Mævius en cet endroit sont des noms supposés, puisque ce seroit donner un trop cruel démenti au docte Servius [4] qui assure positivement

---

[1] Juven. sat. III, v. 9.
[2] Casaque de campagne.
[3] Eclog. III, v. 90.
[4] Grammairien du IVe siècle, auteur d'un commentaire sur Virgile.

le contraire. En un mot, qu'ordonneront mes censeurs de Catulle, de Martial, et de tous les poëtes de l'antiquité, qui n'en ont pas usé avec plus de discrétion que Virgile? Que penseront-ils de Voiture, qui n'a point fait conscience de rire aux dépens du célèbre Neuf-Germain, quoiqu'également recommandable par l'antiquité de sa barbe et par la nouveauté de sa poésie? Le banniront-ils du Parnasse, lui et tous les poëtes de l'antiquité, pour établir la sûreté des sots et des ridicules? Si cela est, je me consolerai aisément de mon exil : il y aura du plaisir à être relégué en si bonne compagnie. Raillerie à part, ces messieurs veulent-ils être plus sages que Scipion et Lélius, plus délicats qu'Auguste, plus cruels que Néron? Mais eux qui sont si rigoureux envers les critiques, d'où vient cette clémence qu'ils affectent pour les méchants auteurs? Je vois bien ce qui les afflige; ils ne veulent pas être détrompés. Il leur fâche d'avoir admiré sérieusement des ouvrages que mes satires exposent à la risée de tout le monde, et de se voir condamnés à oublier dans leur vieillesse ces mêmes vers qu'ils ont autrefois appris par cœur comme des chefs-d'œuvre de l'art. Je les plains sans doute : mais quel remède? Faudra-t-il, pour s'accommoder à leur goût particulier, renoncer au sens commun? Faudra-t-il applaudir indifféremment à toutes les impertinences qu'un ridicule aura répandues sur le papier? Et au lieu qu'en certains pays [1] on condamnoit les méchants poëtes à effacer leurs écrits avec la langue, les livres deviendront-ils désormais

---

[1] Dans le temple qui est aujourd'hui l'abbaye d'Ainay, à Lyon.(B.)

un asile inviolable où toutes les sottises auront droit de bourgeoisie, où l'on n'osera toucher sans profanation?

J'aurois bien d'autres choses à dire sur ce sujet; mais comme j'ai déja traité de cette matière dans ma neuvième satire, il est bon d'y renvoyer le lecteur.

SATIRE PREMIÈRE.

1660.

ADIEUX D'UN POETE A LA VILLE DE PARIS.

Damon[1], ce grand auteur dont la muse fertile
Amusa si long-temps et la cour et la ville;
Mais qui, n'étant vêtu que de simple bureau,
Passe l'été sans linge, et l'hiver sans manteau;
Et de qui le corps sec et la mine affamée
N'en sont pas mieux refaits pour tant de renommée;
Las de perdre en rimant et sa peine et son bien,
D'emprunter en tous lieux, et de ne gagner rien,
Sans habits, sans argent, ne sachant plus que faire,
Vient de s'enfuir, chargé de sa seule misère;
Et, bien loin des sergents, des clercs et du palais,
Va chercher un repos qu'il ne trouva jamais;
Sans attendre qu'ici la justice ennemie
L'enferme en un cachot le reste de sa vie,
Ou que d'un bonnet vert[2] le salutaire affront
Flétrisse les lauriers qui lui couvrent le front.
  Mais le jour qu'il partit, plus défait et plus blême
Que n'est un pénitent sur la fin d'un carême,

---

[1] J'ai eu en vue Cassandre, celui qui a traduit la *Rhétorique* d'Aristote. (B.)

[2] Du temps que cette satire fut faite, un débiteur insolvable pouvoit sortir de prison en faisant cession, c'est-à-dire en souffrant qu'on lui mît en pleine rue un bonnet vert sur la tête. (B.)

La colère dans l'ame et le feu dans les yeux,
Il distilla sa rage en ces tristes adieux :
    Puisqu'en ce lieu, jadis aux muses si commode,
Le mérite et l'esprit ne sont plus à la mode ;
Qu'un poëte, dit-il, s'y voit maudit de Dieu,
Et qu'ici la vertu n'a plus ni feu ni lieu ;   [roche,
Allons du moins chercher quelque antre ou quelque
D'où jamais ni l'huissier ni le sergent n'approche ;
Et, sans lasser le ciel par des vœux impuissants,
Mettons-nous à l'abri des injures du temps,
Tandis que, libre encor malgré les destinées,
Mon corps n'est point courbé sous le faix des années,
Qu'on ne voit point mes pas sous l'âge chanceler,
Et qu'il reste à la Parque encor de quoi filer :
C'est là dans mon malheur le seul conseil à suivre.
Que George vive ici, puisque George y sait vivre [1],
Qu'un million comptant, par ses fourbes acquis,
De clerc, jadis laquais, a fait comte et marquis :
Que Jaquin [2] vive ici, dont l'adresse funeste
A plus causé de maux que la guerre et la peste ;
Qui de ses revenus écrits par alphabet
Peut fournir aisément un calepin complet ;
Qu'il règne dans ces lieux ; il a droit de s'y plaire.
Mais moi, vivre à Paris ! Eh ! qu'y voudrois-je faire ?
Je ne sais ni tromper, ni feindre, ni mentir ;
Et, quand je le pourrois, je n'y puis consentir.
Je ne sais point en lâche essuyer les outrages

---

[1] Il est question ici de *Gorge*, financier du temps.

[2] Il existoit alors un fournisseur nommé *Jacquier*.

SATIRE I.

D'un faquin orgueilleux qui vous tient à ses gages,
De mes sonnets flatteurs lasser tout l'univers,
De vendre au plus offrant mon encens et mes vers :
Pour un si bas emploi ma muse est trop altière.
Je suis rustique et fier, et j'ai l'ame grossière :
Je ne puis rien nommer, si ce n'est par son nom ;
J'appelle un chat un chat, et Rolet[1] un fripon.
De servir un amant, je n'en ai pas l'adresse ;
J'ignore ce grand art qui gagne une maîtresse ;
Et je suis, à Paris, triste, pauvre et reclus,
Ainsi qu'un corps sans ame, ou devenu perclus.

 Mais pourquoi, dira-t-on, cette vertu sauvage
Qui court à l'hôpital, et n'est plus en usage?
La richesse permet une juste fierté ;
Mais il faut être souple avec la pauvreté :
C'est par là qu'un auteur que presse l'indigence
Peut des astres malins corriger l'influence,
Et que le sort burlesque, en ce siècle de fer,
D'un pédant, quand il veut, sait faire un duc et pair[2].
Ainsi de la vertu la fortune se joue :
Tel aujourd'hui triomphe au plus haut de sa roue,
Qu'on verroit, de couleurs bizarrement orné,
Conduire le carrosse où l'on le voit traîné,
Si dans les droits du roi sa funeste science
Par deux ou trois avis n'eût ravagé la France.
Je sais qu'un juste effroi l'éloignant de ces lieux

---

[1] Procureur très décrié, qui a été dans la suite condamné à faire amende honorable, et banni à perpétuité. (B.)

[2] L'abbé de la Rivière, dans ce temps-là, fut fait évêque de Langres. Il avoit été régent dans un collége.

L'a fait pour quelques mois disparoître à nos yeux :
Mais en vain pour un temps une taxe l'exile ;
On le verra bientôt pompeux en cette ville
Marcher encor chargé des dépouilles d'autrui,
Et jouir du ciel même irrité contre lui ;
Tandis que Colletet[1], crotté jusqu'à l'échine,
S'en va chercher son pain de cuisine en cuisine,
Savant en ce métier, si cher aux beaux esprits,
Dont Montmaur[2] autrefois fit leçon dans Paris.
   Il est vrai que du roi la bonté secourable
Jette enfin sur la muse un regard favorable ;
Et, réparant du sort l'aveuglement fatal,
Va tirer désormais Phébus de l'hôpital[3].
On doit tout espérer d'un monarque si juste :
Mais, sans un Mécénas, à quoi sert un Auguste ?
Et fait comme je suis, au siècle d'aujourd'hui,
Qui voudra s'abaisser à me servir d'appui ?
Et puis, comment percer cette foule effroyable
De rimeurs affamés dont le nombre l'accable ;
Qui, dès que sa main s'ouvre, y courent les premiers,
Et ravissent un bien qu'on devoit aux derniers,
Comme on voit les frelons, troupe lâche et stérile,
Aller piller le miel que l'abeille distille ?
Cessons donc d'aspirer à ce prix tant vanté
Que donne la faveur à l'importunité.

---

[1] Fameux poëte fort gueux, dont on a encore plusieurs ouvrages. (B.)

[2] Célèbre parasite, dont Ménage a écrit la vie. (B.)

[3] Le roi, en ce temps-là, à la sollicitation de M. Colbert, donna plusieurs pensions aux gens de lettres. (B.)

SATIRE I.

Saint-Amand[1] n'eut du ciel que sa veine en partage :
L'habit qu'il eut sur lui fut son seul héritage ;
Un lit et deux placets composoient tout son bien ;
Ou, pour en mieux parler, Saint-Amand n'avoit rien.
Mais quoi! las de traîner une vie importune,
Il engagea ce rien pour chercher la fortune,
Et, tout chargé de vers qu'il devoit mettre au jour,
Conduit d'un vain espoir, il parut à la cour[2].
Qu'arriva-t-il enfin de sa muse abusée?
Il en revint couvert de honte et de risée ;
Et la fièvre, au retour, terminant son destin,
Fit par avance en lui ce qu'auroit fait la faim.
Un poëte à la cour fut jadis à la mode ;
Mais des fous aujourd'hui c'est le plus incommode :
Et l'esprit le plus beau, l'auteur le plus poli,
N'y parviendra jamais au sort de l'Angéli[3].

 Faut-il donc désormais jouer un nouveau rôle?
Dois-je, las d'Apollon, recourir à Barthole?
Et, feuilletant Louet alongé par Brodeau[4],
D'une robe à longs plis balayer le barreau?
Mais à ce seul penser je sens que je m'égare.
Moi! que j'aille crier dans ce pays barbare,
Où l'on voit tous les jours l'innocence aux abois
Errer dans les détours d'un dédale de lois,

[1] On a plusieurs ouvrages de lui où il y a beaucoup de génie. Il ne savoit pas le latin, et étoit fort pauvre. (B.)

[2] Le poëme qu'il y porta étoit intitulé le *Poëme de la Lune* ; et il y louoit le roi, surtout de savoir bien nager. (B.)

[3] Célèbre fou que M. le prince de Condé avoit amené avec lui des Pays-Bas, et qu'il donna au roi Louis XIII. (B.)

[4] Brodeau a commenté Louet. (B.)

SATIRE I.

Et, dans l'amas confus des chicanes énormes,
Ce qui fut blanc au fond rendu noir par les formes;
Où Patru gagne moins qu'Huot et le Mazier[1],
Et dont les Cicérons se font chez Pé-Fournier[2]!
Avant qu'un tel dessein m'entre dans la pensée,
On pourra voir la Seine à la Saint-Jean glacée;
Arnauld à Charenton devenir huguenot,
Saint-Sorlin janséniste, et Saint-Pavin bigot.

Quittons donc pour jamais une ville importune
Où l'honneur a toujours guerre avec la fortune;
Où le vice orgueilleux s'érige en souverain,
Et va la mitre en tête et la crosse à la main;
Où la science, triste, affreuse, délaissée,
Est partout des bons lieux comme infame chassée;
Où le seul art en vogue est l'art de bien voler;
Où tout me choque; enfin, où... Je n'ose parler.
Et quel homme si froid ne seroit plein de bile
A l'aspect odieux des mœurs de cette ville?
Qui pourroit les souffrir? et qui, pour les blâmer,
Malgré Muse et Phébus n'apprendroit à rimer?
Non, non, sur ce sujet pour écrire avec grace
Il ne faut point monter au sommet du Parnasse;
Et, sans aller rêver dans le double vallon,
La colère suffit, et vaut un Apollon.

Tout beau, dira quelqu'un, vous entrez en furie.

---

[1] Procureurs qui se chargeoient souvent des mauvaises causes. Olivier Patru, avocat et homme de lettres distingué, mourut de faim.

[2] Célèbre procureur. Il s'appeloit Pierre Fournier; mais les gens de palais, pour abréger, l'appeloient Pé-Fournier. (B.)

A quoi bon ces grands mots? doucement, je vous prie :
Ou bien montez en chaire; et là, comme un docteur,
Allez de vos sermons endormir l'auditeur :
C'est là que bien ou mal on a droit de tout dire.

    Ainsi parle un esprit qu'irrite la satire,
Qui contre ses défauts croit être en sûreté
En raillant d'un censeur la triste austérité;
Qui fait l'homme intrépide, et, tremblant de foiblesse,
Attend pour croire en Dieu que la fièvre le presse;
Et, toujours dans l'orage au ciel levant les mains,
Dès que l'air est calmé, rit des foibles humains.
Car de penser alors qu'un Dieu tourne le monde,
Et règle les ressorts de la machine ronde,
Ou qu'il est une vie au delà du trépas,
C'est là, tout haut, du moins, ce qu'il n'avouera pas.

    Pour moi, qu'en santé même un autre monde étonne,
Qui crois l'ame immortelle, et que c'est Dieu qui tonne,
Il vaut mieux pour jamais me bannir de ce lieu.
Je me retire donc. Adieu, Paris, adieu.

SATIRE II.

1664.

A MOLIÈRE.

SUR LA DIFFICULTÉ D'ACCORDER LA RIME ET LA RAISON.

Rare et fameux esprit, dont la fertile veine
Ignore en écrivant le travail et la peine;
Pour qui tient Apollon tous ses trésors ouverts,
Et qui sais à quel coin se marquent les bons vers;
Dans les combats d'esprit savant maître d'escrime,
Enseigne-moi, Molière, où tu trouves la rime.
On diroit, quand tu veux, qu'elle te vient chercher:
Jamais au bout du vers on ne te voit broncher;
Et, sans qu'un long détour t'arrête ou t'embarrasse,
A peine as-tu parlé, qu'elle-même s'y place.
Mais moi, qu'un vain caprice, une bizarre humeur,
Pour mes péchés, je crois, fit devenir rimeur,
Dans ce rude métier où mon esprit se tue,
En vain, pour la trouver, je travaille et je sue.
Souvent j'ai beau rêver du matin jusqu'au soir;
Quand je veux dire blanc, la quinteuse dit noir;
Si je veux d'un galant dépeindre la figure,
Ma plume pour rimer trouve l'abbé de Pure[1];

---

[1] Auteur oublié des traductions de *Quintilien*, de l'*Histoire des Indes* de J.-P. Maffei, de l'*Histoire africaine* de Birago, d'une tragédie d'*Ostorius*, et de plusieurs romans; mort en 1680.

Si je pense exprimer un auteur sans défaut,
La raison dit Virgile, et la rime Quinault :
Enfin, quoi que je fasse ou que je veuille faire,
La bizarre toujours vient m'offrir le contraire.
De rage quelquefois, ne pouvant la trouver,
Triste, las et confus, je cesse d'y rêver;
Et, maudissant vingt fois le démon qui m'inspire,
Je fais mille serments de ne jamais écrire.
Mais, quand j'ai bien maudit et Muses et Phébus,
Je la vois qui paroît quand je n'y pense plus :
Aussitôt, malgré moi, tout mon feu se rallume;
Je reprends sur-le-champ le papier et la plume,
Et, de mes vains serments perdant le souvenir,
J'attends de vers en vers qu'elle daigne venir.
Encor si pour rimer, dans sa verve indiscrète,
Ma muse au moins souffroit une froide épithète,
Je ferois comme un autre; et, sans chercher si loin,
J'aurois toujours des mots pour les coudre au besoin :
Si je louois Philis *en miracles féconde,*
Je trouverois bientôt, *à nulle autre seconde;*
Si je voulois vanter un objet *nompareil,*
Je mettrois à l'instant, *plus beau que le soleil;*
Enfin, parlant toujours *d'astres et de merveilles,*
De chefs-d'œuvre des cieux, de beautés sans pareilles[1] ;
Avec tous ces beaux mots, souvent mis au hasard,
Je pourrois aisément, sans génie et sans art,
Et transposant cent fois et le nom et le verbe,
Dans mes vers recousus mettre en pièces Malherbe.
Mais mon esprit, tremblant sur le choix de ses mots,

[1] Hémistiches de Ménage.

N'en dira jamais un, s'il ne tombe à propos,
Et ne sauroit souffrir qu'une phrase insipide
Vienne à la fin d'un vers remplir la place vide :
Ainsi, recommençant un ouvrage vingt fois,
Si j'écris quatre mots, j'en effacerai trois.
   Maudit soit le premier dont la verve insensée
Dans les bornes d'un vers renferma sa pensée,
Et, donnant à ses mots une étroite prison,
Voulut avec la rime enchaîner la raison !
Sans ce métier fatal au repos de ma vie,
Mes jours pleins de loisir couleroient sans envie :
Je n'aurois qu'à chanter, rire, boire d'autant,
Et, comme un gras chanoine, à mon aise et content,
Passer tranquillement, sans souci, sans affaire,
La nuit à bien dormir, et le jour à rien faire.
Mon cœur exempt de soins, libre de passion,
Sait donner une borne à son ambition ;
Et, fuyant des grandeurs la présence importune,
Je ne vais point au Louvre adorer la fortune :
Et je serois heureux, si, pour me consumer,
Un destin envieux ne m'avoit fait rimer.
   Mais depuis le moment que cette frénésie
De ses noires vapeurs troubla ma fantaisie,
Et qu'un démon jaloux de mon contentement
M'inspira le dessein d'écrire poliment,
Tous les jours, malgré moi, cloué sur un ouvrage,
Retouchant un endroit, effaçant une page,
Enfin passant ma vie en ce triste métier,
J'envie, en écrivant, le sort de Pelletier[1].

---

[1] Poëte du dernier ordre, qui faisoit tous les jours un sonnet. (B.)

SATIRE II.

Bienheureux Scuderi[1], dont la fertile plume
Peut tous les mois sans peine enfanter un volume!
Tes écrits, il est vrai, sans art et languissants,
Semblent être formés en dépit du bon sens :
Mais ils trouvent pourtant, quoi qu'on en puisse dire,
Un marchand pour les vendre, et des sots pour les lire.
Et quand la rime enfin se trouve au bout des vers,
Qu'importe que le reste y soit mis de travers?
Malheureux mille fois celui dont la manie
Veut aux règles de l'art asservir son génie!
Un sot, en écrivant, fait tout avec plaisir :
Il n'a point en ses vers l'embarras de choisir;
Et, toujours amoureux de ce qu'il vient d'écrire,
Ravi d'étonnement, en soi-même il s'admire.
Mais un esprit sublime en vain veut s'élever
A ce degré parfait qu'il tâche de trouver;
Et, toujours mécontent de ce qu'il vient de faire,
Il plaît à tout le monde, et ne sauroit se plaire :
Et tel, dont en tous lieux chacun vante l'esprit,
Voudroit pour son repos n'avoir jamais écrit.

Toi donc, qui vois les maux où ma muse s'abyme,
De grace, enseigne-moi l'art de trouver la rime :
Ou, puisqu'enfin tes soins y seroient superflus,
Molière, enseigne-moi l'art de ne rimer plus.

---

[1] C'est le fameux Scuderi, auteur de beaucoup de romans, et frère de la fameuse mademoiselle de Scuderi. (B.)

SATIRE III.

1665.

DESCRIPTION D'UN MAUVAIS DINER.

Quel sujet inconnu vous trouble et vous altère ?
D'où vous vient aujourd'hui cet air sombre et sévère,
Et ce visage enfin plus pâle qu'un rentier
A l'aspect d'un arrêt[1] qui retranche un quartier ?
Qu'est devenu ce teint dont la couleur fleurie
Sembloit d'ortolans seuls et de bisques nourrie,
Où la joie en son lustre attiroit les regards,
Et le vin en rubis brilloit de toutes parts ?
Qui vous a pu plonger dans cette humeur chagrine ?
A-t-on par quelque édit réformé la cuisine ?
Ou quelque longue pluie inondant vos vallons
A-t-elle fait couler vos vins et vos melons ?
Répondez donc enfin, ou bien je me retire.
 Ah, de grace ! un moment, souffrez que je respire.
Je sors de chez un fat qui, pour m'empoisonner,
Je pense, exprès chez lui m'a forcé de dîner.
Je l'avois bien prévu. Depuis près d'une année,
J'éludois tous les jours sa poursuite obstinée.
Mais hier il m'aborde, et, me serrant la main :
Ah, monsieur ! m'a-t-il dit, je vous attends demain.
N'y manquez pas au moins. J'ai quatorze bouteilles

[1] Le roi, en ce temps-là, avoit supprimé un quartier des rentes. (B.)

D'un vin vieux... Boucingo[1] n'en a point de pareilles :
Et je gagerois bien que, chez le commandeur,
Villandri[2] priseroit sa sève et sa verdeur.
Molière avec Tartufe[3] y doit jouer son rôle;
Et Lambert[4], qui plus est, m'a donné sa parole.
C'est tout dire, en un mot, et vous le connoissez.
Quoi! Lambert? Oui, Lambert : à demain. C'est assez.
 Ce matin donc, séduit par sa vaine promesse,
J'y cours, midi sonnant, au sortir de la messe.
A peine étois-je entré, que, ravi de me voir,
Mon homme, en m'embrassant, m'est venu recevoir :
Et montrant à mes yeux une alégresse entière,
Nous n'avons, m'a-t-il dit, ni Lambert ni Molière;
Mais puisque je vous vois, je me tiens trop content.
Vous êtes un brave homme : entrez; on vous attend.
 A ces mots, mais trop tard, reconnoissant ma faute,
Je le suis en tremblant dans une chambre haute
Où, malgré les volets, le soleil irrité
Formoit un poêle ardent au milieu de l'été.
Le couvert étoit mis dans ce lieu de plaisance,
Où j'ai trouvé d'abord, pour toute connoissance,
Deux nobles campagnards, grands lecteurs de romans,
Qui m'ont dit tout Cyrus[5] dans leurs longs compliments.

---

[1] Fameux marchand de vin. (B.)

[2] Homme de qualité qui alloit fréquemment dîner chez le commandeur de Souvré. (B.)

[3] Le *Tartufe*, en ce temps-là, avoit été défendu, et tout le monde vouloit avoir Molière pour le lui entendre réciter. (B.)

[4] Lambert, le fameux musicien, étoit un fort bon homme, qui promettoit à tout le monde de venir, mais qui ne venoit jamais. (B.)

[5] Roman de dix tomes de mademoiselle de Scuderi. (B.)

SATIRE III.

J'enrageois. Cependant on apporte un potage.
Un coq y paroissoit en pompeux équipage,
Qui, changeant sur ce plat et d'état et de nom,
Par tous les conviés s'est appelé chapon.
Deux assiettes suivoient, dont l'une étoit ornée
D'une langue en ragoût, de persil couronnée;
L'autre, d'un godiveau tout brûlé par dehors,
Dont un beurre gluant inondoit tous les bords.
On s'assied : mais d'abord notre troupe serrée
Tenoit à peine autour d'une table carrée,
Où chacun, malgré soi, l'un sur l'autre porté,
Faisoit un tour à gauche, et mangeoit de côté.
Jugez en cet état si je pouvois me plaire,
Moi qui ne compte rien ni le vin ni la chère,
Si l'on n'est plus au large assis en un festin,
Qu'aux sermons de Cassagne, ou de l'abbé Cotin.
 Notre hôte cependant s'adressant à la troupe :
Que vous semble, a-t-il dit, du goût de cette soupe?
Sentez-vous le citron dont on a mis le jus
Avec des jaunes d'œufs mêlés dans du verjus?
Ma foi, vive Mignot et tout ce qu'il apprête!
Les cheveux cependant me dressoient à la tête :
Car Mignot, c'est tout dire, et dans le monde entier
Jamais empoisonneur ne sut mieux son métier.
J'approuvois tout pourtant de la mine et du geste,
Pensant qu'au moins le vin dût réparer le reste.
Pour m'en éclaircir donc, j'en demande : et d'abord
Un laquais effronté m'apporte un rouge-bord
D'un auvernat fumeux, qui, mêlé de lignage [1],

---

[1] Deux fameux vins du terroir d'Orléans. (B.)

Se vendoit chez Crenet[1] pour vin de l'Hermitage,
Et qui, rouge et vermeil, mais fade et doucereux,
N'avoit rien qu'un goût plat, et qu'un déboire affreux.
A peine ai-je senti cette liqueur traîtresse,
Que de ces vins mêlés j'ai reconnu l'adresse.
Toutefois avec l'eau que j'y mets à foison
J'espérois adoucir la force du poison.
Mais, qui l'auroit pensé! pour comble de disgrace,
Par le chaud qu'il faisoit nous n'avions point de glace.
Point de glace, bon dieu! dans le fort de l'été!
Au mois de juin! Pour moi, j'étois si transporté,
Que, donnant de fureur tout le festin au diable,
Je me suis vu vingt fois prêt à quitter la table;
Et, dût-on m'appeler et fantasque et bourru,
J'allois sortir enfin quand le rôt a paru.
 Sur un lièvre flanqué de six poulets étiques
S'élevoient trois lapins, animaux domestiques,
Qui, dès leur tendre enfance élevés dans Paris,
Sentoient encor le chou dont ils furent nourris.
Autour de cet amas de viandes entassées
Régnoit un long cordon d'alouettes pressées,
Et sur les bords du plat six pigeons étalés
Présentoient pour renfort leurs squelettes brûlés.
A côté de ce plat paroissoient deux salades,
L'une de pourpier jaune, et l'autre d'herbes fades,
Dont l'huile de fort loin saisissoit l'odorat,
Et nageoit dans des flots de vinaigre rosat.

---

[1] Fameux marchand de vin, logé à la Pomme-de-Pin, près du pont Notre-Dame. (B.)

SATIRE III.

Tous mes sots, à l'instant changeant de contenance,
Ont loué du festin la superbe ordonnance;
Tandis que mon faquin, qui se voyoit priser,
Avec un ris moqueur les prioit d'excuser.
Surtout certain hableur, à la gueule affamée,
Qui vint à ce festin conduit par la fumée,
Et qui s'est dit profès dans l'ordre des coteaux[1],
A fait en bien mangeant l'éloge des morceaux.
Je riois de le voir, avec sa mine étique,
Son rabat jadis blanc, et sa perruque antique,
En lapins de garenne ériger nos clapiers,
Et nos pigeons cauchois en superbes ramiers,
Et, pour flatter notre hôte, observant son visage,
Composer sur ses yeux son geste et son langage :
Quand notre hôte charmé, m'avisant sur ce point :
Qu'avez-vous donc, dit-il, que vous ne mangez point ?
Je vous trouve aujourd'hui l'ame tout inquiète,
Et les morceaux entiers restent sur votre assiette.
Aimez-vous la muscade ? on en a mis partout.
Ah, monsieur ! ces poulets sont d'un merveilleux goût !
Ces pigeons sont dodus, mangez, sur ma parole.
J'aime à voir aux lapins cette chair blanche et molle.
Ma foi, tout est passable, il le faut confesser,
Et Mignot aujourd'hui s'est voulu surpasser.
Quand on parle de sauce, il faut qu'on y raffine;
Pour moi, j'aime surtout que le poivre y domine :
J'en suis fourni, Dieu sait ! et j'ai tout Pelletier

---

[1] Ce nom fut donné à trois grands seigneurs tenant table, qui étoient partagés sur l'estime qu'on devoit faire des vins des coteaux des environs de Reims : ils avoient chacun leurs partisans. (B.)

Roulé dans mon office en cornets de papier.
A tous ces beaux discours j'étois comme une pierre,
Ou comme la statue est au Festin de Pierre;
Et, sans dire un seul mot, j'avalois au hasard
Quelque aile de poulet dont j'arrachois le lard.
   Cependant mon hableur, avec une voix haute,
Porte à mes campagnards la santé de notre hôte,
Qui tous deux pleins de joie, en jetant un grand cri,
Avec un rouge-bord acceptent son défi.
Un si galant exploit réveillant tout le monde,
On a porté partout des verres à la ronde,
Où les doigts des laquais, dans la crasse tracés,
Témoignoient par écrit qu'on les avoit rincés.
Quand un des conviés, d'un ton mélancolique,
Lamentant tristement une chanson bachique,
Tous mes sots à la fois, ravis de l'écouter,
Détonnant de concert, se mettent à chanter.
La musique sans doute étoit rare et charmante!
L'un traîne en longs fredons une voix glapissante;
Et l'autre, l'appuyant de son aigre fausset,
Semble un violon faux qui jure sous l'archet.
   Sur ce point un jambon d'assez maigre apparence
Arrive sous le nom de jambon de Mayence.
Un valet le portoit, marchant à pas comptés,
Comme un recteur suivi des quatre Facultés.
Deux marmitons crasseux, revêtus de serviettes,
Lui servoient de massiers[1], et portoient deux assiettes,
L'une de champignons avec des ris de veau,

---

[1] Le recteur, quand il va en procession, est toujours accompagné de deux massiers ou *porte-masses*. (B.)

Et l'autre de pois verts qui se noyoient dans l'eau.
Un spectacle si beau surprenant l'assemblée,
Chez tous les conviés la joie est redoublée;
Et la troupe à l'instant, cessant de fredonner,
D'un ton gravement fou s'est mise à raisonner.
Le vin au plus muet fournissant des paroles,
Chacun a débité ses maximes frivoles,
Réglé les intérêts de chaque potentat,
Corrigé la police, et réformé l'état;
Puis de là s'embarquant dans la nouvelle guerre,
A vaincu la Hollande[1] ou battu l'Angleterre.
 Enfin, laissant en paix tous ces peuples divers,
De propos en propos on a parlé de vers.
Là tous mes sots, enflés d'une nouvelle audace,
Ont jugé des auteurs en maîtres du Parnasse.
Mais notre hôte surtout, pour la justesse et l'art,
Élevoit jusqu'au ciel Théophile et Ronsard;
Quand un des campagnards, relevant sa moustache
Et son feutre à grands poils ombragé d'un panache,
Impose à tous silence, et, d'un ton de docteur :
Morbleu! dit-il, La Serre[2] est un charmant auteur!
Ses vers sont d'un beau style, et sa prose est coulante.
La Pucelle est encore une œuvre bien galante,
Et je ne sais pourquoi je bâille en la lisant.
Le Pays[3], sans mentir, est un bouffon plaisant :

---

[1] L'Angleterre et la Hollande étoient alors en guerre, et le roi avoit envoyé du secours aux Hollandois. (B.)

[2] Écrivain célèbre par son galimatias, auteur d'une tragédie de *Thomas Morus*.

[3] Ecrivain estimé chez les provinciaux à cause d'un livre qu'il a fait, intitulé *Amitiés, amours et amourettes*. (B.)

Mais je ne trouve rien de beau dans ce Voiture.
Ma foi, le jugement sert bien dans la lecture.
A mon gré, le Corneille est joli quelquefois.
En vérité, pour moi j'aime le beau françois.
Je ne sais pas pourquoi l'on vante l'Alexandre[1];
Ce n'est qu'un glorieux qui ne dit rien de tendre.
Les héros chez Quinault parlent bien autrement,
Et jusqu'à *Je vous hais*, tout s'y dit tendrement.
On dit qu'on l'a drapé dans certaine satire;
Qu'un jeune homme... Ah! je sais ce que vous voulez
A répondu notre hôte : «Un auteur sans défaut, [dire,
« La raison dit Virgile, et la rime Quinault. »
—Justement. A mon gré, la pièce est assez plate.
Et puis, blâmer Quinault!... Avez-vous vu l'Astrate?
C'est là ce qu'on appelle un ouvrage achevé.
Surtout l'Anneau royal me semble bien trouvé.
Son sujet est conduit d'une belle manière;
Et chaque acte, en sa pièce, est une pièce entière.
Je ne puis plus souffrir ce que les autres font.

Il est vrai que Quinault est un esprit profond,
A repris certain fat qu'à sa mine discrète
Et son maintien jaloux j'ai reconnu poëte :
Mais il en est pourtant qui le pourroient valoir.
Ma foi, ce n'est pas vous qui nous le ferez voir,
A dit mon campagnard avec une voix claire,
Et déja tout bouillant de vin et de colère.
Peut-être, a dit l'auteur pâlissant de courroux :
Mais vous, pour en parler, vous y connoissez-vous?

---

[1] De Racine.

SATIRE III.

Mieux que vous mille fois, dit le noble en furie.
Vous? mon dieu! mêlez-vous de boire, je vous prie,
A l'auteur sur-le-champ aigrement reparti.
Je suis donc un sot, moi? vous en avez menti,
Reprend le campagnard; et, sans plus de langage,
Lui jette pour défi son assiette au visage.
L'autre esquive le coup; et l'assiette volant
S'en va frapper le mur, et revient en roulant.
A cet affront l'auteur, se levant de la table,
Lance à mon campagnard un regard effroyable;
Et, chacun vainement se ruant entre deux,
Nos braves s'accrochant se prennent aux cheveux.
Aussitôt sous leurs pieds les tables renversées
Font voir un long débris de bouteilles cassées :
En vain à lever tout les valets sont fort prompts,
Et les ruisseaux de vin coulent aux environs.

 Enfin, pour arrêter cette lutte barbare,
De nouveau l'on s'efforce, on crie, on les sépare;
Et, leur première ardeur passant en un moment,
On a parlé de paix et d'accommodement.
Mais, tandis qu'à l'envi tout le monde y conspire,
J'ai gagné doucement la porte sans rien dire,
Avec un bon serment que, si pour l'avenir
En pareille cohue on me peut retenir,
Je consens de bon cœur, pour punir ma folie,
Que tous les vins pour moi deviennent vins de Brie;
Qu'à Paris le gibier manque tous les hivers,
Et qu'à peine au mois d'août l'on mange des pois verts.

SATIRE IV.

1664.

A M. L'ABBE LE VAYER.

LES FOLIES HUMAINES.

D'où vient, cher Le Vayer, que l'homme le moins
Croit toujours seul avoir la sagesse en partage, [sage
Et qu'il n'est point de fou qui, par belles raisons,
Ne loge son voisin aux petites-maisons?
  Un pédant, enivré de sa vaine science,
Tout hérissé de grec, tout bouffi d'arrogance,
Et qui, de mille auteurs retenus mot pour mot,
Dans sa tête entassés, n'a souvent fait qu'un sot,
Croit qu'un livre fait tout, et que, sans Aristote,
La raison ne voit goutte, et le bon sens radote.
  D'autre part un galant, de qui tout le métier
Est de courir le jour de quartier en quartier,
Et d'aller, à l'abri d'une perruque blonde,
De ses froides douceurs fatiguer tout le monde,
Condamne la science, et, blâmant tout écrit,
Croit qu'en lui l'ignorance est un titre d'esprit,
Que c'est des gens de cour le plus beau privilége,
Et renvoie un savant dans le fond d'un collége.
  Un bigot orgueilleux, qui, dans sa vanité,
Croit duper jusqu'à Dieu par son zèle affecté,

SATIRE IV.

Couvrant tous ses défauts d'une sainte apparence,
Damne tous les humains de sa pleine puissance.

    Un libertin d'ailleurs, qui, sans ame et sans foi,
Se fait de son plaisir une suprême loi,
Tient que ces vieux propos de démons et de flammes
Sont bons pour étonner des enfants et des femmes,
Que c'est s'embarrasser de soucis superflus,
Et qu'enfin tout dévot a le cerveau perclus.

    En un mot, qui voudroit épuiser ces matières,
Peignant de tant d'esprits les diverses manières,
Il compteroit plutôt combien, dans un printemps,
Guenaud[1] et l'antimoine ont fait mourir de gens,
Et combien la Neveu[2] devant son mariage,
A de fois au public vendu son pucelage.

    Mais, sans errer en vain dans ces vagues propos,
Et pour rimer ici ma pensée en deux mots,
N'en déplaise à ces fous nommés sages de Grèce,
En ce monde il n'est point de parfaite sagesse :
Tous les hommes sont fous, et, malgré tous leurs soins,
Ne diffèrent entre eux que du plus ou du moins.
Comme on voit qu'en un bois que cent routes séparent
Les voyageurs sans guide assez souvent s'égarent,
L'un à droit, l'autre à gauche, et, courant vainement,
La même erreur les fait errer diversement ;
Chacun suit dans le monde une route incertaine,
Selon que son erreur le joue et le promène ;
Et tel y fait l'habile et nous traite de fous,
Qui sous le nom de sage est le plus fou de tous.

   [1] Médecin de la reine, grand partisan de l'antimoine.
   [2] Infame débordée connue de tout le monde. (B.)

Mais, quoi que sur ce point la satire publie,
Chacun veut en sagesse ériger sa folie;
Et, se laissant régler à son esprit tortu,
De ses propres défauts se fait une vertu.
Ainsi, cela soit dit pour qui veut se connoître,
Le plus sage est celui qui ne pense point l'être;
Qui, toujours pour un autre enclin vers la douceur,
Se regarde soi-même en sévère censeur,
Rend à tous ses défauts une exacte justice,
Et fait sans se flatter le procès à son vice.
Mais chacun pour soi-même est toujours indulgent.

  Un avare, idolâtre et fou de son argent,
Rencontrant la disette au sein de l'abondance,
Appelle sa folie une rare prudence,
Et met toute sa gloire et son souverain bien
A grossir un trésor qui ne lui sert de rien.
Plus il le voit accru, moins il en sait l'usage.

  Sans mentir, l'avarice est une étrange rage,
Dira cet autre fou, non moins privé de sens,
Qui jette, furieux, son bien à tous venants,
Et dont l'ame inquiète, à soi-même importune,
Se fait un embarras de sa bonne fortune.
Qui des deux en effet est le plus aveuglé?

  L'un et l'autre, à mon sens, ont le cerveau troublé,
Répondra chez Frédoc[1] ce marquis sage et prude,
Et qui sans cesse au jeu, dont il fait son étude,
Attendant son destin d'un quatorze ou d'un sept,
Voit sa vie ou sa mort sortir de son cornet.

---

[1] Frédoc tenoit au Palais-Royal une maison de jeu.

SATIRE IV.

Que si d'un sort fâcheux la maligne inconstance
Vient par un coup fatal faire tourner la chance,
Vous le verrez bientôt, les cheveux hérissés,
Et les yeux vers le ciel de fureur élancés,
Ainsi qu'un possédé que le prêtre exorcise,
Fêter dans ses serments tous les saints de l'église.
Qu'on le lie; ou je crains, à son air furieux,
Que ce nouveau Titan n'escalade les cieux.

 Mais laissons-le plutôt en proie à son caprice.
Sa folie, aussi bien, lui tient lieu de supplice.
Il est d'autres erreurs dont l'aimable poison
D'un charme bien plus doux enivre la raison :
L'esprit dans ce nectar heureusement s'oublie.

 Chapelain veut rimer[1], et c'est là sa folie.
Mais bien que ses durs vers, d'épithètes enflés,
Soient des moindres grimauds chez Ménage[2] sifflés,
Lui-même il s'applaudit, et, d'un esprit tranquille,
Prend le pas au Parnasse au dessus de Virgile.
Que feroit-il, hélas! si quelque audacieux
Alloit pour son malheur lui dessiller les yeux,
Lui faisant voir ses vers et sans force et sans graces
Montés sur deux grands mots, comme sur deux échasses,
Ses termes sans raison l'un de l'autre écartés,
Et ses froids ornements à la ligne plantés?
Qu'il maudiroit le jour où son ame insensée
Perdit l'heureuse erreur qui charmoit sa pensée!

---

[1] Cet auteur, avant que sa *Pucelle* fût imprimée, passoit pour le premier poëte du siècle : l'impression gâta tout. (B.)

[2] On tenoit chez Ménage, tous les mercredis, une assemblée où alloient beaucoup de petits esprits. (B.)

Jadis certain bigot, d'ailleurs homme sensé,
D'un mal assez bizarre eut le cerveau blessé,
S'imaginant sans cesse, en sa douce manie,
Des esprits bienheureux entendre l'harmonie.
Enfin un médecin fort expert en son art
Le guérit par adresse, ou plutôt par hasard.
Mais voulant de ses soins exiger le salaire,
Moi, vous payer! lui dit le bigot en colère,
Vous, dont l'art infernal, par des secrets maudits,
En me tirant d'erreur m'ôte du paradis!
   J'approuve son courroux; car, puisqu'il faut le dire,
Souvent de tous nos maux la raison est le pire.
C'est elle qui, farouche au milieu des plaisirs,
D'un remords importun vient brider nos désirs.
La fâcheuse a pour nous des rigueurs sans pareilles;
C'est un pédant qu'on a sans cesse à ses oreilles,
Qui toujours nous gourmande, et, loin de nous toucher,
Souvent, comme Joli[1], perd son temps à prêcher.
En vain certains rêveurs nous l'habillent en reine,
Veulent sur tous nos sens la rendre souveraine,
Et, s'en formant en terre une divinité,
Pensent aller par elle à la félicité :
C'est elle, disent-ils, qui nous montre à bien vivre.
Ces discours, il est vrai, sont fort beaux dans un livre;
Je les estime fort : mais je trouve en effet
Que le plus fou souvent est le plus satisfait.

---

[1] Illustre prédicateur, alors curé de Saint-Nicolas-des-Champs à Paris, et depuis évêque d'Agen. (B.)

SATIRE V.

1665.

A M. LE MARQUIS DE DANGEAU.

SUR LA NOBLESSE.

La noblesse, Dangeau, n'est pas une chimère,
Quand, sous l'étroite loi d'une vertu sévère,
Un homme issu d'un sang fécond en demi-dieux
Suit, comme toi, la trace où marchoient ses aïeux.
 Mais je ne puis souffrir qu'un fat, dont la mollesse
N'a rien pour s'appuyer qu'une vaine noblesse,
Se pare insolemment du mérite d'autrui,
Et me vante un honneur qui ne vient pas de lui.
Je veux que la valeur de ses aïeux antiques
Ait fourni de matière aux plus vieilles chroniques,
Et que l'un des Capets, pour honorer leur nom,
Ait de trois fleurs de lis doté leur écusson.
Que sert ce vain amas d'une inutile gloire,
Si, de tant de héros célèbres dans l'histoire,
Il ne peut rien offrir aux yeux de l'univers
Que de vieux parchemins qu'ont épargnés les vers;
Si, tout sorti qu'il est d'une source divine,
Son cœur dément en lui sa superbe origine,
Et, n'ayant rien de grand qu'une sotte fierté,
S'endort dans une lâche et molle oisiveté?
Cependant, à le voir avec tant d'arrogance

SATIRE V.

Vanter le faux éclat de sa haute naissance,
On diroit que le ciel est soumis à sa loi,
Et que Dieu l'a pétri d'autre limon que moi.
Enivré de lui-même, il croit, dans sa folie,
Qu'il faut que devant lui d'abord tout s'humilie.
Aujourd'hui toutefois, sans trop le ménager,
Sur ce ton un peu haut je vais l'interroger :

Dites-moi, grand héros, esprit rare et sublime,
Entre tant d'animaux, qui sont ceux qu'on estime?
On fait cas d'un coursier qui, fier et plein de cœur,
Fait paroître en courant sa bouillante vigueur;
Qui jamais ne se lasse, et qui dans la carrière
S'est couvert mille fois d'une noble poussière :
Mais la postérité d'Alfane[1] et de Bayard[2],
Quand ce n'est qu'une rosse, est vendue au hasard,
Sans respect des aïeux dont elle est descendue,
Et va porter la malle, ou tirer la charrue.
Pourquoi donc voulez-vous que, par un sot abus,
Chacun respecte en vous un honneur qui n'est plus?
On ne m'éblouit point d'une apparence vaine :
La vertu d'un cœur noble est la marque certaine.
Si vous êtes sorti de ces héros fameux,
Montrez-nous cette ardeur qu'on vit briller en eux,
Ce zèle pour l'honneur, cette horreur pour le vice.
Respectez-vous les lois? fuyez-vous l'injustice?
Savez-vous pour la gloire oublier le repos,
Et dormir en plein champ le harnois sur le dos?
Je vous connois pour noble à ces illustres marques.

[1] Cheval du roi Gradasse dans l'Arioste. (B.)
[2] Cheval des quatre fils Aymon. (B.)

SATIRE V.

Alors soyez issu des plus fameux monarques,
Venez de mille aïeux; et, si ce n'est assez,
Feuilletez à loisir tous les siècles passés;
Voyez de quel guerrier il vous plaît de descendre;
Choisissez de César, d'Achille, ou d'Alexandre :
En vain un faux censeur voudroit vous démentir,
Et si vous n'en sortez, vous en devez sortir.
Mais, fussiez-vous issu d'Hercule en droite ligne,
Si vous ne faites voir qu'une bassesse indigne,
Ce long amas d'aïeux que vous diffamez tous
Sont autant de témoins qui parlent contre vous;
Et tout ce grand éclat de leur gloire ternie
Ne sert plus que de jour à votre ignominie.
En vain, tout fier d'un sang que vous déshonorez,
Vous dormez à l'abri de ces noms révérés;
En vain vous vous couvrez des vertus de vos pères :
Ce ne sont à mes yeux que de vaines chimères;
Je ne vois rien en vous qu'un lâche, un imposteur,
Un traître, un scélérat, un perfide, un menteur,
Un fou dont les accès vont jusqu'à la furie,
Et d'un tronc fort illustre une branche pourrie.

Je m'emporte peut-être, et ma muse en fureur
Verse dans ses discours trop de fiel et d'aigreur :
Il faut avec les grands un peu de retenue.
Hé bien, je m'adoucis. Votre race est connue.
Depuis quand? répondez. Depuis mille ans entiers;
Et vous pouvez fournir deux fois seize quartiers.
C'est beaucoup. Mais enfin les preuves en sont claires;
Tous les livres sont pleins des titres de vos pères;
Leurs noms sont échappés du naufrage des temps :

Mais qui m'assurera qu'en ce long cercle d'ans
A leurs fameux époux vos aïeules fidèles
Aux douceurs des galants furent toujours rebelles?
Et comment savez-vous si quelque audacieux
N'a point interrompu le cours de vos aïeux;
Et si leur sang tout pur, ainsi que leur noblesse,
Est passé jusqu'à vous de Lucrèce en Lucrèce?

Que maudit soit le jour où cette vanité
Vint ici de nos mœurs souiller la pureté!
Dans les temps bienheureux du monde en son enfance,
Chacun mettoit sa gloire en sa seule innocence,
Chacun vivoit content, et sous d'égales lois;
Le mérite y faisoit la noblesse et les rois;
Et, sans chercher l'appui d'une naissance illustre,
Un héros de soi-même empruntoit tout son lustre.
Mais enfin par le temps le mérite avili
Vit l'honneur en roture et le vice ennobli;
Et l'orgueil, d'un faux titre appuyant sa foiblesse,
Maîtrisa les humains sous le nom de noblesse.
De là vinrent en foule et marquis et barons:
Chacun pour ses vertus n'offrit plus que des noms.
Aussitôt maint esprit fécond en rêveries
Inventa le blason avec les armoiries;
De ses termes obscurs fit un langage à part;
Composa tous ces mots de Cimier et d'Écart,
De Pal, de Contrepal, de Lambel et de Fasce,
Et tout ce que Segoing[1] dans son Mercure entasse.
Une vaine folie enivrant la raison,
L'honneur triste et honteux ne fut plus de saison,

---

[1] Auteur qui a fait le *Mercure armorial*. (B.)

SATIRE V.

Alors, pour soutenir son rang et sa naissance,
Il fallut étaler le luxe et la dépense;
Il fallut habiter un superbe palais,
Faire par les couleurs distinguer ses valets;
Et, traînant en tous lieux de pompeux équipages,
Le duc et le marquis [1] se reconnut aux pages.

Bientôt, pour subsister, la noblesse sans bien
Trouva l'art d'emprunter, et de ne rendre rien;
Et, bravant des sergents la timide cohorte,
Laissa le créancier se morfondre à sa porte.
Mais, pour comble, à la fin le marquis en prison
Sous le faix des procès vit tomber sa maison.
Alors le noble altier, pressé de l'indigence,
Humblement du faquin rechercha l'alliance;
Avec lui trafiquant d'un nom si précieux,
Par un lâche contrat vendit tous ses aïeux;
Et, corrigeant ainsi la fortune ennemie,
Rétablit son honneur à force d'infamie.

Car, si l'éclat de l'or ne relève le sang,
En vain l'on fait briller la splendeur de son rang;
L'amour de vos aïeux passe en vous pour manie,
Et chacun pour parent vous fuit et vous renie.
Mais quand un homme est riche il vaut toujours son
Et, l'eût-on vu porter la mandille [2] à Paris,   [prix:
N'eût-il de son vrai nom ni titre ni mémoire,
D'Hozier [3] lui trouvera cent aïeux dans l'histoire.

---

[1] Tous les gentilshommes considérables, en ce temps-là, avoient des pages. (B.)

[2] Petite casaque qu'en ce temps-là portoient les laquais. (B.)

[3] Auteur très savant dans les généalogies. (B.)

Toi donc, qui, de mérite et d'honneurs revêtu,
Des écueils de la cour as sauvé ta vertu,
Dangeau, qui, dans le rang où notre roi t'appelle,
Le vois, toujours orné d'une gloire nouvelle,
Et plus brillant par soi que par l'éclat des lis,
Dédaigner tous ces rois dans la pourpre amollis;
Fuir d'un honteux loisir la douceur importune;
A ses sages conseils asservir la fortune;
Et, de tout son bonheur ne devant rien qu'à soi,
Montrer à l'univers ce que c'est qu'être roi :
Si tu veux te couvrir d'un éclat légitime,
Va par mille beaux faits mériter son estime;
Sers un si noble maître; et fais voir qu'aujourd'hui
Ton prince a des sujets qui sont dignes de lui.

SATIRE VI.

1660.

LES EMBARRAS DE PARIS.

Qui frappe l'air, bon dieu! de ces lugubres cris?
Est-ce donc pour veiller qu'on se couche à Paris?
Et quel fâcheux démon, durant les nuits entières,
Rassemble ici les chats de toutes les gouttières?
J'ai beau sauter du lit, plein de trouble et d'effroi,
Je pense qu'avec eux tout l'enfer est chez moi :
L'un miaule en grondant comme un tigre en furie;
L'autre roule sa voix comme un enfant qui crie.
Ce n'est pas tout encor : les souris et les rats
Semblent, pour m'éveiller, s'entendre avec les chats,
Plus importuns pour moi, durant la nuit obscure,
Que jamais, en plein jour, ne fut l'abbé de Pure[1].
Tout conspire à la fois à troubler mon repos,
Et je me plains ici du moindre de mes maux :
Car à peine les coqs, commençant leur ramage,
Auront de cris aigus frappé le voisinage,
Qu'un affreux serrurier, laborieux Vulcain,
Qu'éveillera bientôt l'ardente soif du gain,
Avec un fer maudit, qu'à grand bruit il apprête,
De cent coups de marteau me va fendre la tête.
J'entends déja partout les charrettes courir,

[1] Ennuyeux célèbre. (B.)

SATIRE VI.

Les maçons travailler, les boutiques s'ouvrir :
Tandis que dans les airs mille cloches émues,
D'un funèbre concert font retentir les nues,
Et, se mêlant au bruit de la grêle et des vents,
Pour honorer les morts font mourir les vivants.
   Encor je bénirois la bonté souveraine
Si le ciel à ces maux avoit borné ma peine.
Mais si seul en mon lit je peste avec raison,
C'est encor pis vingt fois en quittant la maison :
En quelque endroit que j'aille, il faut fendre la presse
D'un peuple d'importuns qui fourmillent sans cesse :
L'un me heurte d'un ais dont je suis tout froissé;
Je vois d'un autre coup mon chapeau renversé.
Là d'un enterrement la funèbre ordonnance
D'un pas lugubre et lent vers l'église s'avance;
Et plus loin des laquais l'un l'autre s'agaçants
Font aboyer les chiens et jurer les passants.
Des paveurs en ce lieu me bouchent le passage.
Là je trouve une croix[1] de funeste présage;
Et des couvreurs grimpés au toit d'une maison
En font pleuvoir l'ardoise et la tuile à foison.
Là sur une charrette une poutre branlante
Vient menaçant de loin la foule qu'elle augmente;
Six chevaux attelés à ce fardeau pesant
Ont peine à l'émouvoir sur le pavé glissant;
D'un carrosse en tournant il accroche une roue,
Et du choc le renverse en un grand tas de boue :

---

[1] On faisoit pendre alors du toit de toutes les maisons que l'on couvroit une croix de lattes pour avertir les passants de s'éloigner. On n'y pend plus maintenant qu'une simple latte. (B.)

Quand un autre à l'instant s'efforçant de passer
Dans le même embarras se vient embarrasser.
Vingt carrosses bientôt arrivant à la file
Y sont en moins de rien suivis de plus de mille :
Et, pour surcroît de maux, un sort malencontreux
Conduit en cet endroit un grand troupeau de bœufs;
Chacun prétend passer; l'un mugit, l'autre jure :
Des mulets en sonnant augmentent le murmure.
Aussitôt cent chevaux dans la foule appelés
De l'embarras qui croît ferment les défilés,
Et partout des passants enchaînant les brigades
Au milieu de la paix font voir les barricades [1];
On n'entend que des cris poussés confusément;
Dieu pour s'y faire ouïr tonnerait vainement.
Moi donc, qui dois souvent en certain lieu me rendre,
Le jour déja baissant, et qui suis las d'attendre,
Ne sachant plus tantôt à quel saint me vouer,
Je me mets au hasard de me faire rouer.
Je saute vingt ruisseaux, j'esquive, je me pousse;
Guénaud [2] sur son cheval en passant m'éclabousse :
Et, n'osant plus paroître en l'état où je suis,
Sans songer où je vais, je me sauve où je puis.

    Tandis que dans un coin en grondant je m'essuie,
Souvent, pour m'achever, il survient une pluie :
On diroit que le ciel, qui se fond tout en eau,
Veuille inonder ces lieux d'un déluge nouveau.

---

[1] Allusion aux barricades qui se firent à Paris, au mois d'août 1648, pendant la guerre civile de la Fronde.

[2] C'étoit le plus célèbre médecin de Paris, et qui alloit toujours à cheval. (B.)

SATIRE VI.

Pour traverser la rue, au milieu de l'orage,
Un ais sur deux pavés forme un étroit passage :
Le plus hardi laquais n'y marche qu'en tremblant :
Il faut pourtant passer sur ce pont chancelant;
Et les nombreux torrents qui tombent des gouttières,
Grossissant les ruisseaux, en ont fait des rivières.
J'y passe en trébuchant; mais, malgré l'embarras,
La frayeur de la nuit précipite mes pas.

   Car, sitôt que du soir les ombres pacifiques
D'un double cadenas font fermer les boutiques;
Que, retiré chez lui, le paisible marchand
Va revoir ses billets et compter son argent;
Que dans le Marché-Neuf tout est calme et tranquille;
Les voleurs à l'instant s'emparent de la ville [1].
Le bois le plus funeste et le moins fréquenté
Est, au prix de Paris, un lieu de sûreté.
Malheur donc à celui qu'une affaire imprévue
Engage un peu trop tard au détour d'une rue!
Bientôt quatre bandits lui serrant les côtés,
La bourse!... Il faut se rendre; ou bien non, résistez,
Afin que votre mort, de tragique mémoire,
Des massacres fameux aille grossir l'histoire [2].
Pour moi, fermant ma porte, et cédant au sommeil,
Tous les jours je me couche avecque le soleil.
Mais en ma chambre à peine ai-je éteint la lumière,
Qu'il ne m'est plus permis de fermer la paupière :
Des filous effrontés, d'un coup de pistolet,
Ébranlent ma fenêtre et percent mon volet :

[1] On voloit beaucoup en ce temps-là dans les rues de Paris. (B.)
[2] Il y a une histoire intitulée *Histoire des Larrons*. (B.)

SATIRE VI.

J'entends crier partout : Au meurtre! On m'assassine!
Ou : Le feu vient de prendre à la maison voisine!
Tremblant et demi-mort, je me lève à ce bruit,
Et souvent sans pourpoint [1] je cours toute la nuit.
Car le feu, dont la flamme en ondes se déploie,
Fait de notre quartier une seconde Troie,
Où maint Grec affamé, maint avide Argien,
Au travers des charbons va piller le Troyen.
Enfin sous mille crocs la maison abîmée
Entraîne aussi le feu qui se perd en fumée.

   Je me retire donc, encor pâle d'effroi :
Mais le jour est venu quand je rentre chez moi.
Je fais pour reposer un effort inutile :
Ce n'est qu'à prix d'argent qu'on dort en cette ville.
Il faudroit, dans l'enclos d'un vaste logement,
Avoir loin de la rue un autre appartement.

   Paris est pour un riche un pays de cocagne :
Sans sortir de la ville, il trouve la campagne;
Il peut, dans son jardin, tout peuplé d'arbres verts,
Receler le printemps au milieu des hivers,
Et, foulant le parfum de ses plantes fleuries,
Aller entretenir ses douces rêveries.

   Mais moi, grace au destin, qui n'ai ni feu ni lieu,
Je me loge où je puis, et comme il plaît à Dieu.

---

[1] Tout le monde, en ce temps-là, portoit des pourpoints, espèce de veste ou d'habit qui ne descendait que jusqu'à la ceinture. (B.)

SATIRE VII.

1663.

SUR LE GENRE SATIRIQUE.

    Muse, changeons de style et quittons la satire;
C'est un méchant métier que celui de médire;
A l'auteur qui l'embrasse il est toujours fatal :
Le mal qu'on dit d'autrui ne produit que du mal.
Maint poëte, aveuglé d'une telle manie,
En courant à l'honneur, trouve l'ignominie;
Et tel mot, pour avoir réjoui le lecteur,
A coûté bien souvent des larmes à l'auteur.
    Un éloge ennuyeux, un froid panégyrique,
Peut pourrir à son aise au fond d'une boutique,
Ne craint point du public les jugements divers,
Et n'a pour ennemis que la poudre et les vers.
Mais un auteur malin, qui rit et qui fait rire,
Qu'on blâme en le lisant, et pourtant qu'on veut lire,
Dans ses plaisants accès qui se croit tout permis,
De ses propres rieurs se fait des ennemis.
Un discours trop sincère aisément nous outrage :
Chacun dans ce miroir pense voir son visage;
Et tel, en vous lisant, admire chaque trait,
Qui dans le fond de l'ame et vous craint et vous hait.
    Muse, c'est donc en vain que la main vous démange :
S'il faut rimer ici, rimons quelque louange;

SATIRE VII.

Et cherchons un héros, parmi cet univers,
Digne de notre encens et digne de nos vers.
Mais à ce grand effort en vain je vous anime :
Je ne puis pour louer rencontrer une rime;
Dès que j'y veux rêver ma veine est aux abois.
J'ai beau frotter mon front, j'ai beau mordre mes doigts,
Je ne puis arracher du creux de ma cervelle
Que des vers plus forcés que ceux de la Pucelle [1].
Je pense être à la gêne; et, pour un tel dessein,
La plume et le papier résistent à ma main.
Mais quand il faut railler j'ai ce que je souhaite.
Alors, certes, alors je me connois poëte :
Phébus, dès que je parle, est prêt à m'exaucer;
Mes mots viennent sans peine, et courent se placer.
Faut-il peindre un fripon fameux dans cette ville,
Ma main, sans que j'y rêve, écrira Raumaville [2].
Faut-il d'un sot parfait montrer l'original,
Ma plume au bout du vers d'abord trouve Sofal [3] :
Je sens que mon esprit travaille de génie.
Faut-il d'un froid rimeur dépeindre la manie,
Mes vers, comme un torrent, coulent sur le papier;
Je rencontre à la fois Perrin et Pelletier,
Bonnecorse, Pradon, Colletet, Titreville [4];
Et pour un que je veux, j'en trouve plus de mille.

---

[1] Poëme héroïque de Chapelain, dont tous les vers semblent faits en dépit de Minerve. (B.)

[2] Altération du nom de *Somaville*, libraire du temps.

[3] Altération du nom de *Sauval*, auteur des *Amours des rois de France* et des *Antiquités de Paris*.

[4] Poëtes décriés. (B.)

SATIRE VII.

Aussitôt je triomphe, et ma muse en secret
S'estime et s'applaudit du beau coup qu'elle a fait.
C'est en vain qu'au milieu de ma fureur extrême
Je me fais quelquefois des leçons à moi-même;
En vain je veux au moins faire grace à quelqu'un :
Ma plume auroit regret d'en épargner aucun;
Et, sitôt qu'une fois la verve me domine,
Tout ce qui s'offre à moi passe par l'étamine.
Le mérite pourtant m'est toujours précieux :
Mais tout fat me déplaît et me blesse les yeux;
Je le poursuis partout, comme un chien fait sa proie,
Et ne le sens jamais qu'aussitôt je n'aboie.
Enfin, sans perdre temps en de si vains propos,
Je sais coudre une rime au bout de quelques mots.
Souvent j'habille en vers une maligne prose :
C'est par là que je vaux, si je vaux quelque chose.
Ainsi, soit que bientôt, par une dure loi,
La mort d'un vol affreux vienne fondre sur moi,
Soit que le ciel me garde un cours long et tranquille
A Rome ou dans Paris, aux champs ou dans la ville,
Dût ma muse par là choquer tout l'univers,
Riche, gueux, triste ou gai, je veux faire des vers.

　Pauvre esprit, dira-t-on, que je plains ta folie!
Modère ces bouillons de ta mélancolie;
Et garde qu'un de ceux que tu penses blâmer
N'éteigne dans ton sang cette ardeur de rimer.

　Eh quoi! lorsqu'autrefois Horace, après Lucile,
Exhaloit en bons mots les vapeurs de sa bile,
Et, vengeant la vertu par des traits éclatants,
Alloit ôter le masque aux vices de son temps;

Ou bien quand Juvénal, de sa mordante plume
Faisant couler des flots de fiel et d'amertume,
Gourmandoit en courroux tout le peuple latin,
L'un ou l'autre fit-il une tragique fin?
Et que craindre, après tout, d'une fureur si vaine?
Personne ne connoît ni mon nom ni ma veine.
On ne voit point mes vers, à l'envi de Montreuil [1],
Grossir impunément les feuillets d'un recueil.
A peine quelquefois je me force à les lire,
Pour plaire à quelque ami que charme la satire,
Qui me flatte peut-être, et, d'un air imposteur,
Rit tout haut de l'ouvrage et tout bas de l'auteur [2].
Enfin, c'est mon plaisir, je veux me satisfaire :
Je ne puis bien parler, et ne saurois me taire;
Et, dès qu'un mot plaisant vient luire à mon esprit,
Je n'ai point de repos qu'il ne soit en écrit :
Je ne résiste point au torrent qui m'entraîne.
  Mais c'est assez parlé : prenons un peu d'haleine :
Ma main, pour cette fois, commence à se lasser.
Finissons. Mais demain, muse, à recommencer.

[1] Le nom de Montreuil dominoit dans tous les fréquents recueils de poésie qu'on faisoit alors. (B.)

[2] L'auteur vouloit parler de Furetière, qui avoit un caractère de ce genre.

SATIRE VIII.

1667.

A M. M*** (MOREL), DOCTEUR DE SORBONNE.

SUR L'HOMME.

De tous les animaux qui s'élèvent dans l'air,
Qui marchent sur la terre, ou nagent dans la mer,
De Paris au Pérou, du Japon jusqu'à Rome,
Le plus sot animal, à mon avis, c'est l'homme.
   Quoi! dira-t-on d'abord, un ver, une fourmi,
Un insecte rampant qui ne vit qu'à demi,
Un taureau qui rumine, une chèvre qui broute,
Ont l'esprit mieux tourné que n'a l'homme! Oui, sans
Ce discours te surprend, docteur, je l'aperçoi. [doute.
L'homme de la nature est le chef et le roi :
Bois, prés, champs, animaux, tout est pour son usage,
Et lui seul a, dis-tu, la raison en partage.
Il est vrai, de tout temps la raison fut son lot :
Mais de là je conclus que l'homme est le plus sot.
   Ces propos, diras-tu, sont bons dans la satire,
Pour égayer d'abord un lecteur qui veut rire :
Mais il faut les prouver. En forme. J'y consens.
Réponds-moi donc, docteur, et mets-toi sur les bancs.
   Qu'est-ce que la sagesse? Une égalité d'ame
Que rien ne peut troubler, qu'aucun désir n'enflamme,

---

[1] Cette satire est tout-à-fait dans le goût de Perse, et marque un philosophe qui ne peut plus souffrir les vices des hommes. (B.)

Qui marche en ses conseils à pas plus mesurés
Qu'un doyen au Palais ne monte les degrés.
Or cette égalité dont se forme le sage,
Qui jamais moins que l'homme en a connu l'usage?
La fourmi tous les ans traversant les guérets
Grossit ses magasins des trésors de Cérès;
Et dès que l'aquilon, ramenant la froidure,
Vient de ses noirs frimas attrister la nature,
Cet animal, tapi dans son obscurité,
Jouit l'hiver des biens conquis durant l'été.
Mais on ne la voit point, d'une humeur inconstante,
Paresseuse au printemps, en hiver diligente,
Affronter en plein champ les fureurs de janvier,
Ou demeurer oisive au retour du belier.
Mais l'homme, sans arrêt dans sa course insensée,
Voltige incessamment de pensée en pensée :
Son cœur, toujours flottant entre mille embarras,
Ne sait ni ce qu'il veut ni ce qu'il ne veut pas.
Ce qu'un jour il abhorre, en l'autre il le souhaite.
Moi! j'irois épouser une femme coquette!
J'irois, par ma constance aux affronts endurci,
Me mettre au rang des saints qu'a célébrés Bussi[1] !
Assez de sots sans moi feront parler la ville,
Disoit le mois passé ce marquis indocile
Qui, depuis quinze jours dans le piége arrêté,
Entre les bons maris pour exemple cité,
Croit que Dieu, tout exprès, d'une côte nouvelle
A tiré pour lui seul une femme fidèle.

---

[1] Bussi de Rabutin, dans son *Histoire galante*, raconte beaucoup de galanteries très criminelles des dames mariées de la cour. (B.)

SATIRE VIII.

Voilà l'homme en effet. Il va du blanc au noir :
Il condamne au matin ses sentiments du soir :
Importun à tout autre, à soi-même incommode,
Il change à tous moments d'esprit comme de mode :
Il tourne au moindre vent, il tombe au moindre choc,
Aujourd'hui dans un casque, et demain dans un froc.

Cependant à le voir, plein de vapeurs légères,
Soi-même se bercer de ses propres chimères,
Lui seul de la nature est la base et l'appui,
Et le dixième ciel ne tourne que pour lui.
De tous les animaux il est, dit-il, le maître.
Qui pourroit le nier? poursuis-tu. Moi, peut-être.
Mais, sans examiner si vers les antres sourds
L'ours a peur du passant, ou le passant de l'ours;
Et si, sur un édit des pâtres de Nubie,
Les lions de Barca videroient la Libye;
Ce maître prétendu qui leur donne des lois,
Ce roi des animaux, combien a-t-il de rois !
L'ambition, l'amour, l'avarice, la haine,
Tiennent comme un forçat son esprit à la chaîne.

Le sommeil sur ses yeux commence à s'épancher :
Debout, dit l'Avarice, il est temps de marcher.
Hé! laisse-moi. Debout! Un moment. Tu répliques !
A peine le soleil fait ouvrir les boutiques.
N'importe, lève-toi. Pour quoi faire après tout?
Pour courir l'Océan de l'un à l'autre bout,
Chercher jusqu'au Japon la porcelaine et l'ambre,
Rapporter de Goa[1] le poivre et le gingembre.

---

[1] Ville des Portugais dans les Indes orientales. (B.)

Mais j'ai des biens en foule, et je puis m'en passer.
On n'en peut trop avoir; et pour en amasser
Il ne faut épargner ni crime ni parjure;
Il faut souffrir la faim, et coucher sur la dure;
Eût-on plus de trésors que n'en perdit Galet[1],
N'avoir en sa maison ni meubles ni valet;
Parmi les tas de blé vivre de seigle et d'orge;
De peur de perdre un liard, souffrir qu'on vous égorge.
Et pourquoi cette épargne enfin? L'ignores-tu?
Afin qu'un héritier, bien nourri, bien vêtu,
Profitant d'un trésor en tes mains inutile,
De son train quelque jour embarrasse la ville.
Que faire? Il faut partir : les matelots sont prêts.

Ou, si pour l'entraîner l'argent manque d'attraits,
Bientôt l'Ambition et toute son escorte
Dans le sein du repos vient le prendre à main-forte,
L'envoie en furieux, au milieu des hasards,
Se faire estropier sur les pas des Césars;
Et, cherchant sur la brèche une mort indiscrète,
De sa folle valeur embellir la gazette.

Tout beau, dira quelqu'un, raillez plus à propos;
Ce vice fut toujours la vertu des héros.
Quoi donc! à votre avis, fut-ce un fou qu'Alexandre?
Qui, cet écervelé qui mit l'Asie en cendre?
Ce fougueux l'Angéli[2], qui, de sang altéré,
Maître du monde entier, s'y trouvoit trop serré?
L'enragé qu'il étoit, né roi d'une province
Qu'il pouvoit gouverner en bon et sage prince,

---

[1] Fameux joueur dont il est fait mention dans Regnier, sat. xiv. (B.)

[2] Il en est parlé dans la première satire. (B.)

S'en alla follement, et pensant être dieu,
Courir comme un bandit qui n'a ni feu ni lieu;
Et, traînant avec soi les horreurs de la guerre,
De sa vaste folie emplir toute la terre :
Heureux, si de son temps, pour cent bonnes raisons,
La Macédoine eût eu des Petites-Maisons [1] ;
Et qu'un sage tuteur l'eût en cette demeure,
Par avis de parents, enfermé de bonne heure !

Mais, sans nous égarer dans ces digressions,
Traiter, comme Senault, toutes les passions,
Et, les distribuant par classes et par titres,
Dogmatiser en vers, et rimer par chapitres,
Laissons-en discourir la Chambre et Coeffeteau [2];
Et voyons l'homme enfin par l'endroit le plus beau.

Lui seul, vivant, dit-on, dans l'enceinte des villes,
Fait voir d'honnêtes mœurs, des coutumes civiles,
Se fait des gouverneurs, des magistrats, des rois,
Observe une police, obéit à des lois.

Il est vrai. Mais pourtant sans lois et sans police,
Sans craindre archers, prevôt, ni suppôt de justice,
Voit-on les loups brigands, comme nous inhumains,
Pour détrousser les loups courir les grands chemins?
Jamais, pour s'agrandir, voit-on dans sa manie
Un tigre en factions partager l'Hyrcanie [3] ?
L'ours a-t-il dans les bois la guerre avec les ours?
Le vautour dans les airs fond-il sur les vautours?

---

[1] C'est un hôpital de Paris où l'on enferme les fous. (B.)

[2] Senault, la Chambre et Coeffeteau, ont tous trois fait chacun un traité des passions. (B.)

[3] Province de Perse, sur les bords de la mer Caspienne. (B.)

A-t-on vu quelquefois dans les plaines d'Afrique,
Déchirant à l'envi leur propre république,
« Lions contre lions, parents contre parents,
« Combattre follement pour le choix des tyrans[1] ? »
L'animal le plus fier qu'enfante la nature
Dans un autre animal respecte sa figure;
De sa rage avec lui modère les accès;
Vit sans bruit, sans débats, sans noise, sans procès.
Un aigle sur un champ prétendant droit d'aubaine[2],
Ne fait point appeler un aigle à la huitaine;
Jamais contre un renard chicanant un poulet
Un renard de son sac n'alla charger Rolet;
Jamais la biche en rut n'a, pour fait d'impuissance,
Traîné du fond des bois un cerf à l'audience;
Et jamais juge, entre eux ordonnant le congrès[3],
De ce burlesque mot n'a sali ses arrêts.
On ne connoît chez eux ni placets ni requêtes,
Ni haut ni bas conseil, ni chambre des enquêtes.
Chacun l'un avec l'autre en toute sûreté
Vit sous les pures lois de la simple équité.
L'homme seul, l'homme seul, en sa fureur extrême,
Met un brutal honneur à s'égorger soi-même.
C'étoit peu que sa main, conduite par l'enfer,
Eût pétri le salpêtre, eût aiguisé le fer :

[1] Parodie. Il y a dans *Cinna* :

Romains contre Romains, etc.

[2] C'est un droit qu'a le roi de succéder aux biens des étrangers qui meurent en France, et qui n'y sont point naturalisés. (B.)

[3] Cet usage fut aboli sur le plaidoyer de M. le président de Lamoignon, alors avocat général. (B.)

SATIRE VIII.

Il falloit que sa rage, à l'univers funeste,
Allât encor de lois embrouiller un digeste;
Cherchât pour l'obscurcir des gloses, des docteurs,
Accablât l'équité sous des monceaux d'auteurs,
Et pour comble de maux apportât dans la France
Des harangueurs du temps l'ennuyeuse éloquence.

Doucement, diras-tu, que sert de s'emporter?
L'homme a ses passions, on n'en sauroit douter;
Il a comme la mer ses flots et ses caprices:
Mais ses moindres vertus balancent tous ses vices.
N'est-ce pas l'homme enfin, dont l'art audacieux
Dans le tour d'un compas a mesuré les cieux?
Dont la vaste science, embrassant toutes choses,
A fouillé la nature, en a percé les causes?
Les animaux ont-ils des universités?
Voit-on fleurir chez eux des quatre facultés?
Y voit-on des savans en droit, en médecine,
Endosser l'écarlate et se fourrer d'hermine [1]?

Non, sans doute; et jamais chez eux un médecin
N'empoisonna les bois de son art assassin.
Jamais docteur armé d'un argument frivole
Ne s'enroua chez eux sur les bancs d'une école.
Mais, sans chercher au fond si notre esprit déçu
Sait rien de ce qu'il sait, s'il a jamais rien su,
Toi-même réponds-moi : Dans le siècle où nous sommes,
Est-ce au pied du savoir qu'on mesure les hommes?

Veux-tu voir tous les grands à ta porte courir?

---

[1] L'université est composée de quatre facultés, qui sont les arts, la théologie, le droit et la médecine. Les docteurs portent, dans les jours de cérémonie, des robes rouges fourrées d'hermine. (B.)

Dit un père à son fils, dont le poil va fleurir;
Prends-moi le bon parti : laisse là tous les livres.
Cent francs au denier cinq combien font-ils ? Vingt
C'est bien dit. Va, tu sais tout ce qu'il faut savoir. [livres.
Que de biens, que d'honneurs sur toi s'en vont pleuvoir !
Exerce-toi, mon fils dans ces hautes sciences;
Prends, au lieu d'un Platon, le Guidon des finances [1] :
Sache quelle province enrichit les traitants;
Combien le sel au roi peut fournir tous les ans.
Endurcis-toi le cœur : sois arabe, corsaire,
Injuste, violent, sans foi, double, faussaire.
Ne va point sottement faire le généreux :
Engraisse-toi, mon fils, du suc des malheureux;
Et trompant de Colbert la prudence importune,
Va par tes cruautés mériter la fortune.
Aussitôt tu verras poëtes, orateurs,
Rhéteurs, grammairiens, astronomes, docteurs,
Dégrader les héros pour te mettre en leurs places,
De tes titres pompeux enfler leurs dédicaces,
Te prouver à toi-même, en grec, hébreu, latin,
Que tu sais de leur art et le fort et le fin.
Quiconque est riche est tout : sans sagesse il est sage,
Il a, sans rien savoir, la science en partage;
Il a l'esprit, le cœur, le mérite, le rang,
La vertu, la valeur, la dignité, le sang;
Il est aimé des grands, il est chéri des belles :
Jamais surintendant ne trouva de cruelles [2].

[1] Livre qui traite des finances. (B.)

[2] On croit que ce vers s'appliquoit au surintendant Fouquet; le suivant s'applique à Pellisson, qui étoit d'une laideur extrême.

SATIRE VIII.

L'or, même à la laideur, donne un teint de beauté :
Mais tout devient affreux avec la pauvreté.

C'est ainsi qu'à son fils, un usurier habile
Trace vers la richesse une route facile :
Et souvent tel y vient, qui sait, pour tout secret,
Cinq et quatre font neuf, ôtez deux, reste sept.

Après cela, docteur, va pâlir sur la Bible;
Va marquer les écueils de cette mer terrible;
Perce la sainte horreur de ce livre divin;
Confonds dans un ouvrage et Luther et Calvin;
Débrouille des vieux temps les querelles célèbres;
Éclaircis des rabbins les savantes ténèbres :
Afin qu'en ta vieillesse un livre en maroquin
Aille offrir ton travail à quelque heureux faquin,
Qui, pour digne loyer de la Bible éclaircie,
Te paie en l'acceptant d'un « Je vous remercie. »
Ou, si ton cœur aspire à des honneurs plus grands,
Quitte là le bonnet, la Sorbonne et les bancs;
Et, prenant désormais un emploi salutaire,
Mets-toi chez un banquier, ou bien chez un notaire :
Laisse là saint Thomas s'accorder avec Scot,
Et conclus avec moi qu'un docteur n'est qu'un sot.

Un docteur! diras-tu. Parlez de vous, poëte :
C'est pousser un peu loin votre muse indiscrète.
Mais, sans perdre en discours le temps hors de saison,
L'homme, venez au fait, n'a-t-il pas la raison?
N'est-ce pas son flambeau, son pilote fidèle?

Oui. Mais de quoi lui sert que sa voix le rappelle
Si, sur la foi des vents, tout prêt à s'embarquer,
Il ne voit point d'écueil qu'il ne l'aille choquer !

Et que sert à Cotin[1] la raison qui lui crie :
N'écris plus, guéris-toi d'une vaine furie;
Si tous ces vains conseils, loin de la réprimer,
Ne font qu'accroître en lui la fureur de rimer?
Tous les jours de ses vers, qu'à grand bruit il récite,
Il met chez lui voisins, parens, amis, en fuite;
Car lorsque son démon commence à l'agiter,
Tout, jusqu'à sa servante, est prêt à déserter.
Un âne, pour le moins, instruit par la nature,
A l'instinct qui le guide obéit sans murmure;
Ne va point follement de sa bizarre voix
Défier aux chansons les oiseaux dans les bois :
Sans avoir la raison il marche sur sa route.
L'homme seul, qu'elle éclaire, en plein jour ne voit
Réglé par ses avis, fait tout à contre-temps, [goutte;
Et dans tout ce qu'il fait n'a ni raison ni sens :
Tout lui plaît et déplaît, tout le choque et l'oblige;
Sans raison il est gai, sans raison il s'afflige;
Son esprit au hasard aime, évite, poursuit,
Défait, refait, augmente, ôte, élève, détruit.
Et voit-on, comme lui, les ours ni les panthères
S'effrayer sottement de leurs propres chimères;
Plus de douze attroupés craindre le nombre impair;
Ou croire qu'un corbeau[2] les menace dans l'air ?

[1] Il avoit écrit contre moi et contre Molière; ce qui donna occasion à Molière de faire *les Femmes savantes*, où il tourne Cotin en ridicule. (B.)

[2] Bien des gens croient que, lorsqu'on se trouve treize à table, il y a toujours dans l'année un des treize qui meurt, et qu'un corbeau aperçu dans l'air présage quelque chose de sinistre. (B.)

SATIRE VIII.

Jamais l'homme, dis-moi, vit-il la bête folle
Sacrifier à l'homme, adorer son idole,
Lui venir, comme au dieu des saisons et des vents,
Demander à genoux la pluie ou le beau temps?
Non. Mais cent fois la bête a vu l'homme hypocondre
Adorer le métal que lui-même il fit fondre;
A vu dans un pays les timides mortels
Trembler aux pieds d'un singe assis sur leurs autels;
Et sur les bords du Nil les peuples imbécilles,
L'encensoir à la main, chercher les crocodiles.
    Mais pourquoi, diras-tu, cet exemple odieux?
Que peut servir ici l'Égypte et ses faux dieux?
Quoi! me prouverez-vous par ce discours profane
Que l'homme, qu'un docteur, est au dessous d'un âne!
Un âne, le jouet de tous les animaux,
Un stupide animal, sujet à mille maux;
Dont le nom seul en soi comprend une satire!
Oui, d'un âne : et qu'a-t-il qui nous excite à rire?
Nous nous moquons de lui : mais s'il pouvoit un jour,
Docteur, sur nos défauts s'exprimer à son tour;
Si, pour nous réformer, le ciel prudent et sage
De la parole enfin lui permettoit l'usage;
Qu'il pût dire tout haut ce qu'il se dit tout bas,
Ah, Docteur! entre nous, que ne diroit-il pas!
Et que peut-il penser lorsque dans une rue
Au milieu de Paris il promène sa vue;
Qu'il voit de toutes parts les hommes bigarrés,
Les uns gris, les uns noirs, les autres chamarrés?
Que dit-il, quand il voit, avec la mort en trousse,
Courir chez un malade un assassin en housse;

Qu'il trouve de pédants un escadron fourré,
Suivi par un recteur de bedeaux entouré;
Ou qu'il voit la Justice, en grosse compagnie,
Mener tuer un homme avec cérémonie?
Que pense-t-il de nous lorsque sur le midi
Un hasard au palais le conduit un jeudi[1];
Lorsqu'il entend de loin, d'une gueule infernale,
La chicane en fureur mugir dans la grand'salle?
Que dit-il quand il voit les juges, les huissiers,
Les clercs, les procureurs, les sergents, les greffiers?
Oh! que si l'âne alors, à bon droit misanthrope,
Pouvoit trouver la voix qu'il eut au temps d'Ésope;
De tous côtés, Docteur, voyant les hommes fous,
Qu'il diroit de bon cœur, sans en être jaloux,
Content de ses chardons, et secouant la tête:
Ma foi, non plus que nous, l'homme n'est qu'une bête!

[1] C'est le jour des grandes audiences. (B.)

SATIRE IX.[1]

1667—1668.

L'AUTEUR A SON ESPRIT.

C'est à vous, mon esprit, à qui je veux parler.
Vous avez des défauts que je ne puis celer :
Assez et trop long-temps ma lâche complaisance
De vos jeux criminels a nourri l'insolence ;
Mais, puisque vous poussez ma patience à bout,
Une fois en ma vie il faut vous dire tout.
   On croiroit, à vous voir dans vos libres caprices
Discourir en Caton des vertus et des vices,
Décider du mérite et du prix des auteurs,
Et faire impunément la leçon aux docteurs,
Qu'étant seul à couvert des traits de la satire
Vous avez tout pouvoir de parler et d'écrire.
Mais moi, qui dans le fond sais bien ce que j'en crois,
Qui compte tous les jours vos défauts par mes doigts,
Je ris quand je vous vois, si foible et si stérile,
Prendre sur vous le soin de réformer la ville,
Dans vos discours chagrins plus aigre et plus mordant
Qu'une femme en furie, ou Gautier[2] en plaidant.
   Mais répondez un peu. Quelle verve indiscrète

---

[1] Cette satire est entièrement dans le goût d'Horace, et d'un homme qui se fait son procès à soi-même pour le faire à tous les autres. (B.)

[2] Avocat célèbre, et très mordant. (B.)

Sans l'aveu des neuf sœurs vous a rendu poëte ?
Sentiez-vous, dites-moi, ces violents transports
Qui d'un esprit divin font mouvoir les ressorts ?
Qui vous a pu souffler une si folle audace ?
Phébus a-t-il pour vous aplani le Parnasse ?
Et ne savez-vous pas que, sur ce mont sacré,
Qui ne vole au sommet tombe au plus bas degré ;
Et qu'à moins d'être au rang d'Horace ou de Voiture
On rampe dans la fange avec l'abbé de Pure ?
 Que si tous mes efforts ne peuvent réprimer
Cet ascendant malin qui vous force à rimer,
Sans perdre en vains discours tout le fruit de vos veilles,
Osez chanter du roi les augustes merveilles :
Là, mettant à profit vos caprices divers,
Vous verriez tous les ans fructifier vos vers ;
Et par l'espoir du gain votre muse animée
Vendroit au poids de l'or une once de fumée.
Mais en vain, direz-vous, je pense vous tenter
Par l'éclat d'un fardeau trop pesant à porter :
Tout chantre ne peut pas, sur le ton d'un Orphée,
Entonner en grands vers la Discorde étouffée ;
Peindre Bellone en feu tonnant de toutes parts,
Et le Belge effrayé fuyant sur ses remparts [1].
Sur un ton si hardi, sans être téméraire,
Racan [2] pourroit chanter, au défaut d'un Homère ;
Mais pour Cotin et moi, qui rimons au hasard,

---

[1] Cette satire a été faite dans le temps que le roi prit Lille en Flandre et plusieurs autres villes. (B.)

[2] Auteur de poésies chrétiennes, de Bergeries, etc., plus estimé jadis qu'aujourd'hui.

SATIRE IX.

Que l'amour de blâmer fit poëtes par art,
Quoiqu'un tas de grimauds vante notre éloquence,
Le plus sûr est pour nous de garder le silence.
Un poëme insipide et sottement flatteur
Déshonore à la fois le héros et l'auteur :
Enfin de tels projets passent notre foiblesse.
 Ainsi parle un esprit languissant de mollesse,
Qui, sous l'humble dehors d'un respect affecté,
Cache le noir venin de sa malignité.
Mais, dussiez-vous en l'air voir vos ailes fondues,
Ne valoit-il pas mieux vous perdre dans les nues,
Que d'aller sans raison, d'un style peu chrétien,
Faire insulte en rimant à qui ne vous dit rien,
Et du bruit dangereux d'un livre téméraire
A vos propres périls enrichir le libraire?
 Vous vous flattez peut-être, en votre vanité,
D'aller comme un Horace à l'immortalité :
Et déja vous croyez dans vos rimes obscures
Aux Saumaises [1] futurs préparer des tortures.
Mais combien d'écrivains, d'abord si bien reçus,
Sont de ce fol espoir honteusement déçus !
Combien, pour quelques mois, ont vu fleurir leur livre,
Dont les vers en paquet se vendent à la livre !
Vous pourrez voir, un temps, vos écrits estimés
Courir de main en main par la ville semés;
Puis de là, tout poudreux, ignorés sur la terre,
Suivre chez l'épicier Neuf-Germain [2] et la Serre [3];

[1] Saumaise, célèbre commentateur. (B.)
[2] Poëte extravagant. (B.)
[3] Auteur peu estimé. (B.)

SATIRE IX.

Ou, de trente feuillets réduits peut-être à neuf,
Parer, demi-rongés, les rebords du Pont-Neuf[1].
Le bel honneur pour vous, en voyant vos ouvrages
Occuper le loisir des laquais et des pages;
Et souvent dans un coin renvoyés à l'écart
Servir de second tome aux airs du Savoyard[2]!

Mais je veux que le sort, par un heureux caprice,
Fasse de vos écrits prospérer la malice,
Et qu'enfin votre livre aille, au gré de vos vœux,
Faire siffler Cotin chez nos derniers neveux :
Que vous sert-il qu'un jour l'avenir vous estime,
Si vos vers aujourd'hui vous tiennent lieu de crime,
Et ne produisent rien, pour fruit de leurs bons mots,
Que l'effroi du public et la haine des sots?
Quel démon vous irrite, et vous porte à médire?
Un livre vous déplaît : qui vous force à le lire?
Laissez mourir un fat dans son obscurité :
Un auteur ne peut-il pourrir en sûreté?
Le Jonas inconnu sèche dans la poussière;
Le David imprimé n'a point vu la lumière;
Le Moïse[3] commence à moisir par les bords.
Quel mal cela fait-il? Ceux qui sont morts sont morts :
Le tombeau contre vous ne peut-il les défendre?
Et qu'ont fait tant d'auteurs, pour remuer leur cendre?
Que vous ont fait Perrin, Bardin, Pradon, Hainault,

---

[1] Où l'on vend d'ordinaire les livres de rebut. (B.)

[2] Fameux chantre du Pont-Neuf, dont on vante encore les chansons. (B.)

[3] Ces trois poëmes avoient été faits, le *Jonas* par Coras, le *David* par Las-Fargues, et le *Moïse* par Saint-Amand. (B.)

Colletet, Pelletier, Titreville, Quinault, [niches,
Dont les noms en cent lieux, placés comme en leurs
Vont de vos vers malins remplir les hémistiches?
Ce qu'ils font vous ennuie. O le plaisant détour!
Ils ont bien ennuyé le roi, toute la cour,
Sans que le moindre édit ait, pour punir leur crime,
Retranché les auteurs, ou supprimé la rime.
Écrive qui voudra. Chacun à ce métier
Peut perdre impunément de l'encre et du papier.
Un roman, sans blesser les lois ni la coutume,
Peut conduire un héros au dixième volume[1].
De là vient que Paris voit chez lui de tout temps
Les auteurs à grands flots déborder tous les ans;
Et n'a point de portail où, jusques aux corniches,
Tous les piliers ne soient enveloppés d'affiches.
Vous seul, plus dégoûté, sans pouvoir et sans nom,
Viendrez régler les droits et l'état d'Apollon!

Mais vous, qui raffinez sur les écrits des autres,
De quel œil pensez-vous qu'on regarde les vôtres?
Il n'est rien en ce temps à couvert de vos coups :
Mais savez-vous aussi comme on parle de vous?

Gardez-vous, dira l'un, de cet esprit critique :
On ne sait bien souvent quelle mouche le pique.
Mais c'est un jeune fou qui se croit tout permis,
Et qui pour un bon mot va perdre vingt amis.
Il ne pardonne pas aux vers de la Pucelle,
Et croit régler le monde au gré de sa cervelle.
Jamais dans le barreau trouva-t-il rien de bon?

[1] Les romans de *Cyrus*, de *Clélie*, et de *Pharamond*, sont chacun de dix volumes. (B.)

Peut-on si bien prêcher qu'il ne dorme au sermon?
Mais lui, qui fait ici le régent du Parnasse,
N'est qu'un gueux revêtu des dépouilles d'Horace [1].
Avant lui Juvénal avoit dit en latin
Qu'on est assis à l'aise aux sermons de Cotin.
L'un et l'autre avant lui s'étoient plaints de la rime.
Et c'est aussi sur eux qu'il rejette son crime :
Il cherche à se couvrir de ces noms glorieux.
J'ai peu lu ces auteurs : mais tout n'iroit que mieux
Quand de ces médisants l'engeance tout entière
Iroit la tête en bas rimer dans la rivière [2].

 Voilà comme on vous traite : et le monde effrayé
Vous regarde déja comme un homme noyé.
En vain quelque rieur, prenant votre défense,
Veut faire au moins, de grace, adoucir la sentence;
Rien n'apaise un lecteur toujours tremblant d'effroi,
Qui voit peindre en autrui ce qu'il remarque en soi.

 Vous ferez-vous toujours des affaires nouvelles?
Et faudra-t-il sans cesse essuyer des querelles?
N'entendrai-je qu'auteurs se plaindre et murmurer?
Jusqu'à quand vos fureurs doivent-elles durer?
Répondez, mon esprit; ce n'est plus raillerie :
Dites... Mais, direz-vous, pourquoi cette furie?
Quoi! pour un maigre auteur que je glose en passant,
Est-ce un crime, après tout, et si noir et si grand?
Et qui, voyant un fat s'applaudir d'un ouvrage
Où la droite raison trébuche à chaque page,

---

[1] Saint-Pavin reprochoit à l'auteur qu'il n'étoit riche que des dépouilles d'Horace, de Juvénal et de Regnier. (B.)

[2] Propos attribué au duc de Montausier.

SATIRE IX.

Ne s'écrie aussitôt : L'impertinent auteur !
L'ennuyeux écrivain ! le maudit traducteur !
A quoi bon mettre au jour tous ces discours frivoles,
Et ces riens enfermés dans de grandes paroles ?
    Est-ce donc là médire, ou parler franchement ?
Non, non, la médisance y va plus doucement.
Si l'on vient à chercher pour quel secret mystère
Alidor à ses frais bâtit un monastère :
Alidor ! dit un fourbe, il est de mes amis :
Je l'ai connu laquais avant qu'il fût commis :
C'est un homme d'honneur, de piété profonde,
Et qui veut rendre à Dieu ce qu'il a pris au monde.
    Voilà jouer d'adresse, et médire avec art ;
Et c'est avec respect enfoncer le poignard.
Un esprit né sans fard, sans basse complaisance,
Fuit ce ton radouci que prend la médisance.
Mais de blâmer des vers ou durs ou languissants,
De choquer un auteur qui choque le bon sens,
De railler d'un plaisant qui ne sait pas nous plaire,
C'est ce que tout lecteur eût toujours droit de faire.
    Tous les jours à la cour un sot de qualité
Peut juger de travers avec impunité ;
A Malherbe, à Racan, préférer Théophile,
Et le clinquant du Tasse à tout l'or de Virgile [1].
    Un clerc, pour quinze sous, sans craindre le holà,
Peut aller au parterre attaquer Attila ;
Et, si le roi des Huns ne lui charme l'oreille,
Traiter de visigoths tous les vers de Corneille.

---

[1] Un homme de qualité fit un jour ce beau jugement en ma présence. (B.)

SATIRE IX.

 Il n'est valet d'auteur, ni copiste, à Paris,
Qui, la balance en main, ne pèse les écrits.
Dès que l'impression fait éclore un poëte,
Il est esclave né de quiconque l'achète :
Il se soumet lui-même aux caprices d'autrui,
Et ses écrits tout seuls doivent parler pour lui.
Un auteur à genoux, dans une humble préface,
Au lecteur qu'il ennuie a beau demander grace;
Il ne gagnera rien sur ce juge irrité
Qui lui fait son procès de pleine autorité.
 Et je serai le seul qui ne pourrai rien dire!
On sera ridicule, et je n'oserai rire!
Et qu'ont produit mes vers de si pernicieux
Pour armer contre moi tant d'auteurs furieux?
Loin de les décrier, je les ai fait paroître :
Et souvent, sans ces vers qui les ont fait connoître,
Leur talent dans l'oubli demeureroit caché.
Et qui sauroit sans moi que Cotin a prêché?
La satire ne sert qu'à rendre un fat illustre :
C'est une ombre au tableau, qui lui donne du lustre.
En les blâmant enfin j'ai dit ce que j'en croi;
Et tel qui m'en reprend en pense autant que moi.
 Il a tort, dira l'un : pourquoi faut-il qu'il nomme?
Attaquer Chapelain! ah! c'est un si bon homme!
Balzac en fait l'éloge en cent endroits divers.
Il est vrai, s'il m'eût cru, qu'il n'eût point fait de vers.
Il se tue à rimer : que n'écrit-il en prose?
Voilà ce que l'on dit. Et que dis-je autre chose?
En blâmant ses écrits, ai-je d'un style affreux
Distillé sur sa vie un venin dangereux?

SATIRE IX.

Ma muse, en l'attaquant, charitable et discrète,
Sait de l'homme d'honneur distinguer le poëte.
Qu'on vante en lui la foi, l'honneur, la probité;
Qu'on prise sa candeur et sa civilité;
Qu'il soit doux, complaisant, officieux, sincère :
On le veut, j'y souscris, et suis prêt à me taire.
Mais que pour un modèle on montre ses écrits;
Qu'il soit le mieux renté[1] de tous les beaux esprits;
Comme roi des auteurs qu'on l'élève à l'empire :
Ma bile alors s'échauffe, et je brûle d'écrire;
Et, s'il ne m'est permis de le dire au papier,
J'irai creuser la terre, et, comme ce barbier,
Faire dire aux roseaux par un nouvel organe :
Midas, le roi Midas a des oreilles d'âne.
Quel tort lui fais-je enfin? Ai-je par un écrit
Pétrifié sa veine et glacé son esprit?
Quand un livre au palais se vend et se débite,
Que chacun par ses yeux juge de son mérite,
Que Bilaine[2] l'étale au deuxième pilier,
Le dégoût d'un censeur peut-il le décrier?
En vain contre le Cid un ministre se ligue[3] :
Tout Paris pour Chimène a les yeux de Rodrigue.
L'académie en corps a beau le censurer :
Le public révolté s'obstine à l'admirer.
Mais lorsque Chapelain met une œuvre en lumière,
Chaque lecteur d'abord lui devient un Linière[4].

---

[1] Chapelain avoit de divers endroits 8000 livres de pension. (B.)
[2] Libraire du palais. (B.)
[3] Voyez l'*Histoire de l'Académie*, par Pellisson. (B.)
[4] Auteur qui a écrit contre Chapelain. (B.)

En vain il a reçu l'encens de mille auteurs;
Son livre en paroissant dément tous ses flatteurs.
Ainsi, sans m'accuser, quand tout Paris le joue,
Qu'il s'en prenne à ses vers, que Phébus désavoue,
Qu'il s'en prenne à sa muse allemande en françois.
Mais laissons Chapelain pour la dernière fois.

 La satire, dit-on, est un métier funeste,
Qui plaît à quelques gens, et choque tout le reste.
La suite en est à craindre : en ce hardi métier
La peur plus d'une fois fit repentir Regnier.
Quittez ces vains plaisirs dont l'appât vous abuse :
A de plus doux emplois occupez votre muse;
Et laissez à Feuillet [1] réformer l'univers.

 Et sur quoi donc faut-il que s'exercent mes vers ?
Irai-je dans une ode, en phrases de Malherbe,
Troubler dans ses roseaux le Danube superbe;
Délivrer de Sion le peuple gémissant;
Faire trembler Memphis, ou pâlir le croissant;
Et, passant du Jourdain les ondes alarmées,
Cueillir, mal à propos, les palmes idumées?
Viendrai-je, en une églogue, entouré de troupeaux,
Au milieu de Paris enfler mes chalumeaux,
Et, dans mon cabinet assis au pied des hêtres,
Faire dire aux échos des sottises champêtres?
Faudra-t-il de sang-froid, et sans être amoureux,
Pour quelque Iris en l'air faire le langoureux;
Lui prodiguer les noms de Soleil et d'Aurore,
Et, toujours bien mangeant, mourir par métaphore?

---

[1] Fameux prédicateur fort outré dans ses prédications. (B.)

SATIRE IX.

Je laisse aux doucereux ce langage affecté,
Où s'endort un esprit de mollesse hébété.
  La satire, en leçons, en nouveautés fertile,
Sait seule assaisonner le plaisant et l'utile,
Et, d'un vers qu'elle épure aux rayons du bon sens,
Détromper les esprits des erreurs de leur temps.
Elle seule, bravant l'orgueil et l'injustice,
Va jusque sous le dais faire pâlir le vice;
Et souvent sans rien craindre, à l'aide d'un bon mot,
Va venger la raison des attentats d'un sot.
C'est ainsi que Lucile [1], appuyé de Lélie [2],
Fit justice en son temps des Cotins d'Italie,
Et qu'Horace, jetant le sel à pleines mains,
Se jouoit aux dépens des Pelletiers romains.
C'est elle qui, m'ouvrant le chemin qu'il faut suivre,
M'inspira dès quinze ans la haine d'un sot livre;
Et sur ce mont fameux où j'osai la chercher
Fortifia mes pas et m'apprit à marcher.
C'est pour elle, en un mot, que j'ai fait vœu d'écrire.
  Toutefois, s'il le faut, je veux bien m'en dédire,
Et, pour calmer enfin tous ces flots d'ennemis,
Réparer en mes vers les maux qu'ils ont commis.
Puisque vous le voulez, je vais changer de style.
Je le déclare donc : Quinault est un Virgile;
Pradon comme un soleil en nos ans a paru;
Pelletier écrit mieux qu'Ablancourt ni Patru;
Cotin, à ses sermons traînant toute la terre,

---

[1] Poëte latin satirique. (B.)

[2] Consul romain. (B.)

Fend les flots d'auditeurs pour aller à sa chaire;
Sofal[1] est le phénix des esprits relevés;
Perrin [1]... Bon, mon esprit! courage! poursuivez.
Mais ne voyez-vous pas que leur troupe en furie
Va prendre encor ces vers pour une raillerie?
Et Dieu sait aussitôt que d'auteurs en courroux,
Que de rimeurs blessés s'en vont fondre sur vous!
Vous les verrez bientôt, féconds en impostures,
Amasser contre vous des volumes d'injures,
Traiter en vos écrits chaque vers d'attentat,
Et d'un mot innocent faire un crime d'état [2].
Vous aurez beau vanter le roi dans vos ouvrages,
Et de ce nom sacré sanctifier vos pages;
Qui méprise Cotin n'estime point son roi,
Et n'a, selon Cotin, ni Dieu, ni foi, ni loi.

    Mais quoi! répondrez-vous, Cotin nous peut-il nuire?
Et par ses cris enfin, que sauroit-il produire?
Interdire à mes vers, dont peut-être il fait cas,
L'entrée aux pensions où je ne prétends pas?
Non, pour louer un roi que tout l'univers loue,
Ma langue n'attend point que l'argent la dénoue;
Et, sans espérer rien de mes foibles écrits,
L'honneur de le louer m'est un trop digne prix:
On me verra toujours, sage dans mes caprices,
De ce même pinceau dont j'ai noirci les vices
Et peint du nom d'auteur tant de sots revêtus,

---

[1] Auteurs médiocres. (B.)

[2] Cotin, dans un de ses écrits, m'accusoit d'être criminel de lèse-majesté divine et humaine. (B.)

Lui marquer mon respect et tracer ses vertus.
Je vous crois; mais pourtant on crie, on vous menace.
Je crains peu, direz-vous, les braves du Parnasse.
Hé, mon Dieu! craignez tout d'un auteur en courroux,
Qui peut... Quoi? Je m'entends. Mais encor? Taisez-
[vous.

AVERTISSEMENT

SUR LA SATIRE X.

Voici enfin la satire qu'on me demande depuis si long-temps. Si j'ai tant tardé à la mettre au jour, c'est que j'ai été bien aise qu'elle ne parût qu'avec la nouvelle édition qu'on faisoit de mon livre, où je voulois qu'elle fût insérée. Plusieurs de mes amis, à qui je l'ai lue, en ont parlé dans le monde avec de grands éloges, et ont publié que c'étoit la meilleure de mes satires. Ils ne m'ont pas en cela fait plaisir. Je connois le public : je sais que naturellement il se révolte contre ces louanges outrées qu'on donne aux ouvrages avant qu'ils aient paru, et que la plupart des lecteurs ne lisent ce qu'on leur a élevé si haut, qu'avec un dessein formé de le rabaisser.

Je déclare donc que je ne veux point profiter de ces discours avantageux; et non seulement je laisse au public son jugement libre, mais je donne plein pouvoir à tous ceux qui ont tant critiqué mon ode sur Namur d'exercer aussi contre ma satire toute la rigueur de leur critique. J'espère qu'ils le feront avec le même succès; et je puis les assurer que tous leurs discours ne m'obligeront point à rompre l'espèce de vœu que j'ai fait de ne jamais défendre mes ouvrages, quand on n'en attaquera que les mots et les syllabes. Je saurai fort bien soutenir contre ces censeurs Homère, Horace, Virgile, et tous ces autres grands personnages dont j'admire les écrits : mais pour mes écrits, que je n'admire point, c'est à ceux qui les approuveront à trouver

AVERTISSEMENT SUR LA SATIRE X.

des raisons pour les défendre. C'est tout l'avis que j'ai à donner ici au lecteur.

La bienséance néanmoins voudroit, ce me semble, que je fisse quelque excuse au beau sexe de la liberté que je me suis donnée de peindre ses vices. Mais, au fond, toutes les peintures que je fais dans ma satire sont si générales, que, bien loin d'appréhender que les femmes s'en offensent, c'est sur leur approbation et sur leur curiosité que je fonde la plus grande espérance du succès de mon ouvrage. Une chose au moins dont je suis certain qu'elles me loueront, c'est d'avoir trouvé moyen, dans une matière aussi délicate que celle que j'y traite, de ne pas laisser échapper un seul mot qui pût le moins du monde blesser la pudeur. J'espère donc que j'obtiendrai aisément ma grace, et qu'elles ne seront pas plus choquées des prédications que je fais contre leurs défauts dans cette satire, que des satires que les prédicateurs font tous les jours en chaire contre ces mêmes défauts.

SATIRE X.

1693.

LES FEMMES.

Enfin bornant le cours de tes galanteries,
Alcippe, il est donc vrai, dans peu tu te maries :
Sur l'argent, c'est tout dire, on est déja d'accord;
Ton beau-père futur vide son coffre-fort;
Et déja le notaire a, d'un style énergique,
Griffonné de ton joug l'instrument authentique [1].
C'est bien fait. Il est temps de fixer tes désirs.
Ainsi que ses chagrins l'hymen a ses plaisirs :
Quelle joie en effet, quelle douceur extrême,
De se voir caressé d'une épouse qu'on aime!
De s'entendre appeler petit cœur, ou, mon bon!
De voir autour de soi croître dans sa maison,
Sous les paisibles lois d'une agréable mère,
De petits citoyens dont on croit être père!
Quel charme, au moindre mal qui nous vient menacer,
De la voir aussitôt accourir, s'empresser,
S'effrayer d'un péril qui n'a point d'apparence,
Et souvent de douleur se pâmer par avance!
Car tu ne seras point de ces jaloux affreux,
Habiles à se rendre inquiets, malheureux,

---

[1] Instrument, en style de pratique, veut dire toutes sortes de contrats. (B.)

Qui, tandis qu'une épouse à leurs yeux se désole,
Pensent toujours qu'un autre en secret la console.

 Mais quoi! je vois déja que ce discours t'aigrit!
Charmé de Juvénal [1], et plein de son esprit,
Venez-vous, diras-tu, dans une pièce outrée,
Comme lui nous chanter que, dès le temps de Rhée,
La chasteté déja, la rougeur sur le front,
Avoit chez les humains reçu plus d'un affront;
Qu'on vit avec le fer naître les injustices,
L'impiété, l'orgueil, et tous les autres vices :
Mais que la bonne foi dans l'amour conjugal
N'alla point jusqu'au temps du troisième métal [2]?
Ces mots ont dans sa bouche une emphase admirable :
Mais je vous dirai, moi, sans alléguer la fable,
Que si sous Adam même, et loin avant Noé,
Le vice audacieux, des hommes avoué,
A la triste innocence en tous lieux fit la guerre,
Il demeura pourtant de l'honneur sur la terre :
Qu'aux temps les plus féconds en Phrynés, en Laïs [3],
Plus d'une Pénélope honora son pays;
Et que, même aujourd'hui, sur ce fameux modèle,
On peut trouver encor quelque femme fidèle.

 Sans doute; et dans Paris, si je sais bien compter,
Il en est jusqu'à trois [4] que je pourrois citer.
Ton épouse dans peu sera la quatrième :

---

[1] Juvénal a fait une satire contre les femmes, qui est son plus bel ouvrage. (B.)

[2] Paroles du commencement de la satire de Juvénal. (B.)

[3] Phryné, courtisane d'Athènes. Laïs, courtisane de Corinthe. (B.)

[4] Ceci est dit figurément. (B.)

Je le veux croire ainsi. Mais, la chasteté même,
Sous ce beau nom d'épouse, entrât-elle chez toi,
De retour d'un voyage, en arrivant, crois-moi,
Fais toujours du logis avertir la maîtresse.
Tel partit tout baigné des pleurs de sa Lucrèce,
Qui, faute d'avoir pris ce soin judicieux,
Trouva... tu sais... Je sais que d'un conte odieux
Vous avez comme moi sali votre mémoire.
Mais laissons là, dis-tu, Joconde et son histoire [1] :
Du projet d'un hymen déjà fort avancé,
Devant vous aujourd'hui criminel dénoncé,
Et mis sur la sellette aux pieds de la critique,
Je vois bien tout de bon qu'il faut que je m'explique.

Jeune autrefois par vous dans le monde conduit,
J'ai trop bien profité pour n'être pas instruit
A quels discours malins le mariage expose :
Je sais que c'est un texte où chacun fait sa glose;
Que de maris trompés tout rit dans l'univers,
Épigrammes, chansons, rondeaux, fables en vers,
Satire, comédie; et, sur cette matière,
J'ai vu tout ce qu'ont fait La Fontaine et Molière;
J'ai lu tout ce qu'ont dit Villon et Saint-Gelais,
Arioste, Marot, Bocace, Rabelais,
Et tous ces vieux recueils de satires naïves [2],
Des malices du sexe immortelles archives.
Mais, tout bien balancé, j'ai pourtant reconnu
Que de ces contes vains le monde entretenu,
N'en a pas de l'hymen moins vu fleurir l'usage;

---

[1] Conte de La Fontaine, tiré de l'Arioste. (B.)
[2] Les *Contes de la reine de Navarre*, etc. (B.)

Que sous ce joug moqué tout à la fin s'engage;
Qu'à ce commun filet les railleurs mêmes pris,
Ont été très souvent de commodes maris;
Et que, pour être heureux sous ce joug salutaire,
Tout dépend, en un mot, du bon choix qu'on sait faire.
Enfin, il faut ici parler de bonne foi,
Je vieillis, et ne puis regarder sans effroi
Ces neveux affamés dont l'importun visage
De mon bien à mes yeux fait déja le partage.
Je crois déja les voir, au moment annoncé
Qu'à la fin sans retour leur cher oncle est passé,
Sur quelques pleurs forcés, qu'ils auront soin qu'on voie,
Se faire consoler du sujet de leur joie.
Je me fais un plaisir, à ne vous rien celer,
De pouvoir, moi vivant, dans peu les désoler,
Et, trompant un espoir pour eux si plein de charmes,
Arracher de leurs yeux de véritables larmes.
Vous dirai-je encor plus? Soit foiblesse ou raison,
Je suis las de me voir le soir en ma maison
Seul avec des valets, souvent voleurs et traîtres,
Et toujours, à coup sûr, ennemis de leurs maîtres.
Je ne me couche point qu'aussitôt dans mon lit
Un souvenir fâcheux n'apporte à mon esprit
Ces histoires de morts lamentables, tragiques [1],
Dont Paris tous les ans peut grossir ses chroniques.
Dépouillons-nous ici d'une vaine fierté.
Nous naissons, nous vivons pour la société :
A nous-mêmes livrés dans une solitude,

---

[1] Blandin et du Rosset ont composé ces histoires. (B.)

SATIRE X.

Notre bonheur bientôt fait notre inquiétude;
Et, si durant un jour notre premier aïeul,
Plus riche d'une côte, avoit vécu tout seul,
Je doute, en sa demeure alors si fortunée,
S'il n'eût point prié Dieu d'abréger la journée.
N'allons donc point ici réformer l'univers,
Ni, par de vains discours et de frivoles vers
Étalant au public notre misanthropie,
Censurer le lien le plus doux de la vie.
Laissons là, croyez-moi, le monde tel qu'il est.
L'hyménée est un joug, et c'est ce qui m'en plaît:
L'homme en ses passions toujours errant sans guide
A besoin qu'on lui mette et le mords et la bride:
Son pouvoir malheureux ne sert qu'à le gêner;
Et, pour le rendre libre, il le faut enchaîner.
C'est ainsi que souvent la main de Dieu l'assiste.

Ha, bon! voilà parler en docte janséniste,
Alcippe; et, sur ce point si savamment touché,
Desmâres[1] dans Saint-Roch[2] n'auroit pas mieux prêché.
Mais c'est trop t'insulter; quittons la raillerie;
Parlons sans hyperbole et sans plaisanterie.
Tu viens de mettre ici l'hymen en son beau jour:
Entends donc, et permets que je prêche à mon tour.

L'épouse que tu prends, sans tache en sa conduite,
Aux vertus, m'a-t-on dit, dans Port-Royal instruite,
Aux lois de son devoir règle tous ses désirs.
Mais qui peut t'assurer qu'invincible aux plaisirs,

---

[1] Le P. Desmâres, célèbre prédicateur. (B.)

[2] Paroisse de Paris. (B.)

Chez toi, dans une vie ouverte à la licence,
Elle conservera sa première innocence?
Par toi-même bientôt conduite à l'Opéra,
De quel air penses-tu que ta sainte verra
D'un spectacle enchanteur la pompe harmonieuse,
Ces danses, ces héros à voix luxurieuse;
Entendra ces discours sur l'amour seul roulants,
Ces doucereux Renauds, ces insensés Rolands;
Saura d'eux qu'à l'Amour, comme au seul dieu suprême,
On doit immoler tout, jusqu'à la vertu même;
Qu'on ne sauroit trop tôt se laisser enflammer;
Qu'on n'a reçu du ciel un cœur que pour aimer [1];
Et tous ces lieux communs de morale lubrique
Que Lulli réchauffa des sons de sa musique?
Mais de quels mouvements, dans son cœur excités,
Sentira-t-elle alors tous ses sens agités?
Je ne te réponds pas qu'au retour, moins timide,
Digne écolière enfin d'Angélique et d'Armide [2],
Elle n'aille à l'instant, pleine de ces doux sons,
Avec quelque Médor pratiquer ces leçons.

Supposons toutefois qu'encor fidèle et pure
Sa vertu de ce choc revienne sans blessure.
Bientôt dans ce grand monde où tu vas l'entraîner,
Au milieu des écueils qui vont l'environner,
Crois-tu que, toujours ferme aux bords du précipice,
Elle pourra marcher sans que le pied lui glisse;
Que, toujours insensible aux discours enchanteurs

---

[1] Maximes fort ordinaires dans les opéras de Quinault. (B.)

[2] Voyez les opéras de Quinault intitulés *Roland* et *Armide*. (B.)

D'un idolâtre amas de jeunes séducteurs,
Sa sagesse jamais ne deviendra folie!
D'abord tu la verras, ainsi que dans Clélie,
Recevant ses amants sous le doux nom d'amis,
S'en tenir avec eux aux petits soins permis;
Puis bientôt en grande eau sur le fleuve de Tendre
Naviger à souhait, tout dire et tout entendre.
Et ne présume pas que Vénus, ou Satan,
Souffre qu'elle en demeure aux termes du roman :
Dans le crime il suffit qu'une fois on débute;
Une chute toujours attire une autre chute.
L'honneur est comme une île escarpée et sans bords :
On n'y peut plus rentrer dès qu'on en est dehors.
Peut-être avant deux ans, ardente à te déplaire,
Éprise d'un cadet, ivre d'un mousquetaire [2],
Nous la verrons hanter les plus honteux brelans,
Donner chez la Cornu [3] rendez-vous aux galants;
De Phèdre dédaignant la pudeur enfantine,
Suivre à front découvert Z... et Messaline;
Compter pour grands exploits vingt hommes ruinés,
Blessés, battus pour elle, et quatre assassinés :
Trop heureux si, toujours femme désordonnée,
Sans mesure et sans règle au vice abandonnée,
Par cent traits d'impudence aisés à ramasser,
Elle t'acquiert au moins un droit pour la chasser!
 Mais que deviendras-tu si, folle en son caprice,

---

[1] Roman de Clélie, et autres romans du même auteur. (B.)

[2] Des compagnies de *cadets* avoient été créées en 1682.

[3] Une infame dont le nom étoit alors connu de tout le monde. (B.)

SATIRE X.

N'aimant que le scandale et l'éclat dans le vice,
Bien moins pour son plaisir que pour t'inquiéter,
Au fond peu vicieuse, elle aime à coqueter?
Entre nous, verras-tu d'un esprit bien tranquille
Chez ta femme aborder et la cour et la ville?
Hormis toi, tout chez toi rencontre un doux accueil :
L'un est payé d'un mot, et l'autre d'un coup d'œil.
Ce n'est que pour toi seul qu'elle est fière et chagrine :
Aux autres elle est douce, agréable, badine;
C'est pour eux qu'elle étale et l'or et le brocard,
Que chez toi se prodigue et le rouge et le fard,
Et qu'une main savante, avec tant d'artifice,
Bâtit de ses cheveux le galant édifice.
Dans sa chambre, crois-moi, n'entre point tout le jour.
Si tu veux posséder ta Lucrèce à ton tour,
Attends, discret mari, que la belle en cornette
Le soir ait étalé son teint sur la toilette,
Et dans quatre mouchoirs, de sa beauté salis,
Envoie au blanchisseur ses roses et ses lis.
Alors tu peux entrer : mais, sage en sa présence,
Ne va pas murmurer de sa folle dépense.
D'abord, l'argent en main, paie et vite et comptant.
Mais non, fais mine un peu d'en être mécontent,
Pour la voir aussitôt, de douleur oppressée,
Déplorer sa vertu si mal récompensée.
Un mari ne veut pas fournir à ses besoins!
Jamais femme, après tout, a-t-elle coûté moins?
A cinq cents louis d'or, tout au plus, chaque année,
Sa dépense en habits n'est-elle pas bornée?
Que répondre? Je vois qu'à de si justes cris

Toi-même convaincu, déja tu t'attendris,
Tout prêt à la laisser, pourvu qu'elle s'apaise,
Dans ton coffre à pleins sacs puiser tout à son aise.
   A quoi bon en effet t'alarmer de si peu?
Hé! que seroit-ce donc si, le démon du jeu [1]
Versant dans son esprit sa ruineuse rage,
Tous les jours, mis par elle à deux doigts du naufrage,
Tu voyois tous tes biens au sort abandonnés,
Devenir le butin d'un pique [2] ou d'un sonnez [3] !
Le doux charme pour toi de voir, chaque journée,
De nobles champions ta femme environnée,
Sur une table longue et façonnée exprès,
D'un tournoi de bassette ordonner les apprêts!
Ou, si par un arrêt la grossière police
D'un jeu si nécessaire interdit l'exercice,
Ouvrir sur cette table un champ au lansquenet,
Ou promener trois dés chassés de son cornet :
Puis sur une autre table, avec un air plus sombre,
S'en aller méditer une vole au jeu d'hombre;
S'écrier sur un as mal à propos jeté;
Se plaindre d'un gâno [4] qu'on n'a point écouté!
Ou, querellant tout bas le ciel qu'elle regarde,
A la bête gémir d'un roi venu sans garde!
Chez elle, en ces emplois, l'aube du lendemain
Souvent la trouve encor les cartes à la main :

---

  [1] On croit que Boileau a pris pour modèle de la joueuse une dame de Miramion, chez laquelle Jérôme Boileau, son frère, alloit perdre son argent.
  [2] Terme du jeu de piquet. (B.)
  [3] Terme du jeu de trictrac. (B.)
  [4] Terme du jeu d'hombre. (B.)

Alors, pour se coucher, les quittant, non sans peine,
Elle plaint le malheur de la nature humaine,
Qui veut qu'en un sommeil où tout s'ensevelit
Tant d'heures sans jouer se consument au lit.
Toutefois en partant la troupe la console,
Et d'un prochain retour chacun donne parole.
C'est ainsi qu'une femme en doux amusements
Sait du temps qui s'envole employer les moments;
C'est ainsi que souvent par une forcenée
Une triste famille à l'hôpital traînée
Voit ses biens en décret sur tous les murs écrits
De sa déroute illustre effrayer tout Paris.
  Mais que plutôt son jeu mille fois te ruine,
Que si, la famélique et honteuse lésine
Venant mal à propos la saisir au collet,
Elle te réduisoit à vivre sans valet,
Comme ce magistrat[1] de hideuse mémoire,
Dont je veux bien ici te crayonner l'histoire.
  Dans la robe on vantoit son illustre maison :
Il étoit plein d'esprit, de sens et de raison;
Seulement pour l'argent un peu trop de foiblesse
De ces vertus en lui ravaloit la noblesse.
Sa table toutefois, sans superfluité,
N'avoit rien que d'honnête en sa frugalité.
Chez lui deux bons chevaux, de pareille encolure,
Trouvoient dans l'écurie une pleine pâture;
Et, du foin que leur bouche au râtelier laissoit,
De surcroît une mule encor se nourrissoit.
Mais cette soif de l'or qui le brûloit dans l'âme

---

[1] Le lieutenant criminel Tardieu. (B.)

Le fit enfin songer à choisir une femme;
Et l'honneur dans ce choix ne fut point regardé.
Vers son triste penchant son naturel guidé
Le fit, dans une avare et sordide famille,
Chercher un monstre affreux sous l'habit d'une fille;
Et, sans trop s'enquérir d'où la laide venoit,
Il sut, ce fut assez, l'argent qu'on lui donnoit.
Rien ne le rebuta, ni sa vue éraillée,
Ni sa masse de chair bizarrement taillée;
Et trois cent mille francs avec elle obtenus
La firent à ses yeux plus belle que Vénus.
Il l'épouse; et bientôt son hôtesse nouvelle
Le prêchant lui fit voir qu'il étoit, au prix d'elle,
Un vrai dissipateur, un parfait débauché.
Lui-même le sentit, reconnut son péché,
Se confessa prodigue, et, plein de repentance,
Offrit sur ses avis de régler sa dépense.
Aussitôt de chez eux tout rôti disparut :
Le pain bis, renfermé, d'une moitié décrut :
Les deux chevaux, la mule, au marché s'envolèrent :
Deux grands laquais, à jeun, sur le soir s'en allèrent;
De ces coquins déja l'on se trouvoit lassé,
Et pour n'en plus revoir le reste fut chassé :
Deux servantes déja, largement souffletées,
Avoient à coups de pied descendu les montées,
Et se voyant enfin hors de ce triste lieu,
Dans la rue en avoient rendu graces à Dieu.
Un vieux valet restoit, seul chéri de son maître,
Que toujours il servit, et qu'il avoit vu naître,
Et qui de quelque somme amassée au bon temps

Vivoit encor chez eux partie à ses dépens.
Sa vue embarrassoit; il fallut s'en défaire;
Il fut de la maison chassé comme un corsaire.
Voilà nos deux époux, sans valets, sans enfants,
Tout seuls dans leur logis libres et triomphants.
Alors on ne mit plus de borne à la lésine :
On condamna la cave, on ferma la cuisine;
Pour ne s'en point servir aux plus rigoureux mois,
Dans le fond d'un grenier on séquestra le bois.
L'un et l'autre dès lors vécut à l'aventure
Des présents qu'à l'abri de la magistrature
Le mari quelquefois des plaideurs extorquoit,
Ou de ce que la femme aux voisins escroquoit.

 Mais, pour bien mettre ici leur crasse en tout son
Il faut voir du logis sortir ce couple illustre; [lustre,
Il faut voir le mari tout poudreux, tout souillé,
Couvert d'un vieux chapeau de cordon dépouillé,
Et de sa robe, en vain de pièces rajeunie,
A pied dans les ruisseaux traînant l'ignominie.
Mais qui pourroit compter le nombre de haillons,
De pièces, de lambeaux, de sales guenillons,
De chiffons ramassés dans la plus noire ordure,
Dont la femme aux bons jours composoit sa parure?
Décrirai-je ses bas en trente endroits percés,
Ses souliers grimaçants vingt fois rapetassés,
Ses coiffes, d'où pendoit au bout d'une ficelle
Un vieux masque pelé[1] presque aussi hideux qu'elle?
Peindrai-je son jupon bigarré de latin,

[1] La plupart des femmes portoient alors un masque de velours noir lorsqu'elles sortoient. (B.)

Qu'ensemble composoient trois thèses de satin,
Présent qu'en un procès sur certain privilége
Firent à son mari les régents d'un collége;
Et qui, sur cette jupe à maint rieur encor,
Derrière elle faisoit lire ARGUMENTABOR?
  Mais peut-être j'invente une fable frivole.
Démens donc tout Paris, qui, prenant la parole,
Sur ce sujet encor de bons témoins pourvu,
Tout prêt à le prouver, te dira : Je l'ai vu;
Vingt ans j'ai vu ce couple, uni d'un même vice,
A tous mes habitants montrer que l'avarice
Peut faire dans les biens trouver la pauvreté,
Et nous réduire à pis que la mendicité.
Des voleurs, qui chez eux pleins d'espérance entrèrent,
De cette triste vie enfin les délivrèrent :
Digne et funeste fruit du nœud le plus affreux
Dont l'hymen ait jamais uni deux malheureux!
  Ce récit passe un peu l'ordinaire mesure :
Mais un exemple enfin si digne de censure
Peut-il dans la satire occuper moins de mots?
Chacun sait son métier. Suivons notre propos.
Nouveau prédicateur aujourd'hui, je l'avoue,
Écolier ou plutôt singe de Bourdaloue [1],
Je me plais à remplir mes sermons de portraits.
En voilà déja trois peints d'assez heureux traits :
La femme sans honneur, la coquette et l'avare.
Il faut y joindre encor la revêche bizarre,
Qui sans cesse, d'un ton par la colère aigri,

---

[1] Célèbre jésuite. (B.)

Gronde, choque, dément, contredit un mari.
Il n'est point de repos ni de paix avec elle.
Son mariage n'est qu'une longue querelle.
Laisse-t-elle un moment respirer son époux,
Ses valets sont d'abord l'objet de son courroux;
Et sur le ton grondeur lorsqu'elle les harangue,
Il faut voir de quels mots elle enrichit la langue :
Ma plume ici, traçant ces mots par alphabet,
Pourroit d'un nouveau tome augmenter Richelet [1].

Tu crains peu d'essuyer cette étrange furie :
En trop bon lieu, dis-tu, ton épouse nourrie
Jamais de tels discours ne te rendra martyr.
Mais, eût-elle sucé la raison dans Saint-Cyr [2],
Crois-tu que d'une fille humble, honnête, charmante,
L'hymen n'ait jamais fait de femme extravagante?
Combien n'a-t-on point vu de belles aux doux yeux,
Avant le mariage anges si gracieux,
Tout à coup se changeant en bourgeoises sauvages,
Vrais démons apporter l'enfer dans leurs ménages,
Et, découvrant l'orgueil de leurs rudes esprits,
Sous leur fontange [3] altière asservir leurs maris!

Et puis, quelque douceur dont brille ton épouse,
Penses-tu, si jamais elle devient jalouse,
Que son ame livrée à ses tristes soupçons

---

[1] Auteur qui a donné un dictionnaire françois. (B.)

[2] Célèbre maison près de Versailles, où l'on élève un grand nombre de jeunes demoiselles. (B.)

[3] C'est un nœud de ruban que les femmes mettent sur le devant de la tête pour attacher leur coiffure. (B.) Cette parure doit son nom à la duchesse de Fontanges, une des maîtresses de Louis XIV

De la raison encore écoute les leçons?
Alors, Alcippe, alors tu verras de ses œuvres:
Résous-toi, pauvre époux, à vivre de couleuvres;
A la voir tous les jours, dans ses fougueux accès,
A ton geste, à ton rire, intenter un procès;
Souvent, de ta maison gardant les avenues,
Les cheveux hérissés, t'attendre au coin des rues;
Te trouver en des lieux de vingt portes fermés,
Et, partout où tu vas, dans ses yeux enflammés
T'offrir non pas d'Isis la tranquille Euménide[1],
Mais la vraie Alecto[2] peinte dans l'Énéide,
Un tison à la main, chez le roi Latinus,
Soufflant sa rage au sein d'Amate et de Turnus.

Mais quoi! je chausse ici le cothurne tragique.
Reprenons au plus tôt le brodequin comique,
Et d'objets moins affreux songeons à te parler.
Dis-moi donc, laissant là cette folle hurler,
T'accommodes-tu mieux de ces douces Ménades[3]
Qui, dans leurs vains chagrins, sans mal toujours ma-
Se font des mois entiers, sur un lit effronté, [lades,
Traiter d'une visible et parfaite santé;
Et douze fois par jour, dans leur molle indolence,
Aux yeux de leurs maris tombent en défaillance?
Quel sujet, dira l'un, peut donc si fréquemment
Mettre ainsi cette belle aux bords du monument?
La Parque, ravissant ou son fils ou sa fille,

---

[1] Furie dans l'opéra d'Isis, qui demeure presque toujours à ne rien faire. (B.)

[2] Une des furies. Voyez l'Énéide, liv. VII. (B.)

[3] Bacchantes. (B.)

SATIRE X.

A-t-elle moissonné l'espoir de sa famille?
Non : il est question de réduire un mari
A chasser un valet dans la maison chéri,
Et qui, parce qu'il plaît, a trop su lui déplaire;
Ou de rompre un voyage utile et nécessaire,
Mais qui la priveroit huit jours de ses plaisirs,
Et qui, loin d'un galant, objet de ses désirs...
Oh! que pour la punir de cette comédie
Ne lui vois-je une vraie et triste maladie!
Mais ne nous fâchons point. Peut-être avant deux jours,
Courtois et Denyau[1], mandés à son secours,
Digne ouvrage de l'art dont Hippocrate traite,
Lui sauront bien ôter cette santé d'athlète;
Pour consumer l'humeur qui fait son embonpoint,
Lui donner sagement le mal qu'elle n'a point;
Et, fuyant de Fagon[2] les maximes énormes,
Au tombeau mérité la mettre dans les formes.
Dieu veuille avoir son ame, et nous délivre d'eux!
Pour moi, grand ennemi de leur art hasardeux,
Je ne puis cette fois que je ne les excuse.
Mais à quels vains discours est-ce que je m'amuse?
Il faut sur des sujets plus grands, plus curieux,
Attacher de ce pas ton esprit et tes yeux.

Qui s'offrira d'abord? Bon, c'est cette savante
Qu'estime Roberval, et que Sauveur[3] fréquente.
D'où vient qu'elle a l'œil trouble et le teint si terni?

---

[1] Deux médecins de la faculté de Paris. (B.)

[2] Premier médecin du roi. (B.)

[3] Illustres mathématiciens. (B.)

SATIRE X.

C'est que sur le calcul, dit-on, de Cassini [1],
Un astrolabe en main, elle a dans sa gouttière
A suivre Jupiter [2] passé la nuit entière.
Gardons de la troubler. Sa science, je croi,
Aura pour s'occuper ce jour plus d'un emploi :
D'un nouveau microscope on doit, en sa présence,
Tantôt chez Dalancé [3] faire l'expérience,
Puis d'une femme morte avec son embryon
Il faut chez du Verney [4] voir la dissection.
Rien n'échappe aux regards de notre curieuse.

Mais qui vient sur ses pas? C'est une précieuse,
Reste de ces esprits jadis si renommés
Que d'un coup de son art Molière a diffamés [5].
De tous leurs sentimens cette noble héritière
Maintient encore ici leur secte façonnière.
C'est chez elle toujours que les fades auteurs
S'en vont se consoler du mépris des lecteurs.
Elle y reçoit leur plainte; et sa docte demeure
Aux Perrins, aux Coras, est ouverte à toute heure.
Là, du faux bel esprit se tiennent les bureaux,
Là, tous les vers sont bons pourvu qu'ils soient nou- [veaux
Au mauvais goût public la belle y fait la guerre :
Plaint Pradon opprimé des sifflets du parterre;
Rit des vains amateurs du grec et du latin;

---

[1] Fameux astronome. (B.)

[2] Une des sept planètes. (B.)

[3] Chez qui on faisoit beaucoup d'expériences de physique. (B.)

[4] Médecin du roi, connu pour être très savant dans l'anatomie. (B.)

[5] Voyez la comédie des *Précieuses*. (B.) — On dit que Boileau a voulu peindre ici madame Deshoulières, son ennemie et celle de Racine.

Dans la balance met Aristote et Cotin;
Puis, d'une main encor plus fine et plus habile,
Pèse sans passion Chapelain et Virgile;
Remarque en ce dernier beaucoup de pauvretés,
Mais pourtant confessant qu'il a quelques beautés;
Ne trouve en Chapelain, quoi qu'ait dit la satire,
Autre défaut, sinon qu'on ne le sauroit lire;
Et, pour faire goûter son livre à l'univers,
Croit qu'il faudroit en prose y mettre tous les vers.

 A quoi bon m'étaler cette bizarre école
Du mauvais sens, dis-tu, prêché par une folle?
De livres et d'écrits bourgeois admirateur,
Vais-je épouser ici quelque apprentive auteur?
Savez-vous que l'épouse avec qui je me lie
Compte entre ses parents des princes d'Italie,
Sort d'aïeux dont les noms...? Je t'entends, et je voi
D'où vient que tu t'es fait secrétaire du roi:
Il falloit de ce titre appuyer ta naissance.
Cependant (t'avouerai-je ici mon insolence?)
Si quelque objet pareil chez moi, deçà les monts,
Pour m'épouser entroit avec tous ces grands noms,
Le sourcil rehaussé d'orgueilleuses chimères,
Je lui dirois bientôt : Je connois tous vos pères;
Je sais qu'ils ont brillé dans ce fameux combat [1]
Où sous l'un des Valois Enghien sauva l'état.
D'Hozier n'en convient pas : mais, quoi qu'il en puisse
Je ne suis point si sot que d'épouser mon maître. [être,
Ainsi donc, au plus tôt délogeant de ces lieux,

---

[1] Combat de Cerisoles gagné par le duc d'Enghien en Italie. (B.)

Allez, princesse, allez, avec tous vos aïeux,
Sur le pompeux débris des lances espagnoles,
Coucher si vous voulez aux champs de Cerisoles :
Ma maison ni mon lit ne sont point faits pour vous.

 J'admire, poursuis-tu, votre noble courroux.
Souvenez-vous pourtant que ma famille illustre
De l'assistance au sceau ne tire point son lustre [1] ;
Et que, né dans Paris de magistrats connus,
Je ne suis point ici de ces nouveaux venus,
De ces nobles sans nom, que, par plus d'une voie,
La province souvent en guêtres nous envoie.
Mais eussé-je comme eux des meuniers pour parents,
Mon épouse vînt-elle encor d'aïeux plus grands,
On ne la verroit point, vantant son origine,
A son triste mari reprocher la farine.
Son cœur, toujours nourri dans la dévotion,
De trop bonne heure apprit l'humiliation :
Et, pour vous détromper de la pensée étrange
Que l'hymen aujourd'hui la corrompe et la change,
Sachez qu'en notre accord elle a, pour premier point,
Exigé qu'un époux ne la contraindroit point
A traîner après elle un pompeux équipage,
Ni surtout de souffrir, par un profane usage,
Qu'à l'église jamais devant le Dieu jaloux
Un fastueux carreau soit vu sous ses genoux.
Telle est l'humble vertu qui, dans son ame empreinte...

 Je le vois bien, tu vas épouser une sainte ;
Et dans tout ce grand zèle il n'est rien d'affecté.

---

[1] Les secrétaires du roi, nouvellement anoblis, assistoient au sceau.

SATIRE X.

Sais-tu bien cependant, sous cette humilité,
L'orgueil que quelquefois nous cache une bigote,
Alcippe, et connois-tu la nation dévote?
Il te faut de ce pas en tracer quelques traits,
Et par ce grand portrait finir tous mes portraits.
  A Paris, à la cour, on trouve, je l'avoue,
Des femmes dont le zèle est digne qu'on le loue,
Qui s'occupent du bien en tout temps, en tout lieu.
J'en sais une, chérie et du monde et de Dieu[1],
Humble dans les grandeurs, sage dans la fortune,
Qui gémit, comme Esther, de sa gloire importune,
Que le vice lui-même est contraint d'estimer,
Et que sur ce tableau d'abord tu vas nommer.
Mais pour quelques vertus si pures, si sincères,
Combien y trouve-t-on d'impudentes faussaires,
Qui, sous un vain dehors d'austère piété,
De leurs crimes secrets cherchent l'impunité,
Et couvrent de Dieu même, empreint sur leur visage,
De leurs honteux plaisirs l'affreux libertinage!
N'attends pas qu'à tes yeux j'aille ici l'étaler;
Il vaut mieux le souffrir que de le dévoiler.
De leurs galants exploits les Bussys, les Brantômes,
Pourroient avec plaisir te compiler des tomes:
Mais pour moi, dont le front trop aisément rougit,
Ma bouche a déja peur de t'en avoir trop dit.
Rien n'égale en fureur, en monstrueux caprices,
Un fausse vertu qui s'abandonne aux vices.
  De ces femmes pourtant l'hypocrite noirceur

---

[1] Madame de Maintenon.

Au moins pour un mari garde quelque douceur.
Je les aime encor mieux qu'une bigote altière,
Qui, dans son fol orgueil, aveugle et sans lumière,
A peine sur le seuil de la dévotion,
Pense atteindre au sommet de la perfection;
Qui du soin qu'elle prend de me gêner sans cesse
Va quatre fois par mois se vanter à confesse;
Et, les yeux vers le ciel, pour se le faire ouvrir,
Offre à Dieu les tourments qu'elle me fait souffrir.
Sur cent pieux devoirs aux saints elle est égale;
Elle lit Rodriguez [1], fait l'oraison mentale,
Va pour les malheureux quêter dans les maisons,
Hante les hôpitaux, visite les prisons,
Tous les jours à l'église entend jusqu'à six messes :
Mais de combattre en elle et dompter ses foiblesses,
Sur le fard, sur le jeu, vaincre sa passion,
Mettre un frein à son luxe, à son ambition,
Et soumettre l'orgueil de son esprit rebelle,
C'est ce qu'en vain le ciel voudroit exiger d'elle.
 Et peut-il, dira-t-elle, en effet l'exiger?
Elle a son directeur, c'est à lui d'en juger :
Il faut sans différer savoir ce qu'il en pense.
Bon! vers nous à propos je le vois qui s'avance.
Qu'il paroît bien nourri! Quel vermillon! quel teint!
Le printemps dans sa fleur sur son visage est peint.
Cependant, à l'entendre, il se soutient à peine;
Il eut encore hier la fièvre et la migraine;
Et, sans les prompts secours qu'on prit soin d'apporter,

[1] Jésuite espagnol, auteur d'un traité sur *la perfection chrétienne*, traduit par Regnier Desmarets.

Il seroit sur son lit peut-être à trembloter.
Mais de tous les mortels, grace aux dévotes ames,
Nul n'est si bien soigné qu'un directeur de femmes.
Quelque léger dégoût vient-il le travailler;
Une froide vapeur le fait-elle bâiller;
Un escadron coiffé d'abord court à son aide :
L'une chauffe un bouillon, l'autre apprête un remède;
Chez lui sirops exquis, ratafias vantés,
Confitures surtout, volent de tous côtés :
Car de tous mets sucrés, secs, en pâte, ou liquides,
Les estomacs dévots toujours furent avides :
Le premier massepain pour eux, je crois, se fit,
Et le premier citron à Rouen fut confit [1].

Notre docteur bientôt va lever tous ses doutes;
Du paradis pour elle il aplanit les routes;
Et, loin sur ses défauts de la mortifier,
Lui-même prend le soin de la justifier.
Pourquoi vous alarmer d'une vaine censure?
Du rouge qu'on vous voit on s'étonne, on murmure :
Mais a-t-on, dira-t-il, sujet de s'étonner?
Est-ce qu'à faire peur on veut vous condamner?
Aux usages reçus il faut qu'on s'accommode :
Une femme surtout doit tribut à la mode.
L'orgueil brille, dit-on, sur vos pompeux habits,
L'œil à peine soutient l'éclat de vos rubis;
Dieu veut-il qu'on étale un luxe si profane?
Oui, lorsqu'à l'étaler notre rang nous condamne.
Mais ce grand jeu chez vous comment l'autoriser?

---

[1] Les plus exquis citrons confits se font à Rouen. (B.)

Le jeu fut de tout temps permis pour s'amuser ;
On ne peut pas toujours travailler, prier, lire :
Il vaut mieux s'occuper à jouer qu'à médire.
Le plus grand jeu, joué dans cette intention,
Peut même devenir une bonne action :
Tout est sanctifié par une ame pieuse.
Vous êtes, poursuit-on, avide, ambitieuse ;
Sans cesse vous brûlez de voir tous vos parents
Engloutir à la cour charges, dignités, rangs.
Votre bon naturel en cela pour eux brille ;
Dieu ne nous défend point d'aimer notre famille.
D'ailleurs tous vos parents sont sages, vertueux :
Il est bon d'empêcher ces emplois fastueux
D'être donnés peut-être à des ames mondaines,
Éprises du néant des vanités humaines.
Laissez là, croyez-moi, gronder les indévots,
Et sur votre salut demeurez en repos.

   Sur tous ces points douteux c'est ainsi qu'il prononce :
Alors, croyant d'un ange entendre la réponse,
Sa dévote s'incline, et, calmant son esprit,
A cet ordre d'en haut sans réplique souscrit.
Ainsi, pleine d'erreurs qu'elle croit légitimes,
Sa tranquille vertu conserve tous ses crimes ;
Dans un cœur tous les jours nourri du sacrement
Maintient la vanité, l'orgueil, l'entêtement,
Et croit que devant Dieu ses fréquents sacriléges
Sont pour entrer au ciel d'assurés priviléges.
Voilà le digne fruit des soins de son docteur.
Encore est-ce beaucoup si ce guide imposteur,
Par les chemins fleuris d'un charmant quiétisme,

Tout à coup l'amenant au vrai molinosisme [1],
Il ne lui fait bientôt, aidé de Lucifer,
Goûter en paradis les plaisirs de l'enfer.
  Mais dans ce doux état, molle, délicieuse,
La hais-tu plus, dis-moi, que cette bilieuse
Qui, follement outrée en sa sévérité,
Baptisant son chagrin du nom de piété,
Dans sa charité fausse, où l'amour-propre abonde,
Croit que c'est aimer Dieu que haïr tout le monde?
Il n'est rien où d'abord son soupçon attaché
Ne présume du crime et ne trouve un péché.
Pour une fille honnête et pleine d'innocence
Croit-elle en ses valets voir quelque complaisance,
Réputés criminels, les voilà tous chassés,
Et chez elle à l'instant par d'autres remplacés.
Son mari, qu'une affaire appelle dans la ville,
Et qui chez lui sortant a tout laissé tranquille,
Se trouve assez surpris, rentrant dans la maison,
De voir que le portier lui demande son nom;
Et que parmi ses gens, changés en son absence,
Il cherche vainement quelqu'un de connoissance.
  Fort bien! le trait est bon! Dans les femmes, dis-tu,
Enfin vous n'approuvez ni vice ni vertu.
Voilà le sexe peint d'une noble manière :
Et Théophraste même, aidé de La Bruyère,
Ne m'en pourroit pas faire un plus riche tableau [2].

---

[1] Secte des quiétistes qui prend son nom du théologien espagnol Molinos.

[2] La Bruyère a traduit les *Caractères* de Théophraste, et a fait ceux de son siècle. (B.)

C'est assez : il est temps de quitter le pinceau;
Vous avez désormais épuisé la satire.
Épuisé, cher Alcippe! Ah, tu me ferois rire!
Sur ce vaste sujet si j'allois tout tracer,
Tu verrois sous ma main des tomes s'amasser.
Dans le sexe j'ai peint la piété caustique :
Et que seroit-ce donc si, censeur plus tragique,
J'allois t'y faire voir l'athéisme établi,
Et, non moins que l'honneur, le ciel mis en oubli;
Si j'allois t'y montrer plus d'une Capanée [1]
Pour souveraine loi mettant la destinée,
Du tonnerre dans l'air bravant les vains carreaux,
Et nous parlant de Dieu du ton de Des Barreaux [2]?

 Mais, sans aller chercher cette femme infernale,
T'ai-je encor peint, dis-moi, la fantasque inégale
Qui, m'aimant le matin, souvent me hait le soir?
T'ai-je peint la maligne aux yeux faux, au cœur noir?
T'ai-je encore exprimé la brusque impertinente?
T'ai-je tracé la vieille à morgue dominante,
Qui veut, vingt ans encore après le sacrement,
Exiger d'un mari les respects d'un amant?
T'ai-je fait voir de joie une belle animée,
Qui souvent d'un repas sortant tout enfumée,
Fait, même à ses amants, trop foibles d'estomac,
Redouter ses baisers pleins d'ail et de tabac?
T'ai-je encore décrit la dame brelandière

---

[1] Capanée étoit un des sept chefs de l'armée qui mit le siége devant Thèbes. Les poëtes ont dit que Jupiter le foudroya à cause de son impiété. (B.)

[2] On dit qu'il se convertit avant de mourir. (B.)

Qui des joueurs chez soi se fait cabaretière[1],
Et souffre des affronts que ne souffriroit pas
L'hôtesse d'une auberge à dix sous par repas?
Ai-je offert à tes yeux ces tristes Tisiphones,
Ces monstres pleins d'un fiel que n'ont point les lionnes,
Qui, prenant en dégoût les fruits nés de leur flanc,
S'irritent sans raison contre leur propre sang;
Toujours en des fureurs que les plaintes aigrissent,
Battent dans leurs enfants l'époux qu'elles haïssent,
Et font de leur maison, digne de Phalaris[2],
Un séjour de douleurs, de larmes et de cris?
Enfin, t'ai-je dépeint la superstitieuse,
La pédante au ton fier, la bourgeoise ennuyeuse,
Celle qui de son chat fait son seul entretien,
Celle qui toujours parle et ne dit jamais rien?
Il en est des milliers; mais ma bouche enfin lasse
Des trois quarts pour le moins veut bien te faire grace.

J'entends : c'est pousser loin la modération.
Ah! finissez, dis-tu, la déclamation.
Pensez-vous qu'ébloui de vos vaines paroles
J'ignore qu'en effet tous ces discours frivoles
Ne sont qu'un badinage, un simple jeu d'esprit
D'un censeur dans le fond qui folâtre et qui rit,
Plein du même projet qui vous vint dans la tête,
Quand vous plaçâtes l'homme au dessous de la bête?
Mais enfin vous et moi c'est assez badiner.
Il est temps de conclure; et, pour tout terminer,

[1] Il y a des femmes qui donnent à souper aux joueurs, de peur de ne les plus revoir s'ils sortoient de leur maison. (B.)

[2] Tyran en Sicile, très cruel. (B.)

Je ne dirai qu'un mot. La fille qui m'enchante,
Noble, sage, modeste, humble, honnête, touchante,
N'a pas un des défauts que vous m'avez fait voir.
Si, par un sort pourtant qu'on ne peut concevoir,
La belle, tout à coup rendue insociable,
D'ange, ce sont vos mots, se transformoit en diable,
Vous me verriez bientôt, sans me désespérer,
Lui dire : Hé bien, madame, il faut nous séparer :
Nous ne sommes pas faits, je le vois, l'un pour l'autre ;
Mon bien se monte à tant : tenez, voilà le vôtre.
Partez : délivrons-nous d'un mutuel souci.

Alcippe, tu crois donc qu'on se sépare ainsi ?
Pour sortir de chez toi sur cette offre offensante,
As-tu donc oublié qu'il faut qu'elle y consente ?
Et crois-tu qu'aisément elle puisse quitter
Le savoureux plaisir de t'y persécuter ?
Bientôt son procureur, pour elle usant sa plume,
De ses prétentions va t'offrir un volume :
Car, grace au droit reçu chez les Parisiens [1],
Gens de douce nature, et maris bons chrétiens,
Dans ses prétentions une femme est sans borne.
Alcippe, à ce discours je te trouve un peu morne.
Des arbitres, dis-tu, pourront nous accorder.
Des arbitres !... Tu crois l'empêcher de plaider !
Sur ton chagrin déja contente d'elle-même,
Ce n'est point tous ses droits, c'est le procès qu'elle aime
Pour elle un bout d'arpent qu'il faudra disputer
Vaut mieux qu'un fief entier acquis sans contester.

---

[1] La coutume de Paris était favorable aux femmes.

Avec elle il n'est point de droit qui s'éclaircisse,
Point de procès si vieux qui ne se rajeunisse;
Et sur l'art de former un nouvel embarras
Devant elle Rolet mettroit pavillon bas.
Crois-moi, pour la fléchir trouve enfin quelque voie :
Ou je ne réponds pas dans peu qu'on ne te voie
Sous le faix des procès abattu, consterné,
Triste, à pied, sans laquais, maigre, sec, ruiné,
Vingt fois dans ton malheur résolu de te pendre,
Et, pour comble de maux, réduit à la reprendre[1].

[1] Le portrait de la plaideuse est celui de la comtesse de Crissé.

SATIRE XI.

1698.

A M. DE VALINCOUR.

SUR L'HONNEUR.

Oui, l'honneur, Valincour, est chéri dans le monde :
Chacun, pour l'exalter, en paroles abonde ;
A s'en voir revêtu chacun met son bonheur ;
Et tout crie ici bas : L'honneur ! Vive l'honneur !
Entendons discourir, sur les bancs des galères,
Ce forçat abhorré même de ses confrères ;
Il plaint, par un arrêt injustement donné,
L'honneur en sa personne à ramer condamné.
En un mot, parcourons et la mer et la terre ;
Interrogeons marchands, financiers, gens de guerre,
Courtisans, magistrats : chez eux, si je les croi,
L'intérêt ne peut rien, l'honneur seul fait la loi. [terne[1]
Cependant, lorsqu'aux yeux leur portant la lan-
J'examine au grand jour l'esprit qui les gouverne,
Je n'aperçois partout que folle ambition,
Foiblesse, iniquité, fourbe, corruption,
Que ridicule orgueil de soi-même idolâtre.
Le monde, à mon avis, est comme un grand théâtre,

---

[1] Allusion au mot de Diogène le cynique, qui portoit une lanterne en plein jour, et qui disoit qu'il cherchoit un homme. (B.)

SATIRE XI.

Où chacun en public, l'un par l'autre abusé,
Souvent à ce qu'il est joue un rôle opposé.
Tous les jours on y voit, orné d'un faux visage,
Impudemment le fou représenter le sage ;
L'ignorant s'ériger en savant fastueux,
Et le plus vil faquin trancher du vertueux.
Mais, quelque fol espoir dont leur orgueil les berce,
Bientôt on les connoît, et la vérité perce.
On a beau se farder aux yeux de l'univers :
A la fin sur quelqu'un de nos vices couverts
Le public malin jette un œil inévitable ;
Et bientôt la censure, au regard formidable,
Sait, le crayon en main, marquer nos endroits faux,
Et nous développer avec tous nos défauts.
Du mensonge toujours le vrai demeure maître.
Pour paroître honnête homme, en un mot, il faut l'être :
Et jamais, quoi qu'il fasse, un mortel ici bas
Ne peut aux yeux du monde être ce qu'il n'est pas.
En vain ce misanthrope, aux yeux tristes et sombres,
Veut, par un air riant, en éclaircir les ombres :
Le ris sur son visage est en mauvaise humeur ;
L'agrément fuit ses traits, ses caresses font peur ;
Ses mots les plus flatteurs paroissent des rudesses,
Et la vanité brille en toutes ses bassesses.
Le naturel toujours sort, et sait se montrer :
Vainement on l'arrête, on le force à rentrer ;
Il rompt tout, perce tout, et trouve enfin passage.
   Mais loin de mon projet je sens que je m'engage
Revenons de ce pas à mon texte égaré.
L'honneur partout, disois-je, est du monde admiré ;

Mais l'honneur en effet qu'il faut que l'on admire,
Quel est-il, Valincour? pourras-tu me le dire?
L'ambitieux le met souvent à tout brûler;
L'avare, à voir chez lui le Pactole[1] rouler;
Un faux brave, à vanter sa prouesse frivole;
Un vrai fourbe, à jamais ne garder sa parole;
Ce poëte, à noircir d'insipides papiers;
Ce marquis, à savoir frauder ses créanciers;
Un libertin, à rompre et jeûnes et carême;
Un fou perdu d'honneur, à braver l'honneur même.
L'un deux a-t-il raison? Qui pourroit le penser?
Qu'est-ce donc que l'honneur que tout doit embrasser?
Est-ce de voir, dis-moi, vanter notre éloquence;
D'exceller en courage, en adresse, en prudence;
De voir à notre aspect tout trembler sous les cieux;
De posséder enfin mille dons précieux?
Mais avec tous ces dons de l'esprit et de l'ame,
Un roi même souvent peut n'être qu'un infame,
Qu'un Hérode, un Tibère effroyable à nommer.
Où donc est cet honneur qui seul doit nous charmer?
Quoi qu'en ses beaux discours Saint-Évremond nous prône,
Aujourd'hui j'en croirai Sénèque avant Pétrone[2].

Dans le monde il n'est rien de beau que l'équité :
Sans elle la valeur, la force, la bonté,
Et toutes les vertus dont s'éblouit la terre,

---

[1] Fleuve de Lydie, où l'on trouve de l'or, ainsi que dans plusieurs autres fleuves. (B.)

[2] Saint-Évremond a fait une dissertation dans laquelle il donne la préférence à Pétrone sur Sénèque. (B.)

Ne sont que faux brillants, et que morceaux de verre.
Un injuste guerrier [1], terreur de l'univers,
Qui, sans sujet, courant chez cent peuples divers,
S'en va tout ravager jusqu'aux rives du Gange,
N'est qu'un plus grand voleur que du Terte et Saint-
Du premier des Césars on vante les exploits; [Ange [2].
Mais dans quel tribunal, jugé suivant les lois,
Eût-il pu disculper son injuste manie?
Qu'on livre son pareil en France à la Reynie [3],
Dans trois jours nous verrons le phénix des guerriers
Laisser sur l'échafaud sa tête et ses lauriers.
C'est d'un roi [4] que l'on tient cette maxime auguste,
Que jamais on n'est grand qu'autant que l'on est juste.
Rassemblez à la fois Mithridate et Sylla,
Joignez-y Tamerlan, Genséric, Attila :
Tous ces fiers conquérants, rois, princes, capitaines,
Sont moins grands à mes yeux que ce bourgeois d'Athè-
Qui sut, pour tous exploits, doux, modéré, frugal, [nes [5]
Toujours vers la justice aller d'un pas égal.
    Oui, la justice en nous est la vertu qui brille :
Il faut de ses couleurs qu'ici bas tout s'habille;
Dans un mortel chéri, tout injuste qu'il est,
C'est quelque air d'équité qui séduit et qui plaît.
A cet unique appât l'ame est vraiment sensible :
Même aux yeux de l'injuste un injuste est horrible;

---

[1] Alexandre. (B.)

[2] Fameux voleurs de grands chemins. (B.)

[3] Célèbre lieutenant général de police à Paris. (B.)

[4] Agésilas, roi de Sparte. (B.)

[5] Socrate. (B.)

Et tel qui n'admet point la probité chez lui
Souvent à la rigueur l'exige chez autrui.
Disons plus : il n'est point d'ame livrée au vice
Où l'on ne trouve encor des traces de justice.
Chacun de l'équité ne fait pas son flambeau;
Tout n'est pas Caumartin, Bignon, ni d'Aguesseau :
Mais jusqu'en ces pays où tout vit de pillage,
Chez l'Arabe et le Scythe, elle est de quelque usage;
Et du butin acquis en violant les lois,
C'est elle entre eux qui fait le partage et le choix.
 Mais allons voir le vrai jusqu'en sa source même.
Un dévot aux yeux creux, et d'abstinence blême,
S'il n'a point le cœur juste, est affreux devant Dieu.
L'évangile au chrétien ne dit en aucun lieu :
Sois dévot; elle dit : Sois doux, simple, équitable.
Car d'un dévot souvent au chrétien véritable
La distance est deux fois plus longue, à mon avis,
Que du pôle antarctique au détroit de Davis[1].
Encor par ce dévot ne crois pas que j'entende
Tartufe, ou Molinos et sa mystique bande :
J'entends un faux chrétien mal instruit, mal guidé,
Et qui de l'évangile en vain persuadé
N'en a jamais conçu l'esprit ni la justice;
Un chrétien qui s'en sert pour disculper le vice;
Qui toujours près des grands, qu'il prend soin d'abuser,
Sur leurs foibles honteux sait les autoriser,
Et croit pouvoir au ciel, par ses folles maximes,
Avec le sacrement faire entrer tous les crimes.
Des faux dévots pour moi voilà le vrai héros.

---

[1] Détroit sous le pôle arctique, près de la Nouvelle-Zemble. (B.)

Mais, pour borner enfin tout ce vague propos,
Concluons qu'ici bas le seul honneur solide,
C'est de prendre toujours la vérité pour guide;
De regarder en tout la raison et la loi;
D'être doux pour tout autre, et rigoureux pour soi;
D'accomplir tout le bien que le ciel nous inspire;
Et d'être juste enfin : ce mot seul veut tout dire.
Je doute que le flot des vulgaires humains
A ce discours pourtant donne aisément les mains;
Et, pour t'en dire ici la raison historique,
Souffre que je l'habille en fable allégorique.

Sous le bon roi Saturne, ami de la douceur,
L'Honneur, cher Valincour, et l'Équité sa sœur,
De leurs sages conseils éclairant tout le monde,
Régnoient, chéris du ciel, dans une paix profonde.
Tout vivoit en commun sous ce couple adoré :
Aucun n'avoit d'enclos ni de champ séparé.
La vertu n'étoit point sujette à l'ostracisme [1],
Ni ne s'appeloit point alors un jansénisme.
L'Honneur, beau par soi-même, et sans vains ornements,
N'étaloit point aux yeux l'or ni les diamants,
Et, jamais ne sortant de ses devoirs austères,
Maintenoit de sa sœur les règles salutaires.
Mais une fois au ciel par les dieux appelé,
Il demeura long-temps au séjour étoilé.

Un fourbe cependant, assez haut de corsage,
Et qui lui ressembloit de geste et de visage,
Prend son temps, et partout ce hardi suborneur

[1] Loi par laquelle les Athéniens avoient droit de reléguer tel de leurs citoyens qu'ils vouloient. (B.)

S'en va chez les humains crier qu'il est l'Honneur ;
Qu'il arrive du ciel, et que, voulant lui-même
Seul porter désormais le faix du diadême,
De lui seul il prétend qu'on reçoive la loi.
A ces discours trompeurs le monde ajoute foi.
L'innocente Équité honteusement bannie
Trouve à peine un désert où fuir l'ignominie.
Aussitôt sur un trône éclatant de rubis
L'imposteur monte, orné de superbes habits.
La Hauteur, le Dédain, l'Audace, l'environnent;
Et le Luxe et l'Orgueil de leurs mains le couronnent.
Tout fier, il montre alors un front plus sourcilleux :
Et le Mien et le Tien, deux frères pointilleux,
Par son ordre amenant les procès et la guerre,
En tous lieux de ce pas vont partager la terre;
En tous lieux, sous les noms de bon droit et de tort,
Vont chez elle établir le seul droit du plus fort.
Le nouveau roi triomphe, et, sur ce droit inique,
Bâtit de vaines lois un code fantastique;
Avant tout aux mortels prescrit de se venger,
L'un l'autre au moindre affront les force à s'égorger,
Et dans leur ame, en vain de remords combattue,
Trace en lettres de sang ces deux mots : Meurs ou Tue.
Alors, ce fut alors, sous ce vrai Jupiter,
Qu'on vit naître ici bas le noir siècle de fer.
Le frère au même instant s'arma contre le frère;
Le fils trempa ses mains dans le sang de son père;
La soif de commander enfanta les tyrans,
Du Tanaïs[1] au Nil porta les conquérants;

---

[1] Le Tanaïs est un fleuve du pays des Scythes. (B.)

SATIRE XI.

L'ambition passa pour la vertu sublime;
Le crime heureux fut juste, et cessa d'être crime :
On ne vit plus que haine et que division,
Qu'envie, effroi, tumulte, horreur, confusion.
    Le véritable Honneur sur la voûte céleste
Est enfin averti de ce trouble funeste.
Il part sans différer, et, descendu des cieux,
Va partout se montrer dans les terrestres lieux :
Mais il n'y fait plus voir qu'un visage incommode;
On n'y peut plus souffrir ses vertus hors de mode;
Et lui-même, traité de fourbe et d'imposteur,
Est contraint de ramper aux pieds du séducteur.
Enfin, las d'essuyer outrage sur outrage,
Il livre les humains à leur triste esclavage;
S'en va trouver sa sœur, et, dès ce même jour,
Avec elle s'envole au céleste séjour.
Depuis, toujours ici riche de leur ruine,
Sur les tristes mortels le faux honneur domine,
Gouverne tout, fait tout, dans ce bas univers,
Et peut-être est-ce lui qui m'a dicté ces vers.
Mais en fût-il l'auteur, je conclus de sa fable
Que ce n'est qu'en Dieu seul qu'est l'honneur véritable.

AVERTISSEMENT
SUR LA SATIRE XII.

Quelque heureux succès qu'aient eu mes ouvrages, j'avois résolu depuis leur dernière édition [1] de ne plus rien donner au public; et quoiqu'à mes heures perdues, il y a environ cinq ans [2], j'eusse encore fait contre l'équivoque une satire que tous ceux à qui je l'ai communiquée ne jugeoient pas inférieure à mes autres écrits, bien loin de la publier, je la tenois soigneusement cachée, et je ne croyois pas que, moi vivant, elle dût jamais voir le jour. Ainsi donc, aussi soigneux désormais de me faire oublier que j'avois été autrefois curieux de faire parler de moi, je jouissois, à mes infirmités près, d'une assez grande tranquillité, lorsque tout d'un coup j'ai appris qu'on débitoit dans le monde sous mon nom quantité de méchants écrits, et entre autres une pièce en vers contre les jésuites, également odieuse et insipide, où l'on me faisoit, en mon propre nom, dire à toute leur société les injures les plus atroces et les plus grossières. J'avoue que cela m'a donné un très grand chagrin. Car bien que tous les gens sensés aient connu sans peine que la pièce n'étoit point de moi, et qu'il n'y ait eu que de très petits esprits qui aient présumé que j'en pouvois être l'auteur, la vérité est pourtant que je n'ai pas regardé comme un médiocre affront de me voir soupçonné, même par des ridicules, d'avoir fait un ouvrage si ridicule.

[1] En 1701.
[2] Cet avertissement a été composé en 1710.

AVERTISSEMENT.

J'ai donc cherché les moyens les plus propres pour me laver de cette infamie; et, tout bien considéré, je n'ai point trouvé de meilleur expédient que de faire imprimer ma satire contre l'Équivoque; parce qu'en la lisant, les moins éclairés, même de ces petits esprits, ouvriroient peut-être les yeux, et verroient manifestement le peu de rapport qu'il y a de mon style, même en l'âge où je suis, au style bas et rampant de l'auteur de ce pitoyable écrit. Ajoutez à cela que je pouvois mettre à la tête de ma satire, en la donnant au public, un avertissement en manière de préface, où je me justifierois pleinement, et tirerois tout le monde d'erreur; c'est ce que je fais aujourd'hui; et j'espère que le peu que je viens de dire produira l'effet que je me suis proposé. Il ne me reste donc plus maintenant qu'à parler de la satire pour laquelle est fait ce discours.

Je l'ai composée par le caprice du monde le plus bizarre, et par une espèce de dépit et de colère poétique, s'il faut ainsi dire, qui me saisit à l'occasion de ce que je vais raconter. Je me promenois dans mon jardin à Auteuil, et rêvois en marchant à un poëme que je voulois faire contre les mauvais critiques de notre siècle. J'en avois même déja composé quelques vers, dont j'étois assez content. Mais voulant continuer, je m'aperçus qu'il y avoit dans ces vers une équivoque de langue; et m'étant sur-le-champ mis en devoir de la corriger, je n'en pus jamais venir à bout. Cela m'irrita de telle manière, qu'au lieu de m'appliquer davantage à réformer cette équivoque, et de poursuivre mon poëme contre les faux critiques, la folle pensée me vint de faire contre l'équivoque même une satire qui pût me venger de tous les chagrins qu'elle m'a causés depuis que je me mêle d'écrire. Je vis bien que je ne rencontrerois pas de médiocres difficultés à mettre en vers un sujet si sec; et même il s'en présenta d'abord une qui m'arrêta tout court: ce fut de savoir duquel des deux genres, masculin ou féminin, je ferois le mot d'équivoque, beaucoup d'habiles écrivains, ainsi que le remarque Vaugelas, le faisant masculin. Je me déterminai pourtant assez vite au féminin, comme au plus usité des deux: et bien loin que cela empêchât l'exécution de mon projet, je crus que ce ne seroit pas une mauvaise plaisanterie de commencer ma satire par cette difficulté même. C'est ainsi que je m'engageai dans la composition de cet ouvrage. Je croyois d'abord faire tout au plus cinquante ou soixante vers; mais ensuite les pensées me venant en foule, et les choses que j'avois à reprocher à l'équivoque se multipliant à mes yeux, j'ai poussé ces vers jusqu'à près de trois cent cinquante.

C'est au public maintenant à voir si j'ai bien ou mal réussi. Je n'emploierai point ici, non plus que dans les préfaces de mes autres écrits, mon adresse et ma rhétorique à le prévenir en ma faveur. Tout ce que je puis lui dire, c'est que j'ai travaillé cette pièce avec le même soin que toutes mes autres poésies. Une chose pourtant dont il est bon que les jésuites soient avertis, c'est qu'en attaquant l'équivoque je n'ai pas pris ce mot dans toute l'étroite rigueur de sa signification grammaticale; le mot d'équivoque, en ce sens-là, ne voulant dire qu'une ambiguité de paroles; mais que je l'ai pris, comme le prend ordinairement le commun des hommes, pour toutes sortes d'ambiguités de sens, de pensées, d'expressions, et enfin pour tous ces abus et toutes ces méprises de l'esprit humain qui font qu'il prend souvent une chose pour une autre. Et c'est dans ce sens que j'ai dit que l'idolâtrie avoit pris naissance de l'équivoque;

les hommes, à mon avis, ne pouvant pas s'équivoquer plus lourdement que de prendre des pierres, de l'or et du cuivre pour Dieu. J'ajouterai à cela que la Providence divine, ainsi que je l'établis clairement dans ma satire, n'ayant permis chez eux cet horrible aveuglement qu'en punition de ce que leur premier père avoit prêté l'oreille aux promesses du démon, j'ai pu conclure infailliblement que l'idolâtrie est un fruit, ou, pour mieux dire, un véritable enfant de l'équivoque. Je ne vois donc pas qu'on me puisse faire sur cela aucune bonne critique, et surtout ma satire étant un pur jeu d'esprit, où il seroit ridicule d'exiger une précision géométrique de pensées et de paroles.

Mais il y a une autre objection plus importante et plus considérable, qu'on me fera peut-être au sujet des propositions de morale relâchée que j'attaque dans la dernière partie de mon ouvrage. Car ces propositions ayant été, à ce qu'on prétend, avancées par quantité de théologiens, même célèbres, la moquerie que j'en fais peut, dira-t-on, diffamer en quelque sorte ces théologiens, et causer ainsi une espèce de scandale dans l'église. A cela je réponds premièrement qu'il n'y a aucune des propositions que j'attaque qui n'ait été plus d'une fois condamnée par toute l'église, et tout récemment encore par deux des plus grands papes qui aient depuis longtemps rempli le saint-siége. Je dis en second lieu qu'à l'exemple de ces célèbres vicaires de Jésus-Christ, je n'ai point nommé les auteurs de ces propositions ni aucun de ces théologiens dont on dit que je puis causer la diffamation, et contre lesquels même j'avoue que je ne puis rien décider, puisque je n'ai point lu ni ne suis d'humeur à lire leurs écrits : ce qui seroit pourtant absolument nécessaire pour prononcer sur les accusations que l'on forme contre eux, leurs accusateurs pouvant les avoir mal entendus, et s'être trompés dans l'intelligence des passages où ils prétendent que sont ces erreurs dont ils les accusent. Je soutiens en troisième lieu qu'il est contre la droite raison de penser que je puisse exciter quelque scandale dans l'église, en traitant de ridicules des propositions rejetées de toute l'église, et plus dignes encore, par leur absurdité, d'être sifflées de tous les fidèles, que réfutées sérieusement. C'est ce que je me crois obligé de dire pour me justifier. Que si après cela il se trouve encore quelques théologiens qui se figurent qu'en décriant ces propositions j'ai eu en vue de les décrier eux-mêmes, je déclare que cette fausse idée qu'ils ont de moi ne sauroit venir que des mauvais artifices de l'équivoque, qui, pour se venger des injures que je lui dis dans ma pièce, s'efforce d'intéresser dans sa cause ces théologiens, en me faisant penser ce que je n'ai pas pensé, et dire ce que je n'ai point dit.

Voilà, ce me semble, bien des paroles, et peut-être trop de paroles employées pour justifier un aussi peu considérable ouvrage qu'est la satire qu'on va voir. Avant néanmoins que de finir, je ne crois pas me pouvoir dispenser d'apprendre aux lecteurs qu'en attaquant, comme je fais dans ma satire, ces erreurs, je ne me suis point fié à mes seules lumières, mais qu'ainsi que je l'ai pratiqué il y a environ dix ans, à l'égard de mon épître de l'Amour de Dieu, j'ai, non seulement consulté sur mon ouvrage tout ce que je connois de plus habiles docteurs, mais que je l'ai donné à examiner au prélat de l'église qui, par l'étendue de ses connoissances et par l'éminence de sa dignité, est le plus capable et le plus en droit de me prescrire ce que je dois penser sur ces matières; je veux dire M. le cardinal de Noailles, mon archevêque. J'ajouterai que ce pieux et savant cardinal a eu trois semaines ma satire entre les mains, et qu'à mes instantes prières, après l'avoir lue et relue plus d'une fois, il me l'a enfin rendue en me comblant d'éloges, et m'a assuré qu'il n'y avoit trouvé à redire qu'un seul mot, que j'ai corrigé sur-le-champ, et sur lequel je lui ai donné une entière satisfaction. Je me flatte donc qu'avec une approbation si authentique, si sûre et si glorieuse, je puis marcher la tête levée, et dire hardiment des critiques qu'on pourra faire désormais contre la doctrine de mon ouvrage, que ce ne sauroient être que de vaines subtilités d'un tas de misérables sophistes formés dans l'école du mensonge, et aussi affidés amis de l'équivoque, qu'opiniâtres ennemis de Dieu, du bon sens et de la vérité [1].

[1] Brossette prétend que Boileau n'a point eu l'intention d'attaquer les jésuites dans sa satire sur l'Équivoque. « Ce procédé, dit un des commentateurs du satirique (Du Monteil), ne convient guère à un homme qui se fait honneur d'avoir eu ce grand poëte pour ami particulier. Les jésuites ont été plus sincères; ils ont reconnu qu'ils étoient l'objet de cette satire. Tout le monde sait que Boileau ayant commencé de faire imprimer en 1710 une édition de ses œuvres où cette pièce sur l'Équivoque devoit entrer, ils obtinrent un ordre du roi pour empêcher qu'elle ne parût; et cela fit que Boileau ne voulut point que l'on continuât cette nouvelle édition. Par la même raison, on n'a point permis que cette pièce fût insérée dans l'édition posthume de 1713. »

SATIRE XII.

1705.

SUR L'ÉQUIVOQUE.

Du langage françois bizarre hermaphrodite,
De quel genre te faire, équivoque maudite,
Ou maudit? car sans peine aux rimeurs hasardeux
L'usage encor, je crois, laisse le choix des deux.
Tu ne me réponds rien. Sors d'ici, fourbe insigne,
Mâle aussi dangereux que femelle maligne,
Qui crois rendre innocents les discours imposteurs;
Tourment des écrivains, juste effroi des lecteurs;
Par qui de mots confus sans cesse embarrassée
Ma plume, en écrivant, cherche en vain ma pensée.
Laisse-moi; va charmer de tes vains agréments
Les yeux faux et gâtés de tes louches amants;
Et ne viens point ici de ton ombre grossière
Envelopper mon style, ami de la lumière.
Tu sais bien que jamais chez toi, dans mes discours,
Je n'ai d'un faux brillant emprunté le secours :
Fuis donc. Mais non, demeure; un démon qui m'inspire
Veut qu'encore une utile et dernière satire,
De ce pas en mon livre exprimant tes noirceurs,
Se vienne, en nombre pair, joindre à ses onze sœurs;
Et je sens que ta vue échauffe mon audace.
Viens, approche : voyons, malgré l'âge et sa glace,

SATIRE XII.

Si ma muse aujourd'hui, sortant de sa langueur,
Pourra trouver encore un reste de vigueur.
 Mais où tend, dira-t-on, ce projet fantastique?
Ne vaudroit-il pas mieux dans mes vers, moins caus-
Répandre de tes jeux le sel divertissant,   [tique,
Que d'aller contre toi, sur ce ton menaçant,
Pousser jusqu'à l'excès ma critique boutade?
 Je ferois mieux, j'entends, d'imiter Benserade.
C'est par lui qu'autrefois, mise en ton plus beau jour,
Tu sus, trompant les yeux du peuple et de la cour,
Leur faire, à la faveur de tes bluettes folles,
Goûter comme bons mots tes quolibets frivoles.
Mais ce n'est plus le temps : le public détrompé
D'un pareil enjouement ne se sent plus frappé.
Tes bons mots, autrefois délices des ruelles,
Approuvés chez les grands, applaudis chez les belles,
Hors de mode aujourd'hui, chez nos plus froids badins,
Sont des collets montés et des vertugadins [1].
Le lecteur ne sait plus admirer dans Voiture
De ton froid jeu de mots l'insipide figure.
C'est à regret qu'on voit cet auteur si charmant,
Et pour mille beaux traits vanté si justement,
Chez toi toujours cherchant quelque finesse aiguë,
Présenter au lecteur sa pensée ambiguë,
Et souvent du faux sens d'un proverbe affecté
Faire de son discours la piquante beauté.
 Mais laissons là le tort qu'à ses brillants ouvrages
Fit le plat agrément de tes vains badinages.

---

[1] Anciens ajustements de femmes, de l'espagnol *vertugado;* bourrelet placé vers le haut d'une jupe.

SATIRE XII.

Parlons des maux sans fin que ton sens de travers,
Source de toute erreur, sema dans l'univers :
Et, pour les contempler jusque dans leur naissance,
Dès le temps nouveau-né, quand la Toute-Puissance
D'un mot forma le ciel, l'air, la terre, et les flots,
N'est-ce pas toi, voyant le monde à peine éclos,
Qui, par l'éclat trompeur d'une funeste pomme,
Et tes mots ambigus, fis croire au premier homme
Qu'il alloit, en goûtant de ce morceau fatal,
Comblé de tout savoir, à Dieu se rendre égal?
Il en fit sur-le-champ la folle expérience.
Mais tout ce qu'il acquit de nouvelle science
Fut que, triste et honteux de voir sa nudité,
Il sut qu'il n'étoit plus, grace à sa vanité,
Qu'un chétif animal pétri d'un peu de terre,
A qui la faim, la soif, partout faisoient la guerre,
Et qui, courant toujours de malheur en malheur,
A la mort arrivoit enfin par la douleur.
Oui, de tes noirs complots et de ta triste rage
Le genre humain perdu fut le premier ouvrage :
Et bien que l'homme alors parût si rabaissé,
Par toi contre le ciel un orgueil insensé
Armant de ses neveux la gigantesque engeance,
Dieu résolut enfin, terrible en sa vengeance,
D'abîmer sous les eaux tous ces audacieux.
Mais avant qu'il lâchât les écluses des cieux,
Par un fils de Noé fatalement sauvée,
Tu fus, comme serpent, dans l'arche conservée.
Et, d'abord poursuivant tes projets suspendus,
Chez les mortels restants, encor tout éperdus,

SATIRE XII.

De nouveau tu semas tes captieux mensonges,
Et remplis leurs esprits de fables et de songes,
Tes voiles offusquant leurs yeux de toutes parts,
Dieu disparut lui-même à leurs troubles regards.
Alors tout ne fut plus que stupide ignorance,
Qu'impiété sans borne en son extravagance :
Puis, de cent dogmes faux la superstition
Répandant l'idolâtre et folle illusion
Sur la terre en tout lieu disposée à les suivre,
L'art se tailla des dieux d'or, d'argent, et de cuivre;
Et l'artisan lui-même, humblement prosterné
Aux pieds du vain métal par sa main façonné,
Lui demanda les biens, la santé, la sagesse.
Le monde fut rempli de dieux de toute espèce :
On vit le peuple fou qui du Nil boit les eaux
Adorer les serpents, les poissons, les oiseaux;
Aux chiens, aux chats, aux boucs offrir des sacrifices;
Conjurer l'ail, l'ognon, d'être à ses vœux propices;
Et croire follement maître de ses destins
Ces dieux nés du fumier porté dans ses jardins.

 Bientôt te signalant par mille faux miracles,
Ce fut toi qui partout fis parler les oracles :
C'est par ton double sens dans leurs discours jeté
Qu'ils surent, en mentant, dire la vérité,
Et sans crainte, rendant leurs réponses normandes,
Des peuples et des rois engloutir les offrandes.

 Ainsi, loin du vrai jour par toi toujours conduit,
L'homme ne sortit plus de son épaisse nuit.
Pour mieux tromper ses yeux, ton adroit artifice
Fit à chaque vertu prendre le nom d'un vice;

SATIRE XII.

Et par toi, de splendeur faussement revêtu,
Chaque vice emprunta le nom d'une vertu.
Par toi l'humilité devint une bassesse;
La candeur se nomma grossièreté, rudesse :
Au contraire, l'aveugle et folle ambition
S'appela des grands cœurs la belle passion;
Du nom de fierté noble on orna l'impudence,
Et la fourbe passa pour exquise prudence :
L'audace brilla seule aux yeux de l'univers;
Et pour vraiment héros, chez les hommes pervers,
On ne reconnut plus qu'usurpateurs iniques,
Que tyranniques rois censés grands politiques,
Qu'infames scélérats à la gloire aspirants,
Et voleurs revêtus du nom de conquérants.

Mais à quoi s'attacha ta savante malice ?
Ce fut surtout à faire ignorer la justice.
Dans les plus claires lois ton ambiguïté
Répandant son adroite et fine obscurité,
Aux yeux embarrassés des juges les plus sages
Tout sens devint douteux, tout mot eut deux visages;
Plus on crut pénétrer, moins on fut éclairci;
Le texte fut souvent par la glose obscurci :
Et, pour comble de maux, à tes raisons frivoles
L'éloquence prêtant l'ornement des paroles,
Tous les jours accablé sous leur commun effort,
Le vrai passa pour faux, et le bon droit eut tort.
Voilà comme, déchu de sa grandeur première,
Concluons, l'homme enfin perdit toute lumière,
Et, par tes yeux trompeurs se figurant tout voir,
Ne vit, ne sut plus rien, ne put plus rien savoir.

SATIRE XII.

De la raison pourtant, par le vrai Dieu guidée,
Il resta quelque trace encor dans la Judée.
Chez les hommes ailleurs sous ton joug gémissants
Vainement on chercha la vertu, le droit sens :
Car, qu'est-ce, loin de Dieu, que l'humaine sagesse?
Et Socrate, l'honneur de la profane Grèce,
Qu'étoit-il en effet, de près examiné,
Qu'un mortel par lui-même au seul mal entraîné,
Et, malgré la vertu dont il faisoit parade,
Très équivoque ami du jeune Alcibiade?
Oui, j'ose hardiment l'affirmer contre toi,
Dans le monde idolâtre, asservi sous ta loi,
Par l'humaine raison de clarté dépourvue
L'humble et vraie équité fut à peine entrevue;
Et, par un sage altier, au seul faste attaché,
Le bien même accompli souvent fut un péché.
  Pour tirer l'homme enfin de ce désordre extrême,
Il fallut qu'ici bas Dieu, fait homme lui-même,
Vînt du sein lumineux de l'éternel séjour
De tes dogmes trompeurs dissiper le faux jour.
A l'aspect de ce Dieu les démons disparurent;
Dans Delphes, dans Délos, tes oracles se turent :
Tout marqua, tout sentit sa venue en ces lieux;
L'estropié marcha, l'aveugle ouvrit les yeux.
Mais bientôt contre lui ton audace rebelle
Chez la nation même à son culte fidèle
De tous côtés arma tes nombreux sectateurs,
Prêtres, pharisiens, rois, pontifes, docteurs.
C'est par eux que l'on vit la vérité suprême
De mensonge et d'erreur accusée elle-même,

SATIRE XII.

Au tribunal humain le Dieu du ciel traîné,
Et l'auteur de la vie à mourir condamné.
Ta fureur toutefois à ce coup fut déçue,
Et pour toi ton audace eut une triste issue.
Dans la nuit du tombeau ce Dieu précipité
Se releva soudain tout brillant de clarté;
Et partout sa doctrine en peu de temps portée
Fut du Gange et du Nil et du Tage écoutée;
Des superbes autels à leur gloire dressés
Tes ridicules dieux tombèrent renversés :
On vit en mille endroits leurs honteuses statues
Pour le plus bas usage utilement fondues,
Et gémir vainement Mars, Jupiter, Vénus,
Urnes, vases, trépieds, vils meubles devenus.
Sans succomber pourtant tu soutins cet orage,
Et sur l'idolâtrie enfin perdant courage,
Pour embarrasser l'homme en des nœuds plus subtils,
Tu courus chez Satan brouiller de nouveaux fils.

Alors, pour seconder ta triste frénésie,
Arriva de l'enfer ta fille l'hérésie.
Ce monstre, dès l'enfance à ton école instruit,
De tes leçons bientôt te fit goûter le fruit.
Par lui l'erreur, toujours finement apprêtée,
Sortant pleine d'attraits de sa bouche empestée,
De son mortel poison tout courut s'abreuver,
Et l'église elle-même eut peine à s'en sauver.
Elle-même deux fois, presque toute arienne,
Sentit chez soi trembler la vérité chrétienne,
Lorsqu'attaquant le Verbe et sa divinité,
D'une syllabe impie un saint mot augmenté

Remplit tous les esprits d'aigreurs si meurtrières,
Et fit de sang chrétien couler tant de rivières.
Le fidèle, au milieu de ces troubles confus
Quelque temps égaré, ne se reconnut plus;
Et dans plus d'un aveugle et ténébreux concile
Le mensonge parut vainqueur de l'Évangile.
  Mais à quoi bon ici du profond des enfers,
Nouvel historien de tant de maux soufferts,
Rappeler Arius, Valentin et Pélage,
Et tous ces fiers démons que toujours d'âge en âge
Dieu, pour faire éclaircir à fond ses vérités,
A permis qu'aux chrétiens l'enfer ait suscités?
Laissons hurler là bas tous ces damnés antiques,
Et bornons nos regards aux troubles fanatiques
Que ton horrible fille ici sut émouvoir,
Quand Luther et Calvin, remplis de ton savoir,
Et soi-disant choisis pour réformer l'église,
Vinrent du célibat affranchir la prêtrise,
Et, des vœux les plus saints blâmant l'austérité,
Aux moines las du joug rendre la liberté.
Alors n'admettant plus d'autorité visible,
Chacun fut de la foi censé juge infaillible;
Et, sans être approuvé par le clergé romain,
Tout protestant fut pape, une bible à la main.
De cette erreur dans peu naquirent plus de sectes
Qu'en automne on ne voit de bourdonnants insectes
Fondre sur les raisins nouvellement mûris,
Ou qu'en toutes saisons sur les murs, à Paris,
On ne voit affichés de recueils d'amourettes,
De vers, de contes bleus, de frivoles sornettes,

Souvent peu recherchés du public nonchalant,
Mais vantés à coup sûr du Mercure galant.
Ce ne fut plus partout que fous anabaptistes,
Qu'orgueilleux puritains, qu'exécrables déistes;
Le plus vil artisan eut ses dogmes à soi,
Et chaque chrétien fut de différente loi.
La discorde, au milieu de ces sectes altières,
En tout lieu cependant déploya ses bannières;
Et ta fille, au secours des vains raisonnements
Appelant le ravage et les embrasements,
Fit, en plus d'un pays, aux villes désolées
Sous l'herbe en vain chercher leurs églises brûlées.
L'Europe fut un champ de massacre et d'horreur :
Et l'orthodoxe même, aveugle en sa fureur,
De tes dogmes trompeurs nourrissant son idée,
Oublia la douceur aux chrétiens commandée;
Et crut, pour venger Dieu de ses fiers ennemis,
Tout ce que Dieu défend légitime et permis.
Au signal tout à coup donné pour le carnage[1],
Dans les villes, partout, théâtres de leur rage,
Cent mille faux zélés, le fer en main courants,
Allèrent attaquer leurs amis, leurs parents;
Et, sans distinction, dans tout sein hérétique
Pleins de joie enfoncer un poignard catholique :
Car quel lion, quel tigre, égale en cruauté
Une injuste fureur qu'arme la piété?

Ces fureurs, jusqu'ici du vain peuple admirées,
Étoient pourtant toujours de l'église abhorrées;

---

[1] Nuit du 24 août 1572, massacre de la Saint-Barthélemy.

SATIRE XII.

Et, dans ton grand crédit pour te bien conserver,
Il falloit que le ciel parût les approuver :
Ce chef-d'œuvre devoit couronner ton adresse.
Pour y parvenir donc, ton active souplesse,
Dans l'école abusant tes grossiers écrivains,
Fit croire à leurs esprits ridiculement vains
Qu'un sentiment impie, injuste, abominable,
Par deux ou trois d'entre eux réputé soutenable,
Prenoit chez eux un sceau de probabilité
Qui même contre Dieu lui donnoit sûreté;
Et qu'un chrétien pouvoit, rempli de confiance,
Même en le condamnant, le suivre en conscience [1].

C'est sur ce beau principe, admis si follement,
Qu'aussitôt tu posas l'énorme fondement
De la plus dangereuse et terrible morale
Que Lucifer, assis dans sa chaire infernale,
Vomissant contre Dieu ses monstrueux sermons,
Ait jamais enseignée aux novices démons.
Soudain, au grand honneur de l'école païenne,
On entendit prêcher dans l'église chrétienne
Que sous le joug du vice un pécheur abattu
Pouvoit, sans aimer Dieu ni même la vertu,
Par la seule frayeur au sacrement unie,
Admis au ciel, jouir de la gloire infinie;
Et que, les clefs en main, sur ce seul passeport,
Saint Pierre à tous venants devoit ouvrir d'abord.

Ainsi, pour éviter l'éternelle misère,
Le vrai zèle au chrétien n'étant plus nécessaire,

---

[1] *Voyez* Pascal, cinquième lettre provinciale.

Tu sus, dirigeant bien en eux l'intention,
De tout crime laver la coupable action.
Bientôt, se parjurer cessa d'être un parjure;
L'argent à tout denier se prêta sans usure;
Sans simonie, on put, contre un bien temporel,
Hardiment échanger un bien spirituel;
Du soin d'aider le pauvre on dispensa l'avare,
Et même chez les rois le superflu fut rare.
C'est alors qu'on trouva, pour sortir d'embarras,
L'art de mentir tout haut en disant vrai tout bas :
C'est alors qu'on apprit qu'avec un peu d'adresse
Sans crime un prêtre peut vendre trois fois sa messe,
Pourvu que, laissant là son salut à l'écart,
Lui-même en la disant n'y prenne aucune part :
C'est alors que l'on sut qu'on peut pour une pomme,
Sans blesser la justice, assassiner un homme :
Assassiner! ah! non, je parle improprement;
Mais que, prêt à la perdre, on peut innocemment,
Surtout ne la pouvant sauver d'une autre sorte,
Massacrer le voleur qui fuit et qui l'emporte.
Enfin ce fut alors que, sans se corriger,
Tout pécheur... Mais où vais-je aujourd'hui m'engager?
Veux-je d'un pape illustre, armé contre tes crimes,
A tes yeux mettre ici toute la bulle en rimes;
Exprimer tes détours burlesquement pieux
Pour disculper l'impur, le gourmand, l'envieux;
Tes subtils faux-fuyants pour sauver la mollesse,
Le larcin, le duel, le luxe, la paresse;
En un mot, faire voir à fond développés
Tous ces dogmes affreux d'anathème frappés,

Que, sans peur débitant tes distinctions folles,
L'erreur encor pourtant maintient dans tes écoles?

Mais sur ce seul projet soudain puis-je ignorer
A quels nombreux combats il faut me préparer?
J'entends déja d'ici tes docteurs frénétiques
Hautement me compter au rang des hérétiques;
M'appeler scélérat, traître, fourbe, imposteur,
Froid plaisant, faux bouffon, vrai calomniateur;
De Pascal, de Wendrock[1], copiste misérable;
Et, pour tout dire enfin, janséniste exécrable.
J'aurai beau condamner, en tous sens expliqués,
Les cinq dogmes fameux par ta main fabriqués,
Blamer de tes docteurs la morale risible :
C'est, selon eux, prêcher un calvinisme horrible;
C'est nier qu'ici bas par l'amour appelé
Dieu pour tous les humains voulut être immolé.

Prévenons tout ce bruit : trop tard, dans le naufrage,
Confus on se repent d'avoir bravé l'orage.
Halte là donc, ma plume. Et toi, sors de ces lieux,
Monstre à qui, par un trait des plus capricieux,
Aujourd'hui terminant ma course satirique,
J'ai prêté dans mes vers une ame allégorique.
Fuis, va chercher ailleurs tes patrons bien-aimés,
Dans ces pays par toi rendus si renommés,
Où l'Orne épand ses eaux, et que la Sarthe arrose;
Ou, si plus sûrement tu veux gagner ta cause,

---

[1] Nom sous lequel Nicole a publié sa traduction latine des *Provinciales*. Il est nécessaire, pour bien comprendre toute la fin de cette satire, de recourir à l'ouvrage de Pascal.

Porte-la dans Trévoux à ce beau tribunal
Où de nouveaux Midas un sénat monacal,
Tous les mois, appuyé de ta sœur l'Ignorance,
Pour juger Apollon tient, dit-on, sa séance.

ÉPITRES.

AVERTISSEMENT

SUR

L'ÉPITRE PREMIÈRE[1].

Je m'étois persuadé que la fable de l'huître que j'avois mise à la fin de cette épître au roi pourroit y délasser agréablement l'esprit des lecteurs qu'un sublime trop sérieux peut enfin fatiguer, joint que la correction que j'y avois mise sembloit me mettre à couvert d'une faute dont je faisois voir que je m'apercevois le premier. Mais j'avoue qu'il y a eu des personnes de bon sens qui ne l'ont pas approuvée. J'ai néanmoins balancé long-temps si je l'ôterois, parce qu'il y en avoit plusieurs qui la louoient avec autant d'excès que les autres la blâmoient. Mais enfin je me suis rendu à l'autorité d'un prince [2] non moins considérable par les lumières de son esprit que par le nombre de ses victoires. Comme il m'a déclaré franchement que cette fable, quoique très bien contée, ne lui sembloit pas digne du reste de l'ouvrage, je n'ai point résisté, j'ai mis une autre fin à ma pièce[3], et je n'ai pas cru, pour une vingtaine de vers, devoir me brouiller avec le premier capitaine de notre siècle. Au reste, je suis bien aise d'avertir le lecteur qu'il y a quantité de pièces impertinentes qu'on s'efforce de faire courir sous

---

[1] Cet avertissement fut mis à la tête de la seconde édition que l'auteur fit en 1672 de sa première épître.
[2] Le grand Condé. (B.)
[3] Cette fin consiste dans les quarante derniers vers.

AVERTISSEMENT.

mon nom, et entre autres une satire contre les maltôtes ecclésiastiques [1]. Je ne crains pas que les habiles gens m'attribuent toutes ces pièces, parce que mon style, bon ou mauvais, est aisé à reconnoître. Mais comme le nombre des sots est grand, et qu'ils pourroient aisément s'y méprendre, il est bon de leur faire savoir que, hors les onze pièces [2] qui sont dans ce livre, il n'y a rien de moi entre les mains du public ni imprimé ni en manuscrit.

[1] Cette satire est, dit-on, du père Sanlecque, génovéfain, auteur de plusieurs autres écrits du même genre, et notamment d'un poëme *contre les mauvais gestes de ceux qui parlent en public, et surtout des prédicateurs.*

[2] Le discours au roi, les neuf premières satires et l'épître I. (B.)

ÉPITRE PREMIÈRE.

1669.

AU ROI[1].

CONTRE LES CONQUÊTES.

Grand roi, c'est vainement qu'abjurant la satire
Pour toi seul désormais j'avois fait vœu d'écrire.
Dès que je prends la plume, Apollon éperdu
Semble me dire : Arrête, insensé : que fais-tu?
Sais-tu dans quels périls aujourd'hui tu t'engages?
Cette mer où tu cours est célèbre en naufrages.
Ce n'est pas qu'aisément, comme un autre, à ton char
Je ne pusse attacher Alexandre et César;
Qu'aisément je ne pusse, en quelque ode insipide,
T'exalter aux dépens et de Mars et d'Alcide;
Te livrer le Bosphore, et, d'un vers incivil,
Proposer au sultan de te céder le Nil :
Mais, pour te bien louer, une raison sévère
Me dit qu'il faut sortir de la route vulgaire;
Qu'après avoir joué tant d'auteurs différents,
Phébus même auroit peur s'il entroit sur les rangs;
Que par des vers tout neufs, avoués du Parnasse,

---

[1] Cette épître fut composée sur l'invitation de Colbert, qui vouloit éteindre dans l'ame de Louis XIV la passion des conquêtes.

ÉPITRE I.

Il faut de mes dégoûts justifier l'audace;
Et, si ma muse enfin n'est égale à mon roi,
Que je prête aux Cotins des armes contre moi.

Est-ce là cet auteur, l'effroi de la Pucelle,
Qui devoit des bons vers nous tracer le modèle,
Ce censeur, diront-ils, qui nous réformoit tous?
Quoi! ce critique affreux n'en sait pas plus que nous!
N'avons-nous pas cent fois, en faveur de la France,
Comme lui dans nos vers pris Memphis et Byzance,
Sur les bords de l'Euphrate abattu le turban,
Et coupé, pour rimer, les cèdres du Liban?
De quel front aujourd'hui vient-il sur nos brisées,
Se revêtir encor de nos phrases usées?

Que répondrois-je alors? Honteux et rebuté,
J'aurois beau me complaire en ma propre beauté,
Et, de mes tristes vers admirateur unique,
Plaindre, en les relisant, l'ignorance publique :
Quelque orgueil en secret dont s'aveugle un auteur,
Il est fâcheux, grand roi, de se voir sans lecteur,
Et d'aller, du récit de ta gloire immortelle,
Habiller chez Francœur [1] le sucre et la cannelle.
Ainsi, craignant toujours un funeste accident,
J'imite de Conrart [2] le silence prudent :
Je laisse aux plus hardis l'honneur de la carrière,
Et regarde le champ, assis sur la barrière.

Malgré moi toutefois un mouvement secret
Vient flatter mon esprit qui se tait à regret.
Quoi! dis-je tout chagrin, dans ma verve infertile,

---

[1] Fameux épicier. (B.)
[2] Fameux académicien qui n'a jamais rien écrit. (B.)

ÉPITRE I.

Des vertus de mon roi spectateur inutile,
Faudra-t-il sur sa gloire attendre à m'exercer
Que ma tremblante voix commence à se glacer?
Dans un si beau projet, si ma muse rebelle
N'ose le suivre aux champs de Lille et de Bruxelle,
Sans le chercher aux bords de l'Escaut et du Rhin,
La paix l'offre à mes yeux plus calme et plus serein.
Oui, grand roi, laissons là les siéges, les batailles :
Qu'un autre aille en rimant renverser les murailles ;
Et souvent, sur tes pas marchant sans ton aveu,
S'aille couvrir de sang, de poussière et de feu.
A quoi bon, d'une muse au carnage animée,
Échauffer ta valeur déja trop allumée?
Jouissons à loisir du fruit de tes bienfaits,
Et ne nous lassons point des douceurs de la paix.

 Pourquoi ces éléphants, ces armes, ce bagage,
Et ces vaisseaux tout prêts à quitter le rivage?
Disoit au roi Pyrrhus un sage confident [1],
Conseiller très sensé d'un roi très imprudent.
Je vais, lui dit ce prince, à Rome où l'on m'appelle.
Quoi faire? L'assiéger. L'entreprise est fort belle,
Et digne seulement d'Alexandre ou de vous :
Mais, Rome prise enfin, seigneur, où courons-nous?
Du reste des Latins la conquête est facile.
Sans doute, on les peut vaincre : est-ce tout? La Sicile
De là nous tend les bras, et bientôt sans effort
Syracuse reçoit nos vaisseaux dans son port.
Bornez-vous là vos pas? Dès que nous l'aurons prise,

---

[1] Plutarque, dans la *Vie de Pyrrhus*. (B.)

Il ne faut qu'un bon vent, et Carthage est conquise.
Les chemins sont ouverts : qui peut nous arrêter?
Je vous entends, seigneur, nous allons tout dompter :
Nous allons traverser les sables de Libye,
Asservir en passant l'Égypte, l'Arabie,
Courir delà le Gange en de nouveaux pays,
Faire trembler le Scythe aux bords du Tanaïs,
Et ranger sous nos lois tout ce vaste hémisphère.
Mais, de retour enfin, que prétendez-vous faire?
Alors, cher Cinéas, victorieux, contents,
Nous pourrons rire à l'aise, et prendre du bon temps.
Hé, seigneur, dès ce jour, sans sortir de l'Épire,
Du matin jusqu'au soir qui vous défend de rire?
Le conseil étoit sage et facile à goûter :
Pyrrhus vivoit heureux, s'il eût pu l'écouter.
Mais à l'ambition d'opposer la prudence,
C'est aux prélats de cour prêcher la résidence.

   Ce n'est pas que mon cœur, du travail ennemi,
Approuve un fainéant sur le trône endormi :
Mais, quelques vains lauriers que promette la guerre,
On peut être héros sans ravager la terre.
Il est plus d'une gloire. En vain aux conquérants
L'erreur, parmi les rois, donne les premiers rangs;
Entre les grands héros ce sont les plus vulgaires.
Chaque siècle est fécond en heureux téméraires;
Chaque climat produit des favoris de Mars;
La Seine a des Bourbons, le Tibre a des Césars :
On a vu mille fois des fanges méotides
Sortir des conquérants, goths, vandales, gépides.
Mais un roi vraiment roi, qui, sage en ses projets,

ÉPITRE I.

Sache en un calme heureux maintenir ses sujets,
Qui du bonheur public ait cimenté sa gloire,
Il faut pour le trouver courir toute l'histoire.
La terre compte peu de ces rois bienfaisants :
Le ciel à les former se prépare long-temps.
Tel fut cet empereur[1] sous qui Rome adorée
Vit renaître les jours de Saturne et de Rhée;
Qui rendit de son joug l'univers amoureux;
Qu'on n'alla jamais voir sans revenir heureux;
Qui soupiroit le soir, si sa main fortunée
N'avoit par ses bienfaits signalé la journée.
Le cours ne fut pas long d'un empire si doux.

Mais où cherché-je ailleurs ce qu'on trouve chez nous?
Grand roi, sans recourir aux histoires antiques,
Ne t'avons-nous pas vu dans les plaines belgiques,
Quand l'ennemi vaincu, désertant ses remparts,
Au devant de ton joug couroit de toutes parts,
Toi-même te borner, au fort de ta victoire,
Et chercher dans la paix[2] une plus juste gloire?
Ce sont là les exploits que tu dois avouer;
Et c'est par là, grand roi, que je te veux louer.
Assez d'autres sans moi, d'un style moins timide,
Suivront aux champs de Mars ton courage rapide;
Iront de ta valeur effrayer l'univers,
Et camper devant Dôle[3] au milieu des hivers.
Pour moi, loin des combats, sur un ton moins terrible,
Je dirai les exploits de ton règne paisible :

---

[1] Titus.
[2] La paix de 1668. (B.)
[3] Le roi venoit de conquérir la Franche-Comté en plein hiver. (B.)

ÉPITRE I.

Je peindrai les plaisirs en foule renaissants ;
Les oppresseurs du peuple à leur tour gémissants.
On verra par quels soins ta sage prévoyance
Au fort de la famine entretint l'abondance [1] :
On verra les abus par ta main réformés,
La licence et l'orgueil en tous lieux réprimés [2] ;
Du débris des traitants ton épargne grossie [3] ;
Des subsides affreux la rigueur adoucie [4] ;
Le soldat, dans la paix, sage et laborieux [5] ;
Nos artisans grossiers rendus industrieux [6] ;
Et nos voisins frustrés de ces tributs serviles
Que payoit à leur art le luxe de nos villes.
Tantôt je tracerai tes pompeux bâtiments,
Du loisir d'un héros nobles amusements.
J'entends déja frémir les deux mers étonnées [7]
De voir leurs flots unis au pied des Pyrénées.
Déja de tous côtés la Chicane aux abois
S'enfuit au seul aspect de tes nouvelles lois [8].
Oh ! que ta main par là va sauver de pupilles !
Que de savants plaideurs désormais inutiles !
Qui ne sent point l'effet de tes soins généreux ?
L'univers sous ton règne a-t-il des malheureux ?

---

[1] Ce fut en 1663 (B.), — ou plutôt en 1662.

[2] Plusieurs édits donnés pour réformer le luxe. (B.)

[3] La chambre de justice (B.), — établie en 1661 contre les malversations des traitants.

[4] Les tailles furent diminuées de quatre millions. (B.)

[5] Les soldats employés aux travaux publics. (B.)

[6] Établissement en France des manufactures. (B.)

[7] Le canal de Languedoc entrepris en 1664. (B.)

[8] L'ordonnance de 1667, sur la procédure civile. (B.)

ÉPITRE I.

Est-il quelque vertu, dans les glaces de l'ourse,
Ni dans ces lieux brûlés où le jour prend sa source,
Dont la triste indigence ose encore approcher,
Et qu'en foule tes dons [1] d'abord n'aillent chercher?
C'est par toi qu'on va voir les muses enrichies
De leur longue disette à jamais affranchies.
Grand roi, poursuis toujours, assure leur repos.
Sans elles un héros n'est pas long-temps héros :
Bientôt, quoi qu'il ait fait, la mort, d'une ombre noire,
Enveloppe avec lui son nom et son histoire.
En vain, pour s'exempter de l'oubli du cercueil,
Achille mit vingt fois tout Ilion en deuil;
En vain, malgré les vents, aux bords de l'Hespérie,
Énée enfin porta ses dieux et sa patrie :
Sans le secours des vers, leurs noms tant publiés
Seroient depuis mille ans avec eux oubliés.
Non, à quelques hauts faits que ton destin t'appelle,
Sans le secours soigneux d'une muse fidèle
Pour t'immortaliser tu fais de vains efforts.
Apollon te la doit : ouvre-lui tes trésors.
En poëtes fameux rends nos climats fertiles :
Un Auguste aisément peut faire des Virgiles.
Que d'illustres témoins de ta vaste bonté
Vont pour toi déposer à la postérité!

Pour moi qui, sur ton nom déja brûlant d'écrire,
Sens au bout de ma plume expirer la satire,
Je n'ose de mes vers vanter ici le prix.
Toutefois si quelqu'un de mes foibles écrits

[1] Le roi, en 1663, donna des pensions à beaucoup de gens de lettres dans toute l'Europe. (B.)

Des ans injurieux peut éviter l'outrage,
Peut-être pour ta gloire aura-t-il son usage.
Et comme tes exploits, étonnant les lecteurs,
Seront à peine crus sur la foi des auteurs,
Si quelque esprit malin les veut traiter de fables,
On dira quelque jour, pour les rendre croyables :
Boileau, qui, dans ses vers plein de sincérité,
Jadis à tout son siècle a dit la vérité,
Qui mit à tout blâmer son étude et sa gloire,
A pourtant de ce roi parlé comme l'histoire.

ÉPITRE II.

1669.

A M. L'ABBÉ DES ROCHES.

CONTRE LES PLAIDEURS.

   A quoi bon réveiller mes muses endormies,
Pour tracer aux auteurs des règles ennemies?
Penses-tu qu'aucun d'eux veuille subir mes lois,
Ni suivre une raison qui parle par ma voix?
O le plaisant docteur, qui, sur les pas d'Horace,
Vient prêcher, diront-ils, la réforme au Parnasse!
Nos écrits sont mauvais; les siens valent-ils mieux?
J'entends déja d'ici Linière furieux   [terme.
Qui m'appelle au combat sans prendre un plus long
De l'encre, du papier! dit-il; qu'on nous enferme!
Voyons qui de nous deux, plus aisé dans ses vers,
Aura plus tôt rempli la page et le revers!
Moi donc, qui suis peu fait à ce genre d'escrime,
Je le laisse tout seul verser rime sur rime,
Et, souvent de dépit contre moi s'exerçant,
Punir de mes défauts le papier innocent.
Mais toi, qui ne crains point qu'un rimeur te noircisse,
Que fais-tu cependant seul en ton bénéfice?
Attends-tu qu'un fermier, payant, quoiqu'un peu tard,
De ton bien pour le moins daigne te faire part?

ÉPITRE II.

Vas-tu, grand défenseur des droits de ton église,
De tes moines mutins réprimer l'entreprise?
Crois-moi, dût Auzanet [1] t'assurer du succès,
Abbé, n'entreprends point même un juste procès.
N'imite point ces fous dont la sotte avarice
Va de ses revenus engraisser la justice;
Qui, toujours assignant, et toujours assignés,
Souvent demeurent gueux de vingt procès gagnés.
Soutenons bien nos droits : sot est celui qui donne.
C'est ainsi devers Caen que tout Normand raisonne.
Ce sont là les leçons dont un père manseau
Instruit son fils novice au sortir du berceau.
Mais pour toi, qui, nourri bien en deçà de l'Oise,
As sucé la vertu picarde et champenoise,
Non, non, tu n'iras point, ardent bénéficier,
Faire enrouer pour toi Corbin ni le Mazier [2].
Toutefois si jamais quelque ardeur bilieuse
Allumoit dans ton cœur l'humeur litigieuse,
Consulte-moi d'abord, et, pour la réprimer,
Retiens bien la leçon que je te vais rimer.

Un jour, dit un auteur, n'importe en quel chapitre,
Deux voyageurs à jeun rencontrèrent une huître.
Tous deux la contestoient, lorsque dans leur chemin
La Justice passa, la balance à la main.
Devant elle à grand bruit ils expliquent la chose.
Tous deux avec dépens veulent gagner leur cause.
La Justice, pesant ce droit litigieux,
Demande l'huître, l'ouvre, et l'avale à leurs yeux;

---

[1] Fameux avocat au parlement de Paris. (B.)
[2] Deux autres avocats. (B.)

Et par ce bel arrêt terminant la bataille :
Tenez, voilà, dit-elle à chacun, une écaille.
Des sottises d'autrui nous vivons au palais.
Messieurs, l'huître étoit bonne. Adieu. Vivez en paix.

ÉPITRE III.

1673.

A M. ARNAULD, DOCTEUR DE SORBONNE.

LA MAUVAISE HONTE.

Oui, sans peine, au travers des sophismes de Claude[1],
Arnauld, des novateurs tu découvres la fraude,
Et romps de leurs erreurs les filets captieux.
Mais que sert que ta main leur dessille les yeux,
Si toujours dans leur ame une pudeur rebelle,
Près d'embrasser l'église, au prêche les rappelle?
Non, ne crois pas que Claude, habile à se tromper,
Soit insensible aux traits dont tu le sais frapper :
Mais un démon l'arrête, et, quand ta voix l'attire,
Lui dit : Si tu te rends, sais-tu ce qu'on va dire?
Dans son heureux retour lui montre un faux malheur,
Lui peint de Charenton[2] l'hérétique douleur;
Et, balançant Dieu même en son ame flottante,
Fait mourir dans son cœur la vérité naissante.
Des superbes mortels le plus affreux lien,
N'en doutons point, Arnauld, c'est la honte du bien.

---

[1] Il étoit alors occupé à écrire contre le sieur Claude, ministre de Charenton. (B.)

[2] Lieu près de Paris, où ceux de la R. P. R. (religion prétendue réformée) avoient un temple. (B.)

ÉPITRE III.

Des plus nobles vertus cette adroite ennemie
Peint l'honneur à nos yeux des traits de l'infamie;
Asservit nos esprits sous un joug rigoureux,
Et nous rend l'un de l'autre esclaves malheureux.
Par elle la vertu devient lâche et timide.
Vois-tu ce libertin en public intrépide,
Qui prêche contre un Dieu que dans son ame il croit?
Il iroit embrasser la vérité qu'il voit :
Mais de ses faux amis il craint la raillerie,
Et ne brave ainsi Dieu que par poltronnerie.
   C'est là de tous nos maux le fatal fondement.
Des jugements d'autrui nous tremblons follement;
Et, chacun l'un de l'autre adorant les caprices,
Nous cherchons hors de nous nos vertus et nos vices.
Misérables jouets de notre vanité,
Faisons au moins l'aveu de notre infirmité.
A quoi bon, quand la fièvre en nos artères brûle,
Faire de notre mal un secret ridicule?
Le feu sort de vos yeux pétillants et troublés,
Votre pouls inégal marche à pas redoublés;
Quelle fausse pudeur à feindre vous oblige?
Qu'avez-vous? Je n'ai rien. Mais... Je n'ai rien, vous dis-je,
Répondra ce malade à se taire obstiné.
Mais cependant voilà tout son corps gangrené;
Et la fièvre, demain se rendant la plus forte,
Un bénitier aux pieds va l'étendre à la porte.
Prévenons sagement un si juste malheur.
Le jour fatal est proche, et vient comme un voleur.
Avant qu'à nos erreurs le ciel nous abandonne,
Profitons de l'instant que de grace il nous donne.

ÉPITRE III.

Hâtons-nous; le temps fuit [1], et nous traîne avec soi :
Le moment où je parle est déja loin de moi.

Mais quoi, toujours la honte en esclaves nous lie !
Oui, c'est toi qui nous perds, ridicule folie :
C'est toi qui fis tomber le premier malheureux,
Le jour que, d'un faux bien sottement amoureux,
Et n'osant soupçonner sa femme d'imposture,
Au démon, par pudeur, il vendit la nature.
Hélas ! avant ce jour qui perdit ses neveux,
Tous les plaisirs couroient au devant de ses vœux.
La faim aux animaux ne faisoit point la guerre :
Le blé, pour se donner, sans peine ouvrant la terre,
N'attendoit point qu'un bœuf pressé de l'aiguillon
Traçât à pas tardifs un pénible sillon :
La vigne offroit partout des grappes toujours pleines,
Et des ruisseaux de lait serpentoient dans les plaines.
Mais dès ce jour Adam, déchu de son état,
D'un tribut de douleurs paya son attentat.
Il fallut qu'au travail son corps rendu docile
Forçât la terre avare à devenir fertile.
Le chardon importun hérissa les guérets;
Le serpent venimeux rampa dans les forêts;
La canicule en feu désola les campagnes;
L'aquilon en fureur gronda sur les montagnes.
Alors, pour se couvrir durant l'âpre saison,
Il fallut aux brebis dérober leur toison.
La peste en même temps, la guerre et la famine,
Des malheureux humains jurèrent la ruine.

[1] Perse, satire v, v. 153.

Mais aucun de ces maux n'égala les rigueurs
Que la mauvaise honte exerça dans les cœurs.
De ce nid à l'instant sortirent tous les vices.
L'avare, des premiers en proie à ses caprices,
Dans un infame gain mettant l'honnêteté,
Pour toute honte alors compta la pauvreté :
L'honneur et la vertu n'osèrent plus paroître;
La piété chercha les déserts et le cloître.
Depuis on n'a point vu de cœur si détaché
Qui par quelque lien ne tînt à ce péché.
Triste et funeste effet du premier de nos crimes!
Moi-même, Arnauld, ici, qui te prêche en ces rimes,
Plus qu'aucun des mortels par la honte abattu,
En vain j'arme contre elle une foible vertu.
Ainsi toujours douteux, chancelant et volage,
A peine du limon où le vice m'engage
J'arrache un pied timide et sors en m'agitant,
Que l'autre m'y reporte et s'embourbe à l'instant.
Car si, comme aujourd'hui, quelque rayon de zèle
Allume dans mon cœur une clarté nouvelle,
Soudain, aux yeux d'autrui s'il faut la confirmer,
D'un geste, d'un regard, je me sens alarmer;
Et, même sur ces vers que je te viens d'écrire,
Je tremble en ce moment de ce que l'on va dire.

AVERTISSEMENT
SUR L'ÉPITRE IV[1].

Je ne sais si les rangs de ceux qui passèrent le Rhin à la nage devant Tholus sont fort exactement gardés dans le poëme que je donne au public; et je n'en voudrois pas être garant, parce que franchement je n'y étois pas, et que je n'en suis encore que fort médiocrement instruit. Je viens même d'apprendre en ce moment que M. de Soubise[2], dont je ne parle point, est un de ceux qui s'y est le plus signalé. Je m'imagine qu'il en est ainsi de beaucoup d'autres, et j'espère de leur faire justice dans une autre édition. Tout ce que je sais, c'est que ceux dont je fais mention ont passé des premiers. Je ne me déclare donc caution que de l'histoire du fleuve en colère, que j'ai apprise d'une de ses naïades, qui s'est réfugiée dans la Seine. J'aurois bien pu aussi parler de la fameuse rencontre qui suivit le passage : mais je la réserve pour un poëme à part[3]. C'est là que j'espère rendre aux mânes de M. de Longueville[4] l'honneur que tous les écrivains lui doivent, et que je peindrai cette victoire qui fut arrosée du plus illustre sang de l'univers. Mais il faut un peu reprendre haleine pour cela.

[1] Cet avertissement fut mis à la tête de la première édition de cette épître, en 1672.
[2] Il traversa le Rhin à la nage, à la tête des gendarmes de la garde, dont il étoit capitaine lieutenant. (B.)
[3] Ce dessein n'a pas eu d'exécution.
[4] Tué au passage du Rhin.

ÉPITRE IV.

1672.

AU ROI.

LE PASSAGE DU RHIN.

En vain pour te louer ma muse toujours prête
Vingt fois de la Hollande a tenté la conquête :
Ce pays, où cent murs n'ont pu te résister,
Grand roi, n'est pas en vers si facile à dompter.
Des villes que tu prends les noms durs et barbares
N'offrent de toutes parts que syllabes bizarres;
Et, l'oreille effrayée, il faut depuis l'Issel,
Pour trouver un beau mot courir jusqu'au Tessel.
Oui, partout de son nom chaque place munie
Tient bon contre le vers, en détruit l'harmonie.
Et qui peut sans frémir aborder Woërden?
Quel vers ne tomberoit au seul nom de Heusden?
Quelle muse à rimer en tous lieux disposée
Oseroit approcher des bords du Zuiderzée?
Comment en vers heureux assiéger Doësbourg,
Zutphen, Wageninghen, Harderwic, Knotzembourg?
Il n'est fort, entre ceux que tu prends par centaines,
Qui ne puisse arrêter un rimeur six semaines :
Et partout sur le Whal, ainsi que sur le Leck,
Le vers est en déroute, et le poëte à sec.

ÉPITRE IV.

Encor si tes exploits, moins grands et moins rapides,
Laissoient prendre courage à nos muses timides,
Peut-être avec le temps, à force d'y rêver,
Par quelque coup de l'art nous pourrions nous sauver.
Mais, dès qu'on veut tenter cette vaste carrière,
Pégase s'effarouche et recule en arrière :
Mon Apollon s'étonne; et Nimègue est à toi,
Que ma muse est encore au camp devant Orsoi.
   Aujourd'hui toutefois mon zèle m'encourage :
Il faut au moins du Rhin tenter l'heureux passage.
Un trop juste devoir veut que nous l'essayions.
Muses, pour le tracer cherchez tous vos crayons :
Car, puisqu'en cet exploit tout paroît incroyable,
Que la vérité pure y ressemble à la fable,
De tous vos ornements vous pouvez l'égayer.
Venez donc, et surtout gardez bien d'ennuyer :
Vous savez des grands vers les disgraces tragiques;
Et souvent on ennuie en termes magnifiques.
   Au pied du mont Adule [1], entre mille roseaux,
Le Rhin tranquille, et fier du progrès de ses eaux,
Appuyé d'une main sur son urne penchante,
Dormoit au bruit flatteur de son onde naissante :
Lorsqu'un cri tout à coup suivi de mille cris
Vient d'un calme si doux retirer ses esprits.
Il se trouble, il regarde, et partout sur ses rives
Il voit fuir à grands pas ses naïades craintives,
Qui toutes accourant vers leur humide roi
Par un récit affreux redoublent son effroi.

---

[1] Montagne d'où le Rhin prend sa source. (B.)

ÉPITRE IV.

Il apprend qu'un héros, conduit par la victoire,
A de ses bords fameux flétri l'antique gloire;
Que Rhinberg et Wesel, terrassés en deux jours,
D'un joug déja prochain menacent tout son cours.
Nous l'avons vu, dit l'une, affronter la tempête
De cent foudres d'airain tournés contre sa tête.
Il marche vers Tholus, et tes flots en courroux
Au prix de sa fureur sont tranquilles et doux.
Il a de Jupiter la taille et le visage;
Et, depuis ce Romain [1] dont l'insolent passage
Sur un pont en deux jours trompa tous tes efforts,
Jamais rien de si grand n'a paru sur tes bords.

   Le Rhin tremble et frémit à ces tristes nouvelles;
Le feu sort à travers ses humides prunelles.
C'est donc trop peu, dit-il, que l'Escaut en deux mois
Ait appris à couler sous de nouvelles lois;
Et de mille remparts mon onde environnée
De ces fleuves sans nom suivra la destinée !
Ah ! périssent mes eaux ! ou par d'illustres coups
Montrons qui doit céder des mortels ou de nous.

   A ces mots, essuyant sa barbe limoneuse,
Il prend d'un vieux guerrier la figure poudreuse.
Son front cicatricé [2] rend son air furieux;
Et l'ardeur du combat étincelle en ses yeux.
En ce moment il part; et, couvert d'une nue,
Du fameux fort de Skink prend la route connue.

---

[1] Jules César.

[2] Et non *cicatrisé*, comme l'ont écrit plusieurs éditeurs. Un front *cicatricé* est un front couvert de cicatrices; une plaie *cicatrisée* est une plaie qui s'est refermée. *Voyez* le dict. de Boiste.

Là, contemplant son cours, il voit de toutes parts
Ses pâles défenseurs par la frayeur épars :
Il voit cent bataillons qui, loin de se défendre,
Attendent sur des murs l'ennemi pour se rendre.
Confus, il les aborde; et renforçant sa voix :
Grands arbitres, dit-il, des querelles des rois,
Est-ce ainsi que votre ame, aux périls aguerrie,
Soutient sur ces remparts l'honneur et la patrie[1] ?
Votre ennemi superbe, en cet instant fameux,
Du Rhin, près de Tholus, fend les flots écumeux :
Du moins en vous montrant sur la rive opposée
N'oseriez-vous saisir une victoire aisée ?
Allez, vils combattants, inutiles soldats;
Laissez là ces mousquets trop pesants pour vos bras;
Et, la faux à la main, parmi vos marécages,
Allez couper vos joncs et presser vos laitages;
Ou, gardant les seuls bords qui vous peuvent couvrir,
Avec moi, de ce pas, venez vaincre ou mourir.

Ce discours d'un guerrier que la colère enflamme
Ressuscite l'honneur déja mort en leur ame;
Et, leurs cœurs s'allumant d'un reste de chaleur,
La honte fait en eux l'effet de la valeur.
Ils marchent droit au fleuve, où Louis en personne,
Déja prêt à passer, instruit, dispose, ordonne.
Par son ordre Grammont[2], le premier dans les flots
S'avance soutenu des regards du héros :
Son coursier, écumant sous son maître intrépide,
Nage tout orgueilleux de la main qui le guide.

---

[1] Il y avoit sur les drapeaux des Hollandois, *Pro honore et patria*. (B.)
[2] M. le comte de Guiche. (B.)

Revel le suit de près : sous ce chef redouté
Marche des cuirassiers l'escadron indompté.
Mais déja devant eux une chaleur guerrière
Emporte loin du bord le bouillant Lesdiguière [1],
Vivonne, Nantouillet, et Coislin, et Salart;
Chacun d'eux au péril veut la première part:
Vendôme, que soutient l'orgueil de sa naissance,
Au même instant dans l'onde impatient s'élance :
La Salle, Beringhen, Nogent, d'Ambre, Cavois,
Fendent les flots tremblants sous un si noble poids.
Louis, les animant du feu de son courage,
Se plaint de sa grandeur qui l'attache au rivage.
Par ses soins cependant trente légers vaisseaux
D'un tranchant aviron déja coupent les eaux :
Cent guerriers s'y jetant signalent leur audace.
Le Rhin les voit d'un œil qui porte la menace;
Il s'avance en courroux. Le plomb vole à l'instant,
Et pleut de toutes parts sur l'escadron flottant.
Du salpêtre en fureur l'air s'échauffe et s'allume,
Et des coups redoublés tout le rivage fume.
Déja du plomb mortel plus d'un brave est atteint :
Sous les fougueux coursiers l'onde écume et se plaint.
De tant de coups affreux la tempête orageuse
Tient un temps sur les eaux la fortune douteuse.
Mais Louis d'un regard sait bientôt la fixer :
Le destin à ses yeux n'oseroit balancer.
Bientôt avec Grammont courent Mars et Bellone;
Le Rhin à leur aspect d'épouvante frissonne:

[1] M. le comte de Saulx. (B.)

ÉPITRE IV.

Quand, pour nouvelle alarme à ces esprits glacés,
Un bruit s'épand qu'Enghien et Condé sont passés;
Condé, dont le seul nom fait tomber les murailles,
Force les escadrons, et gagne les batailles;
Enghien, de son hymen le seul et digne fruit,
Par lui dès son enfance à la victoire instruit.
L'ennemi renversé fuit et gagne la plaine :
Le dieu lui-même cède au torrent qui l'entraîne,
Et, seul, désespéré, pleurant ses vains efforts,
Abandonne à Louis la victoire et ses bords.

Du fleuve ainsi dompté la déroute éclatante
A Wurts[1] jusqu'en son camp va porter l'épouvante :
Wurts, l'espoir du pays, et l'appui de ses murs;
Wurts... Ah! quel nom, grand roi, quel Hector que ce
Sans ce terrible nom, mal né pour les oreilles, [Wurts!
Que j'allois à tes yeux étaler de merveilles !
Bientôt on eût vu Skink dans mes vers emporté,
De ses fameux remparts démentir la fierté :
Bientôt... Mais Wurts s'oppose à l'ardeur qui m'anime.
Finissons, il est temps : aussi bien si la rime
Alloit mal à propos m'engager dans Arnheim,
Je ne sais pour sortir de porte qu'Hildesheim.

Oh ! que le ciel, soigneux de notre poésie,
Grand roi, ne nous fît-il plus voisins de l'Asie!
Bientôt victorieux de cent peuples altiers,
Tu nous aurois fourni des rimes à milliers.
Il n'est plaine en ces lieux si sèche et si stérile
Qui ne soit en beaux mots partout riche et fertile.

---

[1] Commandant de l'armée ennemie. (B.)

Là, plus d'un bourg fameux par son antique nom
Vient offrir à l'oreille un agréable son.
Quel plaisir de te suivre aux rives du Scamandre;
D'y trouver d'Ilion la poétique cendre;
De juger si les Grecs, qui brisèrent ses tours,
Firent plus en dix ans que Louis en dix jours!
Mais pourquoi sans raison désespérer ma veine?
Est-il dans l'univers de plage si lointaine
Où ta valeur, grand roi, ne te puisse porter,
Et ne m'offre bientôt des exploits à chanter?
Non, non, ne faisons plus de plaintes inutiles :
Puisqu'ainsi dans deux mois tu prends quarante villes,
Assuré des bons vers dont ton bras me répond,
Je t'attends dans deux ans aux bords de l'Hellespont.

ÉPITRE V.

1674.

A M. DE GUILLERAGUES,

SECRÉTAIRE DU CABINET.

SE CONNOITRE SOI-MÊME.

Esprit né pour la cour, et maître en l'art de plaire,
Guilleragues, qui sais et parler et te taire,
Apprends-moi si je dois ou me taire, ou parler.
Faut-il dans la satire encor me signaler,
Et, dans ce champ fécond en plaisantes malices,
Faire encore aux auteurs redouter mes caprices?
Jadis, non sans tumulte, on m'y vit éclater,
Quand mon esprit plus jeune, et prompt à s'irriter,
Aspiroit moins au nom de discret et de sage;
Que mes cheveux plus noirs ombrageoient mon visage :
Maintenant, que le temps a mûri mes désirs,
Que mon âge, amoureux de plus sages plaisirs,
Bientôt s'en va frapper à son neuvième lustre [1],
J'aime mieux mon repos qu'un embarras illustre.
Que d'une égale ardeur mille auteurs animés
Aiguisent contre moi leurs traits envenimés;
Que tout, jusqu'à Pinchêne [2], et m'insulte et m'accable :

---

[1] A la quarante et unième année. (B.)
[2] Pinchêne étoit neveu de Voiture. (B.)

Aujourd'hui vieux lion je suis doux et traitable;
Je n'arme point contre eux mes ongles émoussés.
Ainsi que mes beaux jours mes chagrins sont passés;
Je ne sens plus l'aigreur de ma bile première,
Et laisse aux froids rimeurs une libre carrière.

   Ainsi donc, philosophe à la raison soumis,
Mes défauts désormais sont mes seuls ennemis :
C'est l'erreur que je fuis; c'est la vertu que j'aime.
Je songe à me connoître, et me cherche en moi-même.
C'est là l'unique étude où je veux m'attacher.
Que, l'astrolabe en main, un autre aille chercher
Si le soleil est fixe ou tourne sur son axe,
Si Saturne à nos yeux peut faire un parallaxe;
Que Rohaut[1] vainement sèche pour concevoir
Comment, tout étant plein, tout a pu se mouvoir;
Ou que Bernier[2] compose et le sec et l'humide
Des corps ronds et crochus errant parmi le vide :
Pour moi, sur cette mer qu'ici bas nous courons,
Je songe à me pourvoir d'esquif et d'avirons,
A régler mes désirs, à prévenir l'orage,
Et sauver, s'il se peut, ma raison du naufrage.

   C'est au repos d'esprit que nous aspirons tous;
Mais ce repos heureux se doit chercher en nous.
Un fou rempli d'erreurs, que le trouble accompagne,
Et malade à la ville ainsi qu'à la campagne,
En vain monte à cheval pour tromper son ennui :
Le chagrin monte en croupe, et galope avec lui.

---

[1] Fameux cartésien. (B.)

[2] Célèbre voyageur, qui a composé un abrégé de la philosophie de Gassendi. (B.)

ÉPITRE V.

Que crois-tu qu'Alexandre, en ravageant la terre,
Cherche parmi l'horreur, le tumulte et la guerre?
Possédé d'un ennui qu'il ne sauroit dompter,
Il craint d'être à soi-même, et songe à s'éviter.
C'est là ce qui l'emporte aux lieux où naît l'aurore,
Où le Perse est brûlé de l'astre qu'il adore.

De nos propres malheurs auteurs infortunés,
Nous sommes loin de nous à toute heure entraînés.
A quoi bon ravir l'or au sein du nouveau monde?
Le bonheur tant cherché sur la terre et sur l'onde
Est ici comme aux lieux où mûrit le coco,
Et se trouve à Paris de même qu'à Cusco [1];
On ne le tire point des veines du Potose [2].
Qui vit content de rien possède toute chose.
Mais, sans cesse ignorants de nos propres besoins,
Nous demandons au ciel ce qu'il nous faut le moins.

Oh! que si cet hiver un rhume salutaire,
Guérissant de tous maux mon avare beau-père,
Pouvoit, bien confessé, l'étendre en un cercueil,
Et remplir sa maison d'un agréable deuil!
Que mon ame, en ce jour de joie et d'opulence,
D'un superbe convoi plaindroit peu la dépense!
Disoit le mois passé, doux, honnête et soumis,
L'héritier affamé de ce riche commis
Qui, pour lui préparer cette douce journée,
Tourmenta quarante ans sa vie infortunée.
La mort vient de saisir le vieillard catarrheux :

[1] Capitale du Pérou. (B.)
[2] Potosi, montagne où sont les mines d'argent les plus riches de l'Amérique. (B.)

Voilà son gendre riche; en est-il plus heureux?
Tout fier du faux éclat de sa vaine richesse,
Déja nouveau seigneur il vante sa noblesse.
Quoique fils de meunier, encor blanc du moulin,
Il est prêt à fournir ses titres en vélin.
En mille vains projets à toute heure il s'égare :
Le voilà fou, superbe, impertinent, bizarre,
Rêveur, sombre, inquiet, à soi-même ennuyeux.
Il vivroit plus content si, comme ses aïeux,
Dans un habit conforme à sa vraie origine,
Sur le mulet encore il chargeoit la farine.
   Mais ce discours n'est pas pour le peuple ignorant,
Que le faste éblouit d'un bonheur apparent.
L'argent, l'argent, dit-on; sans lui tout est stérile :
La vertu sans l'argent n'est qu'un meuble inutile.
L'argent en honnête homme érige un scélérat;
L'argent seul au palais peut faire un magistrat.
Qu'importe qu'en tous lieux on me traite d'infame,
Dit ce fourbe sans foi, sans honneur et sans ame;
Dans mon coffre, tout plein de rares qualités,
J'ai cent mille vertus en louis bien comptés.
Est-il quelque talent que l'argent ne me donne?
C'est ainsi qu'en son cœur ce financier raisonne.
Mais pour moi, que l'éclat ne sauroit décevoir,
Qui mets au rang des biens l'esprit et le savoir,
J'estime autant Patru[1], même dans l'indigence,
Qu'un commis engraissé des malheurs de la France.
Non que je sois du goût de ce sage insensé
Qui, d'un argent commode esclave embarrassé,

[1] Fameux avocat, et le meilleur grammairien de son siècle. (B.)

Jeta tout dans la mer [1] pour crier : Je suis libre.
De la droite raison je sens mieux l'équilibre :
Mais je tiens qu'ici bas, sans faire tant d'apprêts,
La vertu se contente et vit à peu de frais.
Pourquoi donc s'égarer en des projets si vagues?
   Ce que j'avance ici, crois-moi, cher Guilleragues,
Ton ami dès l'enfance ainsi l'a pratiqué.
Mon père, soixante ans au travail appliqué,
En mourant me laissa, pour rouler et pour vivre,
Un revenu léger, et son exemple à suivre.
Mais bientôt amoureux d'un plus noble métier,
Fils, frère, oncle, cousin, beau-frère de greffier,
Pouvant charger mon bras d'une utile liasse,
J'allai loin du Palais errer sur le Parnasse.
La famille en pâlit, et vit en frémissant
Dans la poudre du greffe un poëte naissant :
On vit avec horreur une muse effrénée
Dormir chez un greffier la grasse matinée.
Dès lors à la richesse il fallut renoncer.
Ne pouvant l'acquérir, j'appris à m'en passer;
Et surtout redoutant la basse servitude,
La libre vérité fut toute mon étude.
Dans ce métier funeste à qui veut s'enrichir,
Qui l'eût cru que pour moi le sort dût se fléchir?
Mais du plus grand des rois la bonté sans limite,
Toujours prête à courir au devant du mérite,
Crut voir dans ma franchise un mérite inconnu,
Et d'abord de ses dons enfla mon revenu.

---

[1] Aristippe fit cette action; et Diogène conseilla à Cratès, philosophe cynique, de faire la même chose. (B.)

La brigue ni l'envie à mon bonheur contraires,
Ni les cris douloureux de mes vains adversaires,
Ne purent dans leur course arrêter ses bienfaits.
C'en est trop : mon bonheur a passé mes souhaits.
Qu'à son gré désormais la fortune me joue ;
On me verra dormir au branle de sa roue.
　Si quelque soin encore agite mon repos,
C'est l'ardeur de louer un si fameux héros.
Ce soin ambitieux me tirant par l'oreille,
La nuit, lorsque je dors, en sursaut me réveille ;
Me dit que ces bienfaits, dont j'ose me vanter,
Par des vers immortels ont dû se mériter.
C'est là le seul chagrin qui trouble encor mon ame.
Mais si, dans le beau feu du zèle qui m'enflamme,
Par un ouvrage enfin des critiques vainqueur,
Je puis sur ce sujet satisfaire mon cœur,
Guilleragues, plains-toi de mon humeur légère,
Si jamais, entraîné d'une ardeur étrangère,
Ou d'un vil intérêt reconnoissant la loi,
Je cherche mon bonheur autre part que chez moi.

ÉPITRE VI.

1677.

A M. DE LAMOIGNON, AVOCAT GÉNÉRAL.

LA CAMPAGNE ET LA VILLE.

Oui, Lamoignon[1], je fuis les chagrins de la ville,
Et contre eux la campagne est mon unique asile.
Du lieu qui m'y retient veux-tu voir le tableau?
C'est un petit village[2], ou plutôt un hameau,
Bâti sur le penchant d'un long rang de collines,
D'où l'œil s'égare au loin dans les plaines voisines.
La Seine, au pied des monts que son flot vient laver,
Voit du sein de ses eaux vingt îles s'élever,
Qui, partageant son cours en diverses manières,
D'une rivière seule y forment vingt rivières.
Tous ses bords sont couverts de saules non plantés,
Et de noyers souvent du passant insultés.
Le village au dessus forme un amphithéâtre :
L'habitant ne connoît ni la chaux ni le plâtre;
Et dans le roc, qui cède et se coupe aisément,
Chacun sait de sa main creuser son logement.

[1] Chrétien-François de Lamoignon, depuis président à mortier, fils de Guillaume de Lamoignon, premier président du parlement de Paris. (B.)
[2] Hautile, petite seigneurie près de Laroche-Guyon, appartenant à mon neveu l'illustre M. Dongois, greffier en chef du parlement. (B.)

La maison du seigneur, seule un peu plus ornée,
Se présente au dehors de murs environnée.
Le soleil en naissant la regarde d'abord,
Et le mont la défend des outrages du nord.

    C'est là, cher Lamoignon, que mon esprit tranquille
Met à profit les jours que la Parque me file.
Ici dans un vallon bornant tous mes désirs,
J'achète à peu de frais de solides plaisirs :
Tantôt, un livre en main, errant dans les prairies,
J'occupe ma raison d'utiles rêveries :
Tantôt, cherchant la fin d'un vers que je construi,
Je trouve au coin d'un bois le mot qui m'avoit fui :
Quelquefois, aux appas d'un hameçon perfide
J'amorce, en badinant, le poisson trop avide;
Ou d'un plomb qui suit l'œil, et part avec l'éclair,
Je vais faire la guerre aux habitants de l'air.
Une table au retour, propre et non magnifique,
Nous présente un repas agréable et rustique.
Là, sans s'assujétir aux dogmes du Broussain,
Tout ce qu'on boit est bon, tout ce qu'on mange est sain;
La maison le fournit, la fermière l'ordonne,
Et mieux que Bergerat[1] l'appétit l'assaisonne.
O fortuné séjour! ô champs aimés des cieux!
Que, pour jamais foulant vos prés délicieux,
Ne puis-je ici fixer ma course vagabonde,
Et connu de vous seuls, oublier tout le monde!

    Mais à peine, du sein de vos vallons chéris
Arraché malgré moi, je rentre dans Paris,

---

[1] Fameux traiteur. (B.)

ÉPITRE VI.

Qu'en tous lieux les chagrins m'attendent au passage. -
Un cousin, abusant d'un fâcheux parentage,
Veut qu'encor tout poudreux, et sans me débotter,
Chez vingt juges pour lui j'aille solliciter :
Il faut voir de ce pas les plus considérables;
L'un demeure au Marais, et l'autre aux Incurables.
Je reçois vingt avis qui me glacent d'effroi :
Hier, dit-on, de vous on parla chez le roi,
Et d'attentat horrible on traita la satire.
Et le roi, que dit-il? Le roi se prit à rire.
Contre vos derniers vers on est fort en courroux :
Pradon a mis au jour un livre contre vous;
Et chez le chapelier du coin de notre place,
Autour d'un caudebec [1] j'en ai lu la préface :
L'autre jour sur un mot la cour vous condamna :
Le bruit court qu'avant-hier on vous assassina :
Un écrit scandaleux sous votre nom se donne [2] :
D'un pasquin[3] qu'on a fait, au Louvre on vous soup-
Moi? Vous : on nous l'a dit dans le Palais-Royal[4]. [çonne

    Douze ans sont écoulés depuis le jour fatal
Qu'un libraire, imprimant les essais de ma plume,
Donna, pour mon malheur, un trop heureux volume.
Toujours, depuis ce temps, en proie aux sots discours,
Contre eux la vérité m'est un foible secours.

---

[1] Sorte de chapeaux de laine qui se font à Caudebec en Normandie. (B.)

[2] Il s'agit ici d'un sonnet contre le duc de Nevers, à l'occasion de la première représentation de la Phèdre de Racine.

[3] D'une pasquinade.

[4] Allusion aux nouvellistes, qui s'assemblent dans le jardin de ce palais. (B.)

ÉPITRE VI.

Vient-il de la province une satire fade,
D'un plaisant du pays insipide boutade;
Pour la faire courir on dit qu'elle est de moi :
Et le sot campagnard le croit de bonne foi.
J'ai beau prendre à témoin et la cour et la ville :
Non; à d'autres, dit-il; on connoît votre style.
Combien de temps ces vers vous ont-ils bien coûté?
Ils ne sont point de moi, monsieur, en vérité :
Peut-on m'attribuer ces sottises étranges?
Ah, monsieur! vos mépris vous servent de louanges.

    Ainsi de cent chagrins dans Paris accablé,
Juge si, toujours triste, interrompu, troublé,
Lamoignon, j'ai le temps de courtiser les muses.
Le monde cependant se rit de mes excuses,
Croit que, pour m'inspirer sur chaque événement,
Apollon doit venir au premier mandement.

    Un bruit court que le roi va tout réduire en poudre,
Et dans Valencienne est entré comme un foudre;
Que Cambrai, des François l'épouvantable écueil,
A vu tomber enfin ses murs et son orgueil;
Que, devant Saint-Omer, Nassau, par sa défaite,
De Philippe vainqueur [1] rend la gloire complète.
Dieu sait comme les vers chez vous s'en vont couler!
Dit d'abord un ami qui veut me cajoler,
Et, dans ce temps guerrier si fécond en Achilles,
Croit que l'on fait les vers comme l'on prend les villes.
Mais moi, dont le génie est mort en ce moment,
Je ne sais que répondre à ce vain compliment;

---

[1] La bataille de Cassel, gagnée par Monsieur, Philippe de France, frère unique du roi, en 1677. (B.)

Et, justement confus de mon peu d'abondance,
Je me fais un chagrin du bonheur de la France.

Qu'heureux est le mortel qui, du monde ignoré,
Vit content de soi-même en un coin retiré ;
Que l'amour de ce rien qu'on nomme renommée
N'a jamais enivré d'une vaine fumée ;
Qui de sa liberté forme tout son plaisir,
Et ne rend qu'à lui seul compte de son loisir !
Il n'a point à souffrir d'affronts ni d'injustices,
Et du peuple inconstant il brave les caprices.
Mais nous autres faiseurs de livres et d'écrits,
Sur les bords du Permesse aux louanges nourris,
Nous ne saurions briser nos fers et nos entraves,
Du lecteur dédaigneux honorables esclaves.
Du rang où notre esprit une fois s'est fait voir,
Sans un fâcheux éclat nous ne saurions déchoir.
Le public, enrichi du tribut de nos veilles,
Croit qu'on doit ajouter merveilles sur merveilles.
Au comble parvenus il veut que nous croissions :
Il veut en vieillissant que nous rajeunissions.
Cependant tout décroît ; et moi-même à qui l'âge
D'aucune ride encor n'a flétri le visage,
Déja moins plein de feu, pour animer ma voix,
J'ai besoin du silence et de l'ombre des bois :
Ma muse, qui se plaît dans leurs routes perdues,
Ne sauroit plus marcher sur le pavé des rues.
Ce n'est que dans ces bois, propres à m'exciter,
Qu'Apollon quelquefois daigne encor m'écouter.

Ne demande donc plus par quelle humeur sauvage
Tout l'été, loin de toi, demeurant au village,

J'y passe obstinément les ardeurs du lion,
Et montre pour Paris si peu de passion.
C'est à toi, Lamoignon, que le rang, la naissance,
Le mérite éclatant, et la haute éloquence,
Appellent dans Paris aux sublimes emplois,
Qu'il sied bien d'y veiller pour le maintien des lois.
Tu dois là tous tes soins au bien de ta patrie :
Tu ne t'en peux bannir que l'orphelin ne crie;
Que l'oppresseur ne montre un front audacieux :
Et Thémis pour voir clair a besoin de tes yeux.
Mais pour moi, de Paris citoyen inhabile,
Qui ne lui puis fournir qu'un rêveur inutile,
Il me faut du repos, des prés et des forêts.
Laisse-moi donc ici, sous leurs ombrages frais,
Attendre que septembre ait ramené l'automne,
Et que Cérès contente ait fait place à Pomone.
Quand Bacchus comblera de ses nouveaux bienfaits
Le vendangeur ravi de ployer sous le faix,
Aussitôt ton ami, redoutant moins la ville,
T'ira joindre à Paris, pour s'enfuir à Bâville [1].
Là, dans le seul loisir que Thémis t'a laissé,
Tu me verras souvent, à te suivre empressé,
Pour monter à cheval rappelant mon audace,
Apprenti cavalier galoper sur ta trace.
Tantôt sur l'herbe assis, au pied de ces coteaux
Où Polycrène [2] épand ses libérales eaux,

---

[1] Maison de campagne de M. de Lamoignon. (B.)

[2] Fontaine à une demi-lieue de Bâville, ainsi nommée par feu M. le premier président de Lamoignon. (B.) Ce nom, composé de deux mots grecs, signifie *fontaine abondante*.

Lamoignon, nous irons, libres d'inquiétude,
Discourir des vertus dont tu fais ton étude;
Chercher quels sont les biens véritables ou faux;
Si l'honnête homme en soi doit souffrir des défauts;
Quel chemin le plus droit à la gloire nous guide,
Ou la vaste science, ou la vertu solide.
C'est ainsi que chez toi tu sauras m'attacher.
Heureux si les fâcheux, prompts à nous y chercher,
N'y viennent point semer l'ennuyeuse tristesse!
Car, dans ce grand concours d'hommes de toute espèce,
Que sans cesse à Bâville attire le devoir,
Au lieu de quatre amis qu'on attendoit le soir,
Quelquefois de fâcheux arrivent trois volées,
Qui du parc à l'instant assiégent les allées.
Alors sauve qui peut : et quatre fois heureux
Qui sait pour s'échapper quelque antre ignoré d'eux!

ÉPITRE VII.

1677.

A M. RACINE.

LE PROFIT A TIRER DE LA CRITIQUE.

Que tu sais bien, Racine, à l'aide d'un acteur,
Émouvoir, étonner, ravir un spectateur !
Jamais Iphigénie, en Aulide immolée,
N'a coûté tant de pleurs à la Grèce assemblée,
Que dans l'heureux spectacle à nos yeux étalé
En a fait sous son nom verser la Champmêlé[1].
Ne crois pas toutefois, par tes savants ouvrages,
Entraînant tous les cœurs, gagner tous les suffrages.
Sitôt que d'Apollon un génie inspiré
Trouve loin du vulgaire un chemin ignoré,
En cent lieux contre lui les cabales s'amassent ;
Ses rivaux obscurcis autour de lui croassent ;
Et son trop de lumière, importunant les yeux,
De ses propres amis lui fait des envieux.
La mort seule ici bas, en terminant sa vie,
Peut calmer sur son nom l'injustice et l'envie ;
Faire au poids du bon sens peser tous ses écrits,
Et donner à ses vers leur légitime prix.

[1] Célèbre comédienne. (B.)

Avant qu'un peu de terre, obtenu par prière [1],
Pour jamais sous la tombe eût enfermé Molière,
Mille de ses beaux traits, aujourd'hui si vantés,
Furent des sots esprits à nos yeux rebutés.
L'ignorance et l'erreur à ses naissantes pièces,
En habits de marquis, en robes de comtesses,
Venoient pour diffamer son chef-d'œuvre nouveau,
Et secouoient la tête à l'endroit le plus beau.
Le commandeur [2] vouloit la scène plus exacte;
Le vicomte [3] indigné sortoit au second acte :
L'un, défenseur zélé des bigots mis en jeu,
Pour prix de ses bons mots le condamnoit au feu [4];
L'autre, fougueux marquis [5], lui déclarant la guerre,
Vouloit venger la cour immolée au parterre.
Mais, sitôt que d'un trait de ses fatales mains
La Parque l'eut rayé du nombre des humains,
On reconnut le prix de sa muse éclipsée.
L'aimable comédie, avec lui terrassée,
En vain d'un coup si rude espéra revenir,
Et sur ses brodequins ne put plus se tenir.
Tel fut chez nous le sort du théâtre comique.

 Toi donc qui, t'élevant sur la scène tragique,

---

[1] Allusion au refus de sépulture fait, par le curé de Saint-Eustache, aux restes de Molière.

[2] Le commandeur de Souvré; il s'étoit prononcé contre *l'École des femmes*.

[3] Le vicomte du Broussin, qui sortit au second acte de *l'École des femmes*, n'ayant pas, disoit-il, la patience d'écouter une pièce où les règles étoient violées.

[4] Bourdaloue, qui avoit prêché contre *Tartufe*.

[5] Ce marquis se nommoit Plapisson.

ÉPITRE VII.

Suis les pas de Sophocle, et, seul de tant d'esprits,
De Corneille vieilli sais consoler Paris;
Cesse de t'étonner si l'envie animée,
Attachant à ton nom sa rouille envenimée,
La calomnie en main, quelquefois te poursuit.
En cela, comme en tout, le ciel qui nous conduit,
Racine, fait briller sa profonde sagesse.
Le mérite en repos s'endort dans la paresse;
Mais par les envieux un génie excité
Au comble de son art est mille fois monté :
Plus on veut l'affoiblir, plus il croît et s'élance.
Au Cid persécuté Cinna doit sa naissance;
Et peut-être ta plume aux censeurs de Pyrrhus
Doit les plus nobles traits dont tu peignis Burrhus.

 Moi-même, dont la gloire ici moins répandue
Des pâles envieux ne blesse point la vue,
Mais qu'une humeur trop libre, un esprit peu soumis,
De bonne heure a pourvu d'utiles ennemis,
Je dois plus à leur haine, il faut que je l'avoue,
Qu'au foible et vain talent dont la France me loue.
Leur venin, qui sur moi brûle de s'épancher,
Tous les jours en marchant m'empêche de broncher.
Je songe, à chaque trait que ma plume hasarde,
Que d'un œil dangereux leur troupe me regarde.
Je sais sur leurs avis corriger mes erreurs,
Et je mets à profit leurs malignes fureurs.
Sitôt que sur un vice ils pensent me confondre,
C'est en me guérissant que je sais leur répondre :
Et plus en criminel ils pensent m'ériger,
Plus, croissant en vertu, je songe à me venger.

Imite mon exemple; et lorsqu'une cabale,
Un flot de vains auteurs follement te ravale,
Profite de leur haine et de leur mauvais sens,
Ris du bruit passager de leurs cris impuissants.
Que peut contre tes vers une ignorance vaine?
Le Parnasse françois, ennobli par ta veine,
Contre tous ces complots saura te maintenir,
Et soulever pour toi l'équitable avenir.
Et qui, voyant un jour la douleur vertueuse
De Phèdre malgré soi perfide, incestueuse,
D'un si noble travail justement étonné,
Ne bénira d'abord le siècle fortuné
Qui, rendu plus fameux par tes illustres veilles,
Vit naître sous ta main ces pompeuses merveilles?

Cependant laisse ici gronder quelques censeurs
Qu'aigrissent de tes vers les charmantes douceurs.
Et qu'importe à nos vers que Perrin [1] les admire;
Que l'auteur du Jonas s'empresse pour les lire;
Qu'ils charment de Senlis le poëte idiot [2],
Ou le sec traducteur du françois d'Amyot [3] :
Pourvu qu'avec éclat leurs rimes débitées
Soient du peuple, des grands, des provinces, goûtées;
Pourvu qu'ils puissent plaire au plus puissant des rois;
Qu'à Chantilli Condé les souffre quelquefois;
Qu'Enghien en soit touché; que Colbert et Vivonne,
Que la Rochefoucauld, Marsillac et Pomponne,

---

[1] Il a traduit l'Énéide, et a fait le premier opéra qui ait paru en France. (B.)

[2] Linière. (B.)

[3] L'abbé Tallemant.

Et mille autres qu'ici je ne puis faire entrer,
A leurs traits délicats se laissent pénétrer?
Et plût au ciel encor, pour couronner l'ouvrage,
Que Montausier voulût leur donner son suffrage [1] !
   C'est à de tels lecteurs que j'offre mes écrits.
Mais pour un tas grossier de frivoles esprits
Admirateurs zélés de toute œuvre insipide,
Que, non loin de la place où Brioché [2] préside,
Sans chercher dans les vers ni cadence ni son,
Il s'en aille admirer le savoir de Pradon!

[1] Ce vers réconcilia Montausier avec Boileau.
[2] Fameux joueur de marionnettes. (B.)

ÉPITRE VIII.

1675.

AU ROI.

REMERCÎMENT.

Grand roi, cesse de vaincre, ou je cesse d'écrire.
Tu sais bien que mon style est né pour la satire;
Mais mon esprit, contraint de la désavouer,
Sous ton règne étonnant ne veut plus que louer.
Tantôt, dans les ardeurs de ce zèle incommode,
Je songe à mesurer les syllabes d'une ode;
Tantôt, d'une Énéide auteur ambitieux,
Je m'en forme déja le plan audacieux :
Ainsi, toujours flatté d'une douce manie,
Je sens de jour en jour dépérir mon génie;
Et mes vers, en ce style ennuyeux, sans appas,
Déshonorent ma plume, et ne t'honorent pas.
Encor si ta valeur, à tout vaincre obstinée,
Nous laissoit, pour le moins, respirer une année,
Peut-être mon esprit, prompt à ressusciter,
Du temps qu'il a perdu sauroit se racquitter.
Sur ses nombreux défauts, merveilleux à décrire,
Le siècle m'offre encor plus d'un bon mot à dire.
Mais à peine Dinan et Limbourg sont forcés,

ÉPITRE VIII.

Qu'il faut chanter Bouchain et Condé terrassés.
Ton courage, affamé de péril et de gloire,
Court d'exploits en exploits, de victoire en victoire.
Souvent ce qu'un seul jour te voit exécuter
Nous laisse pour un an d'actions à conter.

Que si quelquefois, las de forcer des murailles,
Le soin de tes sujets te rappelle à Versailles,
Tu viens m'embarrasser de mille autres vertus;
Te voyant de plus près, je t'admire encor plus.
Dans les nobles douceurs d'un séjour plein de charmes,
Tu n'es pas moins héros qu'au milieu des alarmes :
De ton trône agrandi portant seul tout le faix,
Tu cultives les arts, tu répands les bienfaits;
Tu sais récompenser jusqu'aux muses critiques.
Ah! crois-moi, c'en est trop. Nous autres satiriques,
Propres à relever les sottises du temps,
Nous sommes un peu nés pour être mécontents :
Notre muse, souvent paresseuse et stérile,
A besoin, pour marcher, de colère et de bile.
Notre style languit dans un remercîment :
Mais, grand roi, nous savons nous plaindre élégam-
  Oh! que, si je vivois sous les règnes sinistres [ment.
De ces rois nés valets de leurs propres ministres,
Et qui, jamais en main ne prenant le timon,
Aux exploits de leur temps ne prêtoient que leur nom;
Que, sans les fatiguer d'une louange vaine,
Aisément les bons mots couleroient de ma veine!
Mais toujours sous ton règne il faut se récrier :
Toujours, les yeux au ciel, il faut remercier.
Sans cesse à t'admirer ma critique forcée

N'a plus en écrivant de maligne pensée;
Et mes chagrins, sans fiel et presque évanouis,
Font grace à tout le siècle en faveur de Louis.
En tous lieux cependant la Pharsale [1] approuvée,
Sans crainte de mes vers va la tête levée;
La licence partout règne dans les écrits :
Déja le mauvais sens reprenant ses esprits
Songe à nous redonner des poëmes épiques [2],
S'empare des discours mêmes académiques :
Perrin a de ses vers obtenu le pardon;
Et la scène françoise est en proie à Pradon.
Et moi, sur ce sujet loin d'exercer ma plume,
J'amasse de tes faits le pénible volume;
Et ma muse, occupée à cet unique emploi,
Ne regarde, n'entend, ne connoît plus que toi.

 Tu le sais bien pourtant, cette ardeur empressée
N'est point en moi l'effet d'une ame intéressée.
Avant que tes bienfaits courussent me chercher,
Mon zèle impatient ne se pouvoit cacher :
Je n'admirois que toi. Le plaisir de le dire
Vint m'apprendre à louer au sein de la satire.
Et, depuis que tes dons sont venus m'accabler,
Loin de sentir mes vers avec eux redoubler,
Quelquefois, le dirai-je! un remords légitime,
Au fort de mon ardeur, vient refroidir ma rime.
Il me semble, grand roi, dans mes nouveaux écrits,

---

[1] La Pharsale de Brébeuf (B.)

[2] *Childebrand* et *Charlemagne*, poëmes qui n'ont point réussi. (B.) Le premier étoit de Carel-de-Sainte-Garde, et le second de Louis-le-Laboureur.

ÉPITRE VIII.

Que mon encens payé n'est plus du même prix.
J'ai peur que l'univers, qui sait ma récompense,
N'impute mes transports à ma reconnoissance;
Et que par tes présents mon vers décrédité
N'ait moins de poids pour toi dans la postérité.
    Toutefois je sais vaincre un remords qui te blesse.
Si tout ce qui reçoit des fruits de ta largesse
A peindre tes exploits ne doit point s'engager,
Qui d'un si juste soin se pourra donc charger?
Ah! plutôt de nos sons redoublons l'harmonie:
Le zèle à mon esprit tiendra lieu de génie.
Horace tant de fois dans mes vers imité,
De vapeurs en son temps, comme moi, tourmenté,
Pour amortir le feu de sa rate indocile,
Dans l'encre quelquefois sut égayer sa bile :
Mais de la même main qui peignit Tullius[1],
Qui d'affronts immortels couvrit Tigellius[2],
Il sut fléchir Glycère, il sut vanter Auguste,
Et marquer sur la lyre une cadence juste.
Suivons les pas fameux d'un si noble écrivain.
A ces mots, quelquefois prenant la lyre en main,
Au récit que pour toi je suis près d'entreprendre,
Je crois voir les rochers accourir pour m'entendre;
Et déja mon vers coule à flots précipités,
Quand j'entends le lecteur qui me crie : Arrêtez;
Horace eut cent talents; mais la nature avare
Ne vous a rien donné qu'un peu d'humeur bizarre :

---

[1] Sénateur romain. César l'exclut du sénat; mais il y rentra après sa mort. (B.)
[2] Fameux musicien, fort chéri d'Auguste. (B.)

Vous passez en audace et Perse et Juvénal;
Mais sur le ton flatteur Pinchêne est votre égal.
A ce discours, grand roi, que pourrois-je répondre?
Je me sens sur ce point trop facile à confondre;
Et, sans trop relever des reproches si vrais,
Je m'arrête à l'instant, j'admire, et je me tais.

ÉPITRE IX.

1675.

A M. LE MARQUIS DE SEIGNELAY,

SECRÉTAIRE D'ÉTAT.

RIEN N'EST BEAU QUE LE VRAI.

Dangereux ennemi de tout mauvais flatteur,
Seignelay [1], c'est en vain qu'un ridicule auteur,
Prêt à porter ton nom de l'Èbre [2] jusqu'au Gange [3],
Croit te prendre aux filets d'une sotte louange.
Aussitôt ton esprit, prompt à se révolter,
S'échappe, et rompt le piége où l'on veut l'arrêter.
Il n'en est pas ainsi de ces esprits frivoles
Que tout flatteur endort au son de ses paroles;
Qui, dans un vain sonnet placés au rang des dieux,
Se plaisent à fouler l'Olympe radieux;
Et, fiers du haut étage où La Serre [4] les loge,
Avalent sans dégoût le plus grossier éloge.
Te ne te repais point d'encens à si bas prix.

---

[1] Jean-Baptiste Colbert, ministre et secrétaire d'état, mort en 1690, fils de Jean-Baptiste Colbert, ministre et secrétaire d'état. (B.)
[2] Rivière d'Espagne. (B.)
[3] Rivière des Indes. (B.)
[4] Sous le titre de *Portraits*, La Serre composoit des éloges en vers et en prose.

Non que tu sois pourtant de ces rudes esprits
Qui regimbent toujours, quelque main qui les flatte.
Tu souffres la louange adroite et délicate
Dont la trop forte odeur n'ébranle point les sens.
Mais un auteur novice à répandre l'encens
Souvent à son héros, dans un bizarre ouvrage,
Donne de l'encensoir au travers du visage;
Va louer Monterey [1] d'Oudenarde forcé,
Ou vante aux électeurs Turenne repoussé.
Tout éloge imposteur blesse une ame sincère.
Si, pour faire sa cour à ton illustre père,
Seignelay, quelque auteur, d'un faux zèle emporté,
Au lieu de peindre en lui la noble activité,
La solide vertu, la vaste intelligence,
Le zèle pour son roi, l'ardeur, la vigilance,
La constante équité, l'amour pour les beaux arts,
Lui donnoit les vertus d'Alexandre ou de Mars;
Et, pouvant justement l'égaler à Mécène,
Le comparoit au fils de Pélée [2] ou d'Alcmène [3] :
Ses yeux, d'un tel discours foiblement éblouis,
Bientôt dans ce tableau reconnoîtroient Louis;
Et, glaçant d'un regard la muse et le poëte,
Imposeroient silence à sa verve indiscrète.
 Un cœur noble est content de ce qu'il trouve en lui,
Et ne s'applaudit point des qualités d'autrui.
Que me sert en effet qu'un admirateur fade
Vante mon embonpoint, si je me sens malade;

[1] Gouverneur des Pays-Bas. (B.)
[2] Achille. (B.)
[3] Hercule. (B.)

Si dans cet instant même un feu séditieux
Fait bouillonner mon sang et pétiller mes yeux?
Rien n'est beau que le vrai : le vrai seul est aimable;
Il doit régner partout, et même dans la fable :
De toute fiction l'adroite fausseté
Ne tend qu'à faire aux yeux briller la vérité.

 Sais-tu pourquoi mes vers sont lus dans les provinces,
Sont recherchés du peuple, et reçus chez les princes?
Ce n'est pas que leurs sons, agréables, nombreux,
Soient toujours à l'oreille également heureux;
Qu'en plus d'un lieu le sens n'y gêne la mesure,
Et qu'un mot quelquefois n'y brave la césure :
Mais c'est qu'en eux le vrai, du mensonge vainqueur,
Partout se montre aux yeux, et va saisir le cœur;
Que le bien et le mal y sont prisés au juste;
Que jamais un faquin n'y tint un rang auguste;
Et que mon cœur, toujours conduisant mon esprit,
Ne dit rien aux lecteurs, qu'à soi-même il n'ait dit.
Ma pensée au grand jour partout s'offre et s'expose;
Et mon vers, bien ou mal, dit toujours quelque chose.
C'est par là quelquefois que ma rime surprend :
C'est là ce que n'ont point Jonas [1] ni Childebrand [2],
Ni tous ces vains amas de frivoles sornettes,
Montre, Miroir d'amours, Amitiés, Amourettes [3],
Dont le titre souvent est l'unique soutien,
Et qui, parlant beaucoup, ne disent jamais rien.

 [1] Poëme de Coras.
 [2] Poëme de Sainte-Garde.
 [3] La *Montre*, mélange de vers et de prose, par Bonnecorse. — Le *Miroir d'amour*, par Ch. Perrault. — *Amitiés, Amours et Amourettes*, par Le Pays.

Mais peut-être, enivré des vapeurs de ma muse,
Moi-même en ma faveur, Seignelay, je m'abuse.
Cessons de nous flatter. Il n'est esprit si droit
Qui ne soit imposteur et faux par quelque endroit :
Sans cesse on prend le masque, et, quittant la nature,
On craint de se montrer sous sa propre figure.
Par là le plus sincère assez souvent déplaît.
Rarement un esprit ose être ce qu'il est.
Vois-tu cet importun que tout le monde évite;
Cet homme à toujours fuir, qui jamais ne vous quitte?
Il n'est pas sans esprit : mais, né triste et pesant,
Il veut être folâtre, évaporé, plaisant;
Il s'est fait de sa joie une loi nécessaire,
Et ne déplaît enfin que pour vouloir trop plaire.
  La simplicité plaît sans étude et sans art.
Tout charme en un enfant dont la langue sans fard,
A peine du filet encor débarrassée,
Sait d'un air innocent bégayer sa pensée.
Le faux est toujours fade, ennuyeux, languissant :
Mais la nature est vraie, et d'abord on la sent;
C'est elle seule en tout qu'on admire et qu'on aime.
Un esprit né chagrin plaît par son chagrin même.
Chacun pris dans son air est agréable en soi :
Ce n'est que l'air d'autrui qui peut déplaire en moi.
  Ce marquis étoit né doux, commode, agréable [1] :
On vantoit en tous lieux son ignorance aimable.
Mais, depuis quelques mois devenu grand docteur,
Il a pris un faux air, une sotte hauteur :

---

[1] On applique ce portrait au comte de Fiesque.

Il ne veut plus parler que de rime et de prose;
Des auteurs décriés il prend en main la cause;
Il rit du mauvais goût de tant d'hommes divers,
Et va voir l'Opéra seulement pour les vers.
Voulant se redresser, soi-même on s'estropie,
Et d'un original on fait une copie.
L'ignorance vaut mieux qu'un savoir affecté.
Rien n'est beau, je reviens, que par la vérité:
C'est par elle qu'on plaît, et qu'on peut long-temps plaire.
L'esprit lasse aisément, si le cœur n'est sincère.
En vain par sa grimace un bouffon odieux
A table nous fait rire, et divertit nos yeux:
Ses bons mots ont besoin de farine et de plâtre.
Prenez-le tête à tête, ôtez-lui son théâtre;
Ce n'est plus qu'un cœur bas, un coquin ténébreux:
Son visage essuyé n'a plus rien que d'affreux [1].
J'aime un esprit aisé qui se montre, qui s'ouvre,
Et qui plaît d'autant plus que plus il se découvre.
Mais la seule vertu peut souffrir la clarté:
Le vice, toujours sombre, aime l'obscurité;
Pour paroître au grand jour il faut qu'il se déguise:
C'est lui qui de nos mœurs a banni la franchise.

 Jadis l'homme vivoit au travail occupé,
Et, ne trompant jamais, n'étoit jamais trompé:
On ne connoissoit point la ruse et l'imposture;
Le Normand même alors ignoroit le parjure:
Aucun rhéteur encore, arrangeant le discours,
N'avoit d'un art menteur enseigné les détours.

---

[1] On prétend que ces vers s'appliquoient à Lulli.

ÉPITRE IX.

Mais sitôt qu'aux humains, faciles à séduire,
L'abondance eût donné le loisir de se nuire,
La mollesse amena la fausse vanité.
Chacun chercha pour plaire un visage emprunté :
Pour éblouir les yeux, la fortune arrogante
Affecta d'étaler une pompe insolente;
L'or éclata partout sur les riches habits;
On polit l'émeraude, on tailla le rubis;
Et la laine et la soie, en cent façons nouvelles,
Apprirent à quitter leurs couleurs naturelles :
La trop courte beauté monta sur des patins :
La coquette tendit ses lacs tous les matins;
Et, mettant la céruse et le plâtre en usage,
Composa de sa main les fleurs de son visage :
L'ardeur de s'enrichir chassa la bonne foi :
Le courtisan n'eut plus de sentiments à soi.
Tout ne fut plus que fard, qu'erreur, que tromperie :
On vit partout régner la basse flatterie.
Le Parnasse surtout, fécond en imposteurs,
Diffama le papier par ses propos menteurs.
De là vint cet amas d'ouvrages mercenaires,
Stances, odes, sonnets, épîtres liminaires,
Où toujours le héros passe pour sans pareil,
Et, fût-il louche ou borgne, est réputé soleil[1].

Ne crois pas toutefois, sur ce discours bizarre,
Que, d'un frivole encens malignement avare,
J'en veuille sans raison frustrer tout l'univers.
La louange agréable est l'ame des beaux vers :

---

[1] Ménage, dans une églogue intitulée *Christine*, avoit comparé au soleil le surintendant des finances Abel Servien, qui étoit borgne.

ÉPITRE IX.

Mais je tiens, comme toi, qu'il faut qu'elle soit vraie,
Et que son tour adroit n'ait rien qui nous effraie.
Alors, comme j'ai dit, tu la sais écouter,
Et sans crainte à tes yeux on pourroit t'exalter.
Mais, sans t'aller chercher des vertus dans les nues,
Il faudroit peindre en toi des vérités connues :
Décrire ton esprit ami de la raison ;
Ton ardeur pour ton roi puisée en ta maison ;
A servir ses desseins ta vigilance heureuse ;
Ta probité sincère, utile, officieuse.
Tel, qui hait à se voir peint en de faux portraits,
Sans chagrin voit tracer ses véritables traits.
Condé même [1], Condé, ce héros formidable,
Et, non moins qu'aux Flamands, aux flatteurs redou-
Ne s'offenseroit pas si quelque adroit pinceau [table,
Traçoit de ses exploits le fidèle tableau ;
Et, dans Senef [2] en feu contemplant sa peinture,
Ne désavoueroit pas Malherbe ni Voiture.
Mais malheur au poëte insipide, odieux,
Qui viendroit le glacer d'un éloge ennuyeux !
Il auroit beau crier : « Premier prince du monde !
« Courage sans pareil ! lumière sans seconde [3] ! »
Ses vers, jetés d'abord sans tourner le feuillet,
Iroient dans l'antichambre amuser Pacolet [4].

---

[1] Louis de Bourbon, prince de Condé, mort en 1686. (B.)
[2] Combat fameux de monseigneur le prince. (B.)
[3] Commencement du poëme de *Charlemagne*. (B.)
[4] Fameux valet de pied de monseigneur le prince. (B.)

PRÉFACE

POUR

LES TROIS DERNIÈRES ÉPITRES.

1695.

Je ne sais si les trois nouvelles épîtres que je donne ici au public auront beaucoup d'approbateurs : mais je sais bien que mes censeurs y trouveront abondamment de quoi exercer leur critique; car tout y est extrêmement hasardé. Dans le premier de ces trois ouvrages, sous prétexte de faire le procès à mes derniers vers, je fais moi-même mon éloge, et n'oublie rien de ce qui peut être dit à mon avantage; dans le second, je m'entretiens avec mon jardinier de choses très basses et très petites; et dans le troisième, je décide hautement du plus grand et du plus important point de la religion, je veux dire de l'amour de Dieu. J'ouvre donc un beau champ à ces censeurs pour attaquer en moi et le poëte orgueilleux, et le villageois grossier, et le théologien téméraire. Quelque fortes pourtant que soient leurs attaques, je doute qu'elles ébranlent la ferme résolution que j'ai prise il y a long-temps de ne rien répondre, au moins sur le ton sérieux, à tout ce qu'ils écriront contre moi.

A quoi bon en effet perdre inutilement du papier? Si mes épîtres sont mauvaises, tout ce que je dirai ne les fera pas trouver bonnes; et si elles sont bonnes, tout ce qu'ils diront ne les fera pas trouver mauvaises. Le public n'est pas un juge qu'on puisse corriger, ni qui se règle par les passions d'autrui. Tout ce bruit, tous ces écrits qui se font ordinairement contre des ouvrages où l'on court, ne servent qu'à y faire encore plus courir, et à en mieux marquer le mérite. Il est de l'essence d'un bon livre d'avoir des censeurs ; et la plus grande disgrace qui puisse arriver à un écrit qu'on met au jour, ce n'est pas que beaucoup de gens en disent du mal, c'est que personne n'en dise rien.

Je me garderai donc bien de trouver mauvais qu'on attaque mes trois épîtres. Ce qu'il y a de certain, c'est que je les ai fort travaillées, et principalement celle de l'amour de Dieu, que j'ai retouchée plus d'une fois, et où j'avoue que j'ai employé tout le peu que je puis avoir d'esprit et de lumières. J'avois dessein d'abord de la donner toute seule, les deux autres me paroissant trop frivoles pour être présentées au grand jour de l'impression avec un ouvrage si sérieux. Mais des amis très sensés m'ont fait comprendre que ces deux épîtres, quoique dans le style enjoué, étoient pourtant des épîtres morales, où il n'étoit rien enseigné que de vertueux ; qu'ainsi étant liées avec l'autre, bien loin de lui nuire, elles pourroient même faire une diversité agréable ; et que d'ailleurs beaucoup d'honnêtes gens souhaitant de les avoir toutes trois ensemble, je ne pouvois pas avec bienséance me dispenser de leur donner une si légère satisfaction. Je me suis rendu à ce sentiment, et on les trouvera rassemblées ici dans un même cahier. Cependant comme il y a des gens de piété qui peut-être ne se soucieront guère de lire les entretiens que je puis avoir avec mon jardinier et avec mes vers, il est bon de les avertir qu'il y a ordre de leur distribuer à part la dernière, savoir celle qui traite de l'amour de Dieu ; et que non seulement je ne trouverai pas étrange qu'ils ne lisent que celle-là, mais que je me sens quelquefois moi-même en des dispositions d'esprit où je voudrois de bon cœur n'avoir de ma vie composé que ce seul ouvrage, qui vraisemblablement sera la dernière pièce de poésie qu'on aura de moi, mon génie pour les vers commençant à s'épuiser, et mes emplois historiques ne me laissant guère le temps de m'appliquer à chercher et à ramasser des rimes.

Voilà ce que j'avois à dire aux lecteurs. Avant néanmoins que de finir cette préface, il ne sera pas hors de propos, ce me semble, de rassurer des personnes timides, qui, n'ayant pas une fort grande idée de ma capacité en matière de théologie, douteront peut-être que tout ce que j'avance en mon épître soit fort infaillible, et appréhenderont qu'en voulant les conduire je ne les égare. Afin donc qu'elles marchent sûrement, je leur dirai, vanité à part, que j'ai lu plusieurs fois cette épître à un fort grand nombre de docteurs de Sorbonne, de pères de l'Oratoire, et de jésuites très célèbres, qui tous y ont applaudi, et en ont trouvé la doctrine très saine et très pure : que beaucoup de prélats illustres à qui je l'ai récitée en ont jugé comme eux : que monseigneur l'évêque de Meaux[1], c'est-à-dire une des plus grandes lumières qui aient éclairé l'église dans les derniers siècles, a eu long-temps mon ouvrage entre les mains; et qu'après l'avoir lu et relu plusieurs fois, il m'a non seulement donné son approbation, mais a trouvé bon que je publiasse à tout le monde qu'il me la donnoit : enfin, que, pour mettre le comble à ma gloire, ce saint archevêque[2] dans le diocèse duquel j'ai le bonheur de me trouver; ce grand prélat, dis-je, aussi éminent en doctrine et en vertus qu'en dignité et en naissance,

---

[1] Jacques-Bénigne Bossuet. (B.)
[2] Louis-Antoine de Noailles, cardinal, archevêque de Paris. (B.)

que le plus grand roi de l'univers, par un choix visiblement inspiré du ciel, a donné à la ville capitale de son royaume, pour assurer l'innocence et pour détruire l'erreur, monseigneur l'archevêque de Paris, en un mot, a bien daigné aussi examiner soigneusement mon épître, et a eu même la bonté de me donner sur plus d'un endroit des conseils que j'ai suivis, et m'a enfin accordé aussi son approbation, avec des éloges dont je suis également ravi et confus.

Au reste, comme il y a des gens qui ont publié que mon épître n'étoit qu'une vaine déclamation qui n'attaquoit rien de réel ni qu'aucun homme eût jamais avancé, je veux bien, pour l'intérêt de la vérité, mettre ici la proposition que j'y combats, dans la langue et dans les termes qu'on la soutient en plus d'une école. La voici : *Attritio ex gehennæ metu sufficit, etiam sine ulla Dei dilectione, et sine ullo ad Deum offensum respectu; quia talis honesta et supernaturalis est*[1]. C'est cette proposition que j'attaque et que je soutiens fausse, abominable, et plus contraire à la vraie religion que le luthéranisme ni le calvinisme. Cependant je ne crois pas qu'on puisse nier qu'on ne l'ait encore soutenue depuis peu, et qu'on ne l'ait même insérée dans quelques catéchismes en des mots fort approchants des termes latins que je viens de rapporter.

---

[1] « L'attrition qui naît de la crainte de l'enfer suffit, même sans aucun amour de Dieu, et sans aucun rapport à ce Dieu qu'on a offensé, parce qu'une attrition pareille est honnête et surnaturelle. »

ÉPITRE X.

1695.

A MES VERS[1].

DÉTAILS DE LA VIE DE L'AUTEUR.

J'ai beau vous arrêter, ma remontrance est vaine;
Allez, partez, mes Vers, dernier fruit de ma veine.
C'est trop languir chez moi dans un obscur séjour :
La prison vous déplaît, vous cherchez le grand jour;
Et déja chez Barbin [2], ambitieux libelles,
Vous brûlez d'étaler vos feuilles criminelles.
Vains et foibles enfants dans ma vieillesse nés,
Vous croyez, sur les pas de vos heureux aînés,
Voir bientôt vos bons mots, passant du peuple aux princes,
Charmer également la ville et les provinces;
Et, par le prompt effet d'un sel réjouissant,
Devenir quelquefois proverbes en naissant.
Mais perdez cette erreur dont l'appât vous amorce :
Le temps n'est plus, mes Vers, où ma muse en sa force,
Du Parnasse françois formant les nourrissons,
De si riches couleurs habilloit ses leçons;
Quand mon esprit, poussé d'un courroux légitime,
Vint devant la raison plaider contre la rime;
A tout le genre humain sut faire le procès,

[1] Cette pièce est imitée d'Horace, liv. 1, ép. xx.
[2] Libraire du Palais. (B.)

Et s'attaqua soi-même avec tant de succès.
Alors il n'étoit point de lecteur si sauvage
Qui ne se déridât en lisant mon ouvrage,
Et qui, pour s'égayer, souvent dans ses discours,
D'un mot pris en mes vers n'empruntât le secours.

   Mais aujourd'hui qu'enfin la vieillesse venue,
Sous mes faux[1] cheveux blonds déja toute chenue,
A jeté sur ma tête, avec ses doigts pesants,
Onze lustres complets, surchargés de trois ans,
Cessez de présumer dans vos folles pensées,
Mes Vers, de voir en foule à vos rimes glacées
Courir, l'argent en main, les lecteurs empressés.
Nos beaux jours sont finis, nos honneurs sont passés ;
Dans peu vous allez voir vos froides rêveries
Du public exciter les justes moqueries ;
Et leur auteur, jadis à Regnier préféré,
A Pinchêne, à Linière, à Perrin comparé.
Vous aurez beau crier : « O vieillesse ennemie !
« N'a-t-il donc tant vécu que pour cette infamie[2] ? »
Vous n'entendrez partout qu'injurieux brocards
Et sur vous et sur lui fondre de toutes parts.

   Que veut-il ? dira-t-on ; quelle fougue indiscrète
Ramène sur les rangs encor ce vain athlète ?
Quels pitoyables vers ! quel style languissant !
Malheureux, laisse en paix ton cheval vieillissant,
De peur que tout à coup, efflanqué, sans haleine,
Il ne laisse, en tombant, son maître sur l'arène.
Ainsi s'expliqueront nos censeurs sourcilleux.

[1] L'auteur avoit pris perruque. (B.)
[2] Vers du Cid. (B.)

Et bientôt vous verrez mille auteurs pointilleux,
Pièce à pièce épluchant vos sons et vos paroles,
Interdire chez vous l'entrée aux hyperboles;
Traiter tout noble mot de terme hasardeux,
Et dans tous vos discours, comme monstres hideux,
Huer la métaphore et la métonymie,
Grands mots que Pradon croit des termes de chimie;
Vous soutenir qu'un lit ne peut être effronté[1];
Que nommer la luxure est une impureté.
En vain contre ce flot d'aversion publique
Vous tiendrez quelque temps ferme sur la boutique;
Vous irez à la fin, honteusement exclus,
Trouver au magasin Pyrame et Régulus[2],
Ou couvrir chez Thierry, d'une feuille encor neuve,
Les méditations de Buzée et d'Hayneuve[3];
Puis, en tristes lambeaux semés dans les marchés,
Souffrir tous les affronts au Jonas reprochés[4].

Mais quoi! de ces discours bravant la vaine attaque,
Déja, comme les vers de Cinna, d'Andromaque,
Vous croyez à grands pas chez la postérité
Courir, marqués au coin de l'immortalité!
Hé bien, contentez donc l'orgueil qui vous enivre;
Montrez-vous, j'y consens : mais du moins, dans mon livre,
Commencez par vous joindre à mes premiers écrits.
C'est là qu'à la faveur de vos frères chéris,

---

[1] Terme de la dixième satire, v. 395. (B.)
[2] Pièces de théâtre de Pradon. (B.)
[3] Jésuites auteurs de *Méditations pieuses*.
[4] Poëme héroïque non vendu. (B.)

ÉPITRE X.

Peut-être enfin soufferts comme enfants de ma plume,
Vous pourrez vous sauver, épars dans le volume.
Que si mêmes un jour, le lecteur gracieux,
Amorcé par mon nom, sur vous tourne les yeux,
Pour m'en récompenser, mes Vers, avec usure,
De votre auteur alors faites-lui la peinture :
Et surtout prenez soin d'effacer bien les traits
Dont tant de peintres faux ont flétri mes portraits.
Déposez hardiment qu'au fond cet homme horrible,
Ce censeur qu'ils ont peint si noir et si terrible,
Fut un esprit doux, simple, ami de l'équité,
Qui, cherchant dans ses vers la seule vérité,
Fit, sans être malin, ses plus grandes malices,
Et qu'enfin sa candeur seule a fait tous ses vices.
Dites que, harcelé par les plus vils rimeurs,
Jamais, blessant leurs vers, il n'effleura leurs mœurs :
Libre dans ses discours, mais pourtant toujours sage,
Assez foible de corps, assez doux de visage,
Ni petit, ni trop grand, très peu voluptueux,
Ami de la vertu plutôt que vertueux.
  Que si quelqu'un, mes Vers, alors vous importune
Pour savoir mes parents, ma vie et ma fortune,
Contez-lui qu'allié d'assez hauts magistrats,
Fils d'un père greffier, né d'aïeux avocats,
Dès le berceau perdant une fort jeune mère,
Réduit seize ans après à pleurer mon vieux père,
J'allai d'un pas hardi, par moi-même guidé,
Et de mon seul génie en marchant secondé,
Studieux amateur et de Perse et d'Horace,
Assez près de Regnier m'asseoir sur le Parnasse ;

ÉPITRE X.

Que, par un coup du sort au grand jour amené,
Et des bords du Permesse à la cour entraîné,
Je sus, prenant l'essor par des routes nouvelles,
Élever assez haut mes poétiques ailes ;
Que ce roi dont le nom fait trembler tant de rois
Voulut bien que ma main crayonnât ses exploits [1],
Que plus d'un grand m'aima jusques à la tendresse ;
Que ma vue à Colbert inspiroit l'alégresse ;
Qu'aujourd'hui même encor, de deux sens affoibli,
Retiré de la cour, et non mis en oubli,
Plus d'un héros, épris des fruits de mon étude,
Vient quelquefois chez moi [2] goûter la solitude.

Mais des heureux regards de mon astre étonnant
Marquez bien cet effet encor plus surprenant,
Qui dans mon souvenir aura toujours sa place :
Que de tant d'écrivains de l'école d'Ignace
Étant, comme je suis, ami si déclaré,
Ce docteur toutefois si craint, si révéré,
Qui contre eux de sa plume épuisa l'énergie,
Arnauld, le grand Arnauld, fit mon apologie [3].
Sur mon tombeau futur, mes Vers, pour l'énoncer,
Courez en lettres d'or de ce pas vous placer :
Allez, jusqu'où l'aurore en naissant voit l'Hydaspe [4],
Chercher, pour l'y graver, le plus précieux jaspe.
Surtout à mes rivaux sachez bien l'étaler.

Mais je vous retiens trop. C'est assez vous parler.

[1] Boileau avoit été nommé historiographe du roi en 1677.
[2] A Auteuil. (B.)
[3] M. Arnauld a fait une dissertation où il me justifie contre mes censeurs. (B.)
[4] Fleuve des Indes. (B.)

Déja, plein du beau feu qui pour vous le transporte,
Barbin impatient chez moi frappe à la porte :
Il vient pour vous chercher. C'est lui : j'entends sa voix;
Adieu, mes Vers, adieu, pour la dernière fois.

ÉPITRE XI.

1695.

A MON JARDINIER.

LE TRAVAIL.

Laborieux valet du plus commode maître
Qui pour te rendre heureux ici bas pouvoit naître,
Antoine, gouverneur de mon jardin d'Auteuil,
Qui diriges chez moi l'if et le chèvrefeuil,
Et sur mes espaliers, industrieux génie,
Sais si bien exercer l'art de La Quintinie [1];
Oh! que de mon esprit triste et mal ordonné,
Ainsi que de ce champ par toi si bien orné,
Ne puis-je faire ôter les ronces, les épines,
Et des défauts sans nombre arracher les racines!
    Mais parle : raisonnons. Quand, du matin au soir,
Chez moi poussant la bêche, ou portant l'arrosoir,
Tu fais d'un sable aride une terre fertile,
Et rends tout mon jardin à tes lois si docile,
Que dis-tu de m'y voir rêveur, capricieux,
Tantôt baissant le front, tantôt levant les yeux,
De paroles dans l'air par élans envolées
Effrayer les oiseaux perchés dans mes allées?

---

[1] Célèbre directeur des jardins du roi. (B.)

ÉPITRE XI.

Ne soupçonnes-tu point qu'agité du démon,
Ainsi que ce cousin des quatre fils Aimon [1],
Dont tu lis quelquefois la merveilleuse histoire,
Je rumine en marchant quelque endroit du grimoire?
Mais non : tu te souviens qu'au village on t'a dit
Que ton maître est nommé pour coucher par écrit
Les faits d'un roi plus grand en sagesse, en vaillance,
Que Charlemagne aidé des douze pairs de France.
Tu crois qu'il y travaille, et qu'au long de ce mur
Peut-être en ce moment il prend Mons et Namur.

Que penserois-tu donc, si l'on t'alloit apprendre
Que ce grand chroniqueur des gestes d'Alexandre,
Aujourd'hui méditant un projet tout nouveau,
S'agite, se démène, et s'use le cerveau,
Pour te faire à toi-même, en rimes insensées,
Un bizarre portrait de ses folles pensées?
Mon maître, dirois-tu, passe pour un docteur,
Et parle quelquefois mieux qu'un prédicateur :
Sous ces arbres pourtant de si vaines sornettes
Il n'iroit point troubler la paix de ces fauvettes,
S'il lui falloit toujours, comme moi, s'exercer,
Labourer, couper, tondre, aplanir, palisser,
Et, dans l'eau de ces puits sans relâche tirée,
De ce sable étancher la soif démesurée.

Antoine, tu crois donc, de nous deux je le vois,
Que le plus occupé dans ce jardin c'est toi!
Oh! que tu changerois d'avis et de langage,
Si deux jours seulement, libre du jardinage,

---

[1] Maugis. (B.)

ÉPITRE XI.

Tout à coup devenu poëte et bel esprit,
Tu t'allois engager à polir un écrit
Qui dît, sans s'avilir, les plus petites choses,
Fît des plus secs chardons des œillets et des roses,
Et sût même aux discours de la rusticité
Donner de l'élégance et de la dignité;
Un ouvrage, en un mot, qui, juste en tous ses termes,
Sût plaire à d'Aguesseau [1], sût satisfaire Termes;
Sût, dis-je, contenter, en paroissant au jour,
Ce qu'ont d'esprits plus fins et la ville et la cour!
Bientôt de ce travail revenu sec et pâle,
Et le teint plus jauni que de vingt ans de hâle,
Tu dirois, reprenant ta pelle et ton râteau :
J'aime mieux mettre encor cent arpents au niveau,
Que d'aller follement, égaré dans les nues,
Me lasser à chercher des visions cornues,
Et, pour lier des mots si mal s'entr'accordants,
Prendre dans ce jardin la lune avec les dents.

   Approche donc, et viens; qu'un paresseux t'apprenne,
Antoine, ce que c'est que fatigue et que peine.
L'homme ici bas, toujours inquiet et gêné,
Est, dans le repos même, au travail condamné.
La fatigue l'y suit. C'est en vain qu'aux poëtes
Les neuf trompeuses sœurs dans leurs douces retraites
Promettent du repos sous leurs ombrages frais :
Dans ces tranquilles bois pour eux plantés exprès,
La cadence aussitôt, la rime, la césure,
La riche expression, la nombreuse mesure,

[1] Alors avocat général, et maintenant procureur général. (B.)

ÉPITRE XI.

Sorcières dont l'amour sait d'abord les charmer,
De fatigues sans fin viennent les consumer.
Sans cesse poursuivant ces fugitives fées [1],
On voit sous les lauriers haleter les Orphées.
Leur esprit toutefois se plaît dans son tourment,
Et se fait de sa peine un noble amusement.
Mais je ne trouve point de fatigue si rude
Que l'ennuyeux loisir d'un mortel sans étude,
Qui, jamais ne sortant de sa stupidité,
Soutient, dans les langueurs de son oisiveté,
D'une lâche indolence esclave volontaire,
Le pénible fardeau de n'avoir rien à faire.
Vainement offusqué de ses pensers épais,
Loin du trouble et du bruit il croit trouver la paix :
Dans le calme odieux de sa sombre paresse,
Tous les honteux plaisirs, enfants de la mollesse,
Usurpant sur son ame un absolu pouvoir,
De monstrueux désirs le viennent émouvoir,
Irritent de ses sens la fureur endormie,
Et le font le jouet de leur triste infamie.
Puis sur leurs pas soudain arrivent le remords :
Et bientôt avec eux tous les fléaux du corps,
La pierre, la colique, et les gouttes cruelles; [qu'elles,
Guénaud, Rainssant, Brayer [2], presque aussi tristes
Chez l'indigne mortel courent tous s'assembler,
De travaux douloureux le viennent accabler;
Sur le duvet d'un lit, théâtre de ses gênes,
Lui font scier des rocs, lui font fendre des chênes,

[1] Les muses. (B.)
[2] Fameux médecins. (B.)

Et le mettent au point d'envier ton emploi.
Reconnois donc, Antoine, et conclus avec moi
Que la pauvreté mâle, active et vigilante,
Est, parmi les travaux, moins lasse et plus contente
Que la richesse oisive au sein des voluptés.
 Je te vais sur cela prouver deux vérités :
L'une, que le travail, aux hommes nécessaire,
Fait leur félicité plutôt que leur misère :
Et l'autre, qu'il n'est point de coupable en repos.
C'est ce qu'il faut ici montrer en peu de mots.
Suis-moi donc. Mais je vois, sur ce début de prône,
Que ta bouche déja s'ouvre large d'une aune,
Et que les yeux fermés, tu baisses le menton.
Ma foi, le plus sûr est de finir ce sermon.
Aussi bien j'aperçois ces melons qui t'attendent,
Et ces fleurs qui là bas entre elles se demandent
S'il est fête au village, et pour quel saint nouveau
On les laisse aujourd'hui si long-temps manquer d'eau

ÉPITRE XII.

1695.

A M. L'ABBÉ RENAUDOT.

SUR L'AMOUR DE DIEU.

Docte abbé, tu dis vrai, l'homme, au crime attaché,
En vain, sans aimer Dieu, croit sortir du péché.
Toutefois, n'en déplaise aux transports frénétiques
Du fougueux moine[1] auteur des troubles germaniques,
Des tourments de l'enfer la salutaire peur
N'est pas toujours l'effet d'une noire vapeur
Qui, de remords sans fruit agitant le coupable,
Aux yeux de Dieu le rend encor plus haïssable :
Cette utile frayeur, propre à nous pénétrer,
Vient souvent de la grace en nous prête d'entrer,
Qui veut dans notre cœur se rendre la plus forte,
Et, pour se faire ouvrir, déja frappe à la porte.
  Si le pécheur, poussé de ce saint mouvement,
Reconnoissant son crime, aspire au sacrement,
Souvent Dieu tout à coup d'un vrai zèle l'enflamme;
Le saint Esprit revient habiter dans son ame,
Y convertit enfin les ténèbres en jour,
Et la crainte servile en filial amour.

[1] Luther. (B.)

C'est ainsi que souvent la sagesse suprême
Pour chasser le démon se sert du démon même.

Mais lorsqu'en sa malice un pécheur obstiné,
Des horreurs de l'enfer vainement étonné,
Loin d'aimer, humble fils, son véritable père,
Craint et regarde Dieu comme un tyran sévère,
Au bien qu'il nous promet ne trouve aucun appas,
Et souhaite en son cœur que ce Dieu ne soit pas :
En vain, la peur sur lui remportant la victoire,
Aux pieds d'un prêtre il court décharger sa mémoire ;
Vil esclave toujours sous le joug du péché,
Au démon qu'il redoute il demeure attaché.
L'amour, essentiel à notre pénitence,
Doit être l'heureux fruit de notre repentance.
Non, quoi que l'ignorance enseigne sur ce point,
Dieu ne fait jamais grace à qui ne l'aime point.
A le chercher la peur nous dispose et nous aide :
Mais il ne vient jamais que l'amour ne succède.
Cessez de m'opposer vos discours imposteurs,
Confesseurs insensés, ignorants séducteurs,
Qui, pleins des vains propos que l'erreur vous débite,
Vous figurez qu'en vous un pouvoir sans limite
Justifie à coup sûr tout pécheur alarmé,
Et que, sans aimer Dieu, l'on peut en être aimé.

Quoi donc ! cher Renaudot, un chrétien effroyable,
Qui jamais, servant Dieu, n'eut d'objet que le diable,
Pourra, marchant toujours dans des sentiers maudits,
Par des formalités gagner le paradis !
Et parmi les élus, dans la gloire éternelle,
Pour quelques sacrements reçus sans aucun zèle,

Dieu fera voir aux yeux des saints épouvantés
Son ennemi mortel assis à ses côtés!
Peut-on se figurer de si folles chimères!
On voit pourtant, on voit des docteurs, même austères,
Qui, les semant partout, s'en vont pieusement
De toute piété saper le fondement;
Qui, le cœur infecté d'erreurs si criminelles,
Se disent hautement les purs, les vrais fidèles;
Traitant d'abord d'impie et d'hérétique affreux
Quiconque ose pour Dieu se déclarer contre eux.
De leur audace en vain les vrais chrétiens gémissent :
Prêts à la repousser les plus hardis mollissent,
Et, voyant contre Dieu le diable accrédité,
N'osent qu'en bégayant prêcher la vérité.
Mollirons-nous aussi ? Non, sans peur sur ta trace,
Docte abbé, de ce pas j'irai leur dire en face :
Ouvrez les yeux enfin, aveugles dangereux.
Oui, je vous le soutiens, il seroit moins affreux
De ne point reconnoître un Dieu maître du monde,
Et qui règle à son gré le ciel, la terre et l'onde,
Qu'en avouant qu'il est, et qu'il sut tout former,
D'oser dire qu'on peut lui plaire sans l'aimer.
Un si bas, si honteux, si faux christianisme
Ne vaut pas des Platon l'éclairé paganisme;
Et chérir les vrais biens, sans en savoir l'auteur,
Vaut mieux que, sans l'aimer, connoître un créateur.
Expliquons-nous pourtant. Par cette ardeur si sainte,
Que je veux qu'en un cœur amène enfin la crainte,
Je n'entends pas ici ce doux saisissement,
Ces transports pleins de joie et de ravissement

ÉPITRE XII.

Qui font des bienheureux la juste récompense,
Et qu'un cœur rarement goûte ici par avance.
Dans nous l'amour de Dieu, fécond en saints désirs,
N'y produit pas toujours de sensibles plaisirs.
Souvent le cœur qui l'a ne le sait pas lui-même :
Tel craint de n'aimer pas, qui sincèrement aime;
Et tel croit au contraire être brûlant d'ardeur,
Qui n'eut jamais pour Dieu que glace et que froideur.
C'est ainsi quelquefois qu'un indolent mystique [1],
Au milieu des péchés tranquille fanatique,
Du plus parfait amour pense avoir l'heureux don,
Et croit posséder Dieu, dans les bras du démon.

Voulez-vous donc savoir si la foi dans votre ame
Allume les ardeurs d'une sincère flamme,
Consultez-vous vous-même. A ses règles soumis,
Pardonnez-vous sans peine à tous vos ennemis?
Combattez-vous vos sens? domptez-vous vos foiblesses?
Dieu dans le pauvre est-il l'objet de vos largesses?
Enfin dans tous ses points pratiquez-vous sa loi?
Oui, dites-vous. Allez, vous l'aimez, croyez-moi.
Qui fait exactement ce que ma loi commande,
A pour moi, dit ce Dieu, l'amour que je demande.
Faites-le donc; et, sûr qu'il nous veut sauver tous,
Ne vous alarmez point pour quelques vains dégoûts
Qu'en sa ferveur souvent la plus sainte ame éprouve :
Marchez, courez à lui : qui le cherche le trouve.
Et plus de votre cœur il paroît s'écarter,
Plus par vos actions songez à l'arrêter.

---

[1] Quiétistes, dont les erreurs ont été condamnées par les papes Innocent XI et Innocent XII. (B.)

ÉPITRE XII.

Mais ne soutenez point cet horrible blasphème,
Qu'un sacrement reçu, qu'un prêtre, que Dieu même,
Quoi que vos faux docteurs osent vous avancer,
De l'amour qu'on lui doit puissent vous dispenser.
   Mais s'il faut qu'avant tout, dans une ame chrétienne,
Diront ces grands docteurs, l'amour de Dieu survienne,
Puisque ce seul amour suffit pour nous sauver,
De quoi le sacrement viendra-t-il nous laver?
Sa vertu n'est donc plus qu'une vertu frivole?
O le bel argument, digne de leur école!
Quoi! dans l'amour divin en nos cœurs allumé,
Le vœu du sacrement n'est-il pas renfermé?
Un païen converti, qui croit un Dieu suprême,
Peut-il être chrétien qu'il n'aspire au baptême,
Ni le chrétien en pleurs être vraiment touché,
Qu'il ne veuille à l'église avouer son péché?
Du funeste esclavage où le démon nous traîne
C'est le sacrement seul qui peut rompre la chaîne :
Aussi l'amour d'abord y court avidement;
Mais lui-même il en est l'ame et le fondement.
Lorsqu'un pécheur, ému d'une humble repentance,
Par les degrés prescrits court à la pénitence,
S'il n'y peut parvenir, Dieu sait les supposer.
Le seul amour manquant ne peut point s'excuser :
C'est par lui que dans nous la grace fructifie;
C'est lui qui nous ranime et qui nous vivifie;
Pour nous rejoindre à Dieu, lui seul est le lien;
Et sans lui, foi, vertus, sacrements, tout n'est rien.
   A ces discours pressants que sauroit-on répondre?
Mais approchez; je veux encor mieux vous confondre,

ÉPITRE XII.

Docteurs. Dites-moi donc : quand nous sommes absous,
Le saint Esprit est-il, ou n'est-il pas en nous?
S'il est en nous, peut-il, n'étant qu'amour lui-même,
Ne nous échauffer point de son amour suprême?
Et s'il n'est pas en nous, Satan, toujours vainqueur
Ne demeure-t-il pas maître de notre cœur?
Avouez donc qu'il faut qu'en nous l'amour renaisse :
Et n'allez point, pour fuir la raison qui vous presse,
Donner le nom d'amour au trouble inanimé
Qu'au cœur d'un criminel la peur seule a formé.
L'ardeur qui justifie, et que Dieu nous envoie,
Quoiqu'ici bas souvent inquiète et sans joie,
Est pourtant cette ardeur, ce même feu d'amour,
Dont brûle un bienheureux en l'éternel séjour.
Dans le fatal instant qui borne notre vie,
Il faut que de ce feu notre ame soit remplie;
Et Dieu, sourd à nos cris s'il ne l'y trouve pas,
Ne l'y rallume plus après notre trépas.
Rendez-vous donc enfin à ces clairs syllogismes;
Et ne prétendez plus, par vos confus sophismes,
Pouvoir encore aux yeux du fidèle éclairé
Cacher l'amour de Dieu dans l'école égaré.
Apprenez que la gloire où le ciel nous appelle
Un jour des vrais enfants doit couronner le zèle,
Et non les froids remords d'un esclave craintif,
Où crut voir Abeli[1] quelque amour négatif.
  Mais quoi! j'entends déja plus d'un fier scholastique

---

[1] Misérable défenseur de la fausse attrition, auteur de la *Moelle théologique*, qui soutient la fausse attrition par les raisons réfutées dans cette épître. (B.)

Qui, me voyant ici sur ce ton dogmatique
En vers audacieux traiter ces points sacrés,
Curieux, me demande où j'ai pris mes degrés;
Et si, pour m'éclairer sur ces sombres matières,
Deux cents auteurs extraits m'ont prêté leurs lumières.
Non. Mais pour décider que l'homme, qu'un chrétien
Est obligé d'aimer l'unique auteur du bien,
Le Dieu qui le nourrit, le Dieu qui le fit naître,
Qui nous vint par sa mort donner un second être,
Faut-il avoir reçu le bonnet doctoral,
Avoir extrait Gamache, Isambert et du Val [1] ?
Dieu, dans son livre saint, sans chercher d'autre ou-
Ne l'a-t-il pas écrit lui-même à chaque page? [vrage,
De vains docteurs encore, ô prodige honteux!
Oseront nous en faire un problème douteux!
Viendront traiter d'erreur digne de l'anathème
L'indispensable loi d'aimer Dieu pour lui-même,
Et, par un dogme faux dans nos jours enfanté,
Des devoirs du chrétien rayer la charité!

 Si j'allois consulter chez eux le moins sévère,
Et lui disois : Un fils doit-il aimer son père?
Ah! peut-on en douter? diroit-il brusquement.
Et quand je leur demande en ce même moment :
L'homme, ouvrage d'un Dieu seul bon et seul aimable,
Doit-il aimer ce Dieu, son père véritable?
Leur plus rigide auteur n'ose le décider,
Et craint, en l'affirmant, de se trop hasarder!

 Je ne m'en puis défendre; il faut que je t'écrive

[1] Théologiens du xviie siècle, tous trois commentateurs de l
Somme de saint Thomas.

La figure bizarre, et pourtant assez vive,
Que je sus l'autre jour employer dans son lieu,
Et qui déconcerta ces ennemis de Dieu.
Au sujet d'un écrit qu'on nous venoit de lire,
Un d'entre eux m'insulta sur ce que j'osai dire
Qu'il faut, pour être absous d'un crime confessé,
Avoir pour Dieu du moins un amour commencé.
Ce dogme, me dit-il, est un pur calvinisme.
O ciel! me voilà donc dans l'erreur, dans le schisme,
Et partant réprouvé! Mais, poursuivis-je alors,
Quand Dieu viendra juger les vivants et les morts,
Et des humbles agneaux, objets de sa tendresse,
Séparera des boucs la troupe pécheresse,
A tous il nous dira, sévère ou gracieux,
Ce qui nous fit impurs ou justes à ses yeux.
Selon vous donc, à moi réprouvé, bouc infame,
Va brûler, dira-t-il, en l'éternelle flamme,
Malheureux qui soutins que l'homme dut m'aimer,
Et qui, sur ce sujet trop prompt à déclamer,
Prétendis qu'il falloit, pour fléchir ma justice,
Que le pécheur, touché de l'horreur de son vice,
De quelque ardeur pour moi sentît les mouvements,
Et gardât le premier de mes commandements!
Dieu, si je vous en crois, me tiendra ce langage:
Mais à vous, tendre agneau, son plus cher héritage,
Orthodoxe ennemi d'un dogme si blâmé,
Venez, vous dira-t-il, venez, mon bien aimé:
Vous qui, dans les détours de vos raisons subtiles
Embarrassant les mots d'un des plus saints conciles [1],

---

[1] Le concile de Trente.

Avez délivré l'homme, ô l'utile docteur!
De l'importun fardeau d'aimer son créateur;
Entrez au ciel, venez, comblé de mes louanges,
Du besoin d'aimer Dieu désabuser les anges.
A de tels mots, si Dieu pouvoit les prononcer,
Pour moi je répondrois, je crois, sans l'offenser : [che,
Oh! que pour vous mon cœur moins dur et moins farou-
Seigneur, n'a-t-il, hélas! parlé comme ma bouche!
Ce seroit ma réponse à ce Dieu fulminant.
Mais vous, de ses douceurs objet fort surprenant,
Je ne sais pas comment, ferme en votre doctrine,
Des ironiques mots de sa bouche divine
Vous pourriez, sans rougeur et sans confusion,
Soutenir l'amertume et la dérision.

 L'audace du docteur, par ce discours frappée,
Demeura sans réplique à ma prosopopée.
Il sortit tout à coup, et, murmurant tout bas
Quelques termes d'aigreur que je n'entendis pas,
S'en alla chez Binsfeld, ou chez Basile Ponce [1],
Sur l'heure à mes raisons chercher une réponse.

 [1] Deux défenseurs de la fausse attrition. Le premier étoit chanoine de Trèves, et l'autre étoit de l'ordre de Saint-Augustin. (B.)

L'ART POÉTIQUE.

L'ART POÉTIQUE.

1569—1674.

CHANT PREMIER.

C'est en vain qu'au Parnasse un téméraire auteur
Pense de l'art des vers atteindre la hauteur :
S'il ne sent point du ciel l'influence secrète,
Si son astre en naissant ne l'a formé poëte,
Dans son génie étroit il est toujours captif;
Pour lui Phébus est sourd, et Pégase est rétif.
 O vous donc qui, brûlant d'une ardeur périlleuse,
Courez du bel esprit la carrière épineuse,
N'allez pas sur des vers sans fruit vous consumer,
Ni prendre pour génie un amour de rimer :
Craignez d'un vain plaisir les trompeuses amorces,
Et consultez long-temps votre esprit et vos forces.
 La nature, fertile en esprits excellents,
Sait entre les auteurs partager les talents :
L'un peut tracer en vers une amoureuse flamme;
L'autre, d'un trait plaisant aiguiser l'épigramme :
Malherbe d'un héros peut vanter les exploits;
Racan, chanter Philis, les bergers et les bois.
Mais souvent un esprit qui se flatte et qui s'aime
Méconnoît son génie, et s'ignore soi-même :

Ainsi tel [1], autrefois qu'on vit avec Faret [2]
Charbonner de ses vers les murs d'un cabaret,
S'en va, mal à propos, d'une voix insolente,
Chanter du peuple hébreu la fuite triomphante,
Et, poursuivant Moïse au travers des déserts,
Court avec Pharaon se noyer dans les mers.

   Quelque sujet qu'on traite, ou plaisant, ou sublime,
Que toujours le bon sens s'accorde avec la rime :
L'un l'autre vainement ils semblent se haïr ;
La rime est une esclave, et ne doit qu'obéir.
Lorsqu'à la bien chercher d'abord on s'évertue,
L'esprit à la trouver aisément s'habitue ;
Au joug de la raison sans peine elle fléchit,
Et, loin de la gêner, la sert et l'enrichit.
Mais, lorsqu'on la néglige, elle devient rebelle ;
Et pour la rattraper le sens court après elle.
Aimez donc la raison : que toujours vos écrits
Empruntent d'elle seule et leur lustre et leur prix.

   La plupart, emportés d'une fougue insensée,
Toujours loin du droit sens vont chercher leur pensée ;
Ils croiroient s'abaisser, dans leurs vers monstrueux,
S'ils pensoient ce qu'un autre a pu penser comme eux.
Évitons ces excès : laissons à l'Italie
De tous ces faux brillants l'éclatante folie.
Tout doit tendre au bon sens : mais pour y parvenir
Le chemin est glissant et pénible à tenir ;

---

[1] Saint-Amand, auteur du *Moïse sauvé*. (B.)

[2] Faret, auteur du livre intitulé *l'honnête Homme*, et ami de Saint-Amand. (B.)

Pour peu qu'on s'en écarte, aussitôt on se noie.
La raison pour marcher n'a souvent qu'une voie.

   Un auteur quelquefois trop plein de son objet
Jamais sans l'épuiser n'abandonne un sujet.
S'il rencontre un palais, il m'en dépeint la face[1];
Il me promène après de terrasse en terrasse;
Ici s'offre un perron, là règne un corridor;
Là ce balcon s'enferme en un balustre d'or.
Il compte des plafonds les ronds et les ovales;
« Ce ne sont que festons, ce ne sont qu'astragales[2]. »
Je saute vingt feuillets pour en trouver la fin;
Et je me sauve à peine au travers du jardin.
Fuyez de ces auteurs l'abondance stérile;
Et ne vous chargez point d'un détail inutile.
Tout ce qu'on dit de trop est fade et rebutant;
L'esprit rassasié le rejette à l'instant.
Qui ne sait se borner ne sut jamais écrire.

   Souvent la peur d'un mal nous conduit dans un pire :
Un vers étoit trop foible, et vous le rendez dur :
J'évite d'être long, et je deviens obscur :
L'un n'est point trop fardé, mais sa muse est trop nue;
L'autre a peur de ramper, il se perd dans la nue.

   Voulez-vous du public mériter les amours,
Sans cesse en écrivant variez vos discours.
Un style trop égal et toujours uniforme
En vain brille à nos yeux, il faut qu'il nous endorme.

---

[1] Scuderi dans *Alaric*, liv. III, emploie près de trois cents vers à la description d'un palais enchanté.

[2] Vers de Scuderi.(B.)

On lit peu ces auteurs, nés pour nous ennuyer,
Qui toujours sur un ton semblent psalmodier.
　Heureux qui, dans ses vers, sait d'une voix légère
Passer du grave au doux, du plaisant au sévère !
Son livre, aimé du ciel, et chéri des lecteurs,
Est souvent chez Barbin entouré d'acheteurs.
　Quoi que vous écriviez, évitez la bassesse :
Le style le moins noble a pourtant sa noblesse.
Au mépris du bon sens, le burlesque [1] effronté
Trompa les yeux d'abord, plut par sa nouveauté :
On ne vit plus en vers que pointes triviales ;
Le Parnasse parla le langage des halles :
La licence à rimer alors n'eut plus de frein ;
Apollon travesti devint un Tabarin [2].
Cette contagion infecta les provinces,
Du clerc et du bourgeois passa jusques aux princes :
Le plus mauvais plaisant eut ses approbateurs ;
Et, jusqu'à d'Assouci [3], tout trouva des lecteurs.
Mais de ce style enfin la cour désabusée
Dédaigna de ces vers l'extravagance aisée,
Distingua le naïf du plat et du bouffon,
Et laissa la province admirer le Typhon [4].
Que ce style jamais ne souille votre ouvrage.

---

[1] Le style burlesque fut extrêmement en vogue depuis le commencement du dernier siècle jusque vers 1660 qu'il tomba. (B.)

[2] Tabarin étoit le valet d'un charlatan fameux nommé Mondor. Les farces de ce bouffon ont été recueillies dans un volume publié à Rouen. 1640-1664. in-12.

[3] Pitoyable auteur, qui a composé l'*Ovide en belle humeur*. (B.)

[4] Poëme burlesque de Scarron.

Imitons de Marot l'élégant badinage,
Et laissons le burlesque aux plaisants [1] du Pont-Neuf.

Mais n'allez point aussi, sur les pas de Brébeuf,
Même en une Pharsale, entasser sur les rives
« De morts et de mourants cent montagnes plaintives [2] ».
Prenez mieux votre ton. Soyez simple avec art,
Sublime sans orgueil, agréable sans fard.

N'offrez rien au lecteur que ce qui peut lui plaire.
Ayez pour la cadence une oreille sévère :
Que toujours dans vos vers le sens coupant les mots
Suspende l'hémistiche, en marque le repos.

Gardez qu'une voyelle, à courir trop hâtée,
Ne soit d'une voyelle en son chemin heurtée.

Il est un heureux choix de mots harmonieux.
Fuyez des mauvais sons le concours odieux :
Le vers le mieux rempli, la plus noble pensée,
Ne peut plaire à l'esprit quand l'oreille est blessée.

Durant les premiers ans du Parnasse françois,
Le caprice tout seul faisoit toutes les lois.
La rime, au bout des mots assemblés sans mesure,
Tenoit lieu d'ornements, de nombre et de césure.
Villon sut le premier, dans ces siècles grossiers,
Débrouiller l'art confus de nos vieux romanciers [3].
Marot bientôt après fit fleurir les ballades,
Tourna des triolets, rima des mascarades,

---

[1] Les vendeurs de mithridate et les joueurs de marionnettes se mettent depuis long-temps sur le Pont-Neuf. (B.)

[2] Vers de Brébeuf. (B.)

[3] La plupart de nos plus anciens romans françois sont en vers confus et sans ordre, comme le *Roman de la Rose* et plusieurs autres. (B.)

A des refrains réglés asservit les rondeaux,
Et montra pour rimer des chemins tout nouveaux.
Ronsard, qui le suivit, par une autre méthode,
Réglant tout, brouilla tout, fit un art à sa mode,
Et toutefois long-temps eut un heureux destin.
Mais sa muse, en françois parlant grec et latin,
Vit dans l'âge suivant, par un retour grotesque,
Tomber de ses grands mots le faste pédantesque.
Ce poëte orgueilleux, trébuché de si haut,
Rendit plus retenus Desportes et Bertaut.

    Enfin Malherbe vint, et, le premier en France,
Fit sentir dans les vers une juste cadence,
D'un mot mis en sa place enseigna le pouvoir,
Et réduisit la muse aux règles du devoir.
Par ce sage écrivain la langue réparée
N'offrit plus rien de rude à l'oreille épurée.
Les stances avec grace apprirent à tomber,
Et le vers sur le vers n'osa plus enjamber.
Tout reconnut ses lois; et ce guide fidèle
Aux auteurs de ce temps sert encor de modèle.
Marchez donc sur ses pas; aimez sa pureté,
Et de son tour heureux imitez la clarté.
Si le sens de vos vers tarde à se faire entendre,
Mon esprit aussitôt commence à se détendre;
Et, de vos vains discours prompt à se détacher,
Ne suit point un auteur qu'il faut toujours chercher.

    Il est certains esprits dont les sombres pensées
Sont d'un nuage épais toujours embarrassées;
Le jour de la raison ne le sauroit percer.
Avant donc que d'écrire, apprenez à penser.

CHANT I.

Selon que notre idée est plus ou moins obscure,
L'expression la suit, ou moins nette, ou plus pure.
Ce que l'on conçoit bien s'énonce clairement,
Et les mots pour le dire arrivent aisément.

Surtout qu'en vos écrits la langue révérée
Dans vos plus grands excès vous soit toujours sacrée.
En vain vous me frappez d'un son mélodieux,
Si le terme est impropre, ou le tour vicieux :
Mon esprit n'admet point un pompeux barbarisme,
Ni d'un vers ampoulé l'orgueilleux solécisme.
Sans la langue, en un mot, l'auteur le plus divin
Est toujours, quoi qu'il fasse, un méchant écrivain.

Travaillez à loisir, quelque ordre qui vous presse [1],
Et ne vous piquez point d'une folle vitesse :
Un style si rapide, et qui court en rimant,
Marque moins trop d'esprit, que peu de jugement.
J'aime mieux un ruisseau qui, sur la molle arène,
Dans un pré plein de fleurs lentement se promène,
Qu'un torrent débordé qui, d'un cours orageux,
Roule, plein de gravier, sur un terrain fangeux.
Hâtez-vous lentement; et, sans perdre courage,
Vingt fois sur le métier remettez votre ouvrage :
Polissez-le sans cesse et le repolissez;
Ajoutez quelquefois, et souvent effacez.

C'est peu qu'en un ouvrage où les fautes fourmillent
Des traits d'esprit semés de temps en temps pétillent :
Il faut que chaque chose y soit mise en son lieu;
Que le début, la fin, répondent au milieu;

---

[1] Scuderi disoit toujours, pour s'excuser de travailler si vite, qu'il avoit ordre de finir. (B.)

Que d'un art délicat les pièces assorties
N'y forment qu'un seul tout de diverses parties;
Que jamais du sujet le discours s'écartant
N'aille chercher trop loin quelque mot éclatant.
 Craignez-vous pour vos vers la censure publique,
Soyez-vous à vous-même un sévère critique :
L'ignorance toujours est prête à s'admirer.
 Faites-vous des amis prompts à vous censurer;
Qu'ils soient de vos écrits les confidents sincères,
Et de tous vos défauts les zélés adversaires :
Dépouillez devant eux l'arrogance d'auteur.
Mais sachez de l'ami discerner le flatteur :
Tel vous semble applaudir, qui vous raille et vous joue.
Aimez qu'on vous conseille, et non pas qu'on vous loue.
 Un flatteur aussitôt cherche à se récrier :
Chaque vers qu'il entend le fait extasier.
Tout est charmant, divin; aucun mot ne le blesse :
Il trépigne de joie, il pleure de tendresse :
Il vous comble partout d'éloges fastueux.
La vérité n'a point cet air impétueux.
 Un sage ami, toujours rigoureux, inflexible,
Sur vos fautes jamais ne vous laisse paisible :
Il ne pardonne point les endroits négligés;
Il renvoie en leur lieu les vers mal arrangés;
Il réprime des mots l'ambitieuse emphase;
Ici le sens le choque, et plus loin c'est la phrase :
Votre construction semble un peu s'obscurcir :
Ce terme est équivoque; il le faut éclaircir.
C'est ainsi que vous parle un ami véritable.
Mais souvent sur ses vers un auteur intraitable

A les protéger tous se croit intéressé,
Et d'abord prend en main le droit de l'offensé.
De ce vers, direz-vous, l'expression est basse.
Ah, monsieur! pour ce vers je vous demande grace,
Répondra-t-il d'abord. Ce mot me semble froid;
Je le retrancherois. C'est le plus bel endroit!
Ce tour ne me plaît pas. Tout le monde l'admire!
Ainsi toujours constant à ne se point dédire,
Qu'un mot dans son ouvrage ait paru vous blesser,
C'est un titre chez lui pour ne point l'effacer.
Cependant, à l'entendre, il chérit la critique:
Vous avez sur ses vers un pouvoir despotique.
Mais tout ce beau discours dont il vient vous flatter
N'est rien qu'un piége adroit pour vous les réciter.
Aussitôt il vous quitte; et, content de sa muse,
S'en va chercher ailleurs quelque fat qu'il abuse:
Car souvent il en trouve. Ainsi qu'en sots auteurs,
Notre siècle est fertile en sots admirateurs;
Et, sans ceux que fournit la ville et la province,
Il en est chez le duc, il en est chez le prince.
L'ouvrage le plus plat a, chez les courtisans,
De tout temps rencontré de zélés partisans;
Et, pour finir enfin par un trait de satire,
Un sot trouve toujours un plus sot qui l'admire.

CHANT II.

Telle qu'une bergère, au plus beau jour de fête,
De superbes rubis ne charge point sa tête,
Et, sans mêler à l'or l'éclat des diamants,
Cueille en un champ voisin ses plus beaux ornements;
Telle, aimable en son air, mais humble dans son style,
Doit éclater sans pompe une élégante Idylle.
Son tour simple et naïf n'a rien de fastueux,
Et n'aime point l'orgueil d'un vers présomptueux.
Il faut que sa douceur flatte, chatouille, éveille,
Et jamais de grands mots n'épouvante l'oreille.
Mais souvent dans ce style un rimeur aux abois
Jette là, de dépit, la flûte et le hautbois;
Et, follement pompeux, dans sa verve indiscrète,
Au milieu d'une Églogue entonne la trompette.
De peur de l'écouter Pan fuit dans les roseaux;
Et les Nymphes, d'effroi, se cachent sous les eaux.
Au contraire cet autre, abject en son langage,
Fait parler ses bergers comme on parle au village.
Ses vers plats et grossiers, dépouillés d'agrément,
Toujours baisent la terre, et rampent tristement :
On diroit que Ronsard, sur ses pipeaux rustiques,
Vient encor fredonner ses idylles gothiques,
Et changer, sans respect de l'oreille et du son,
Lycidas en Pierrot, et Philis en Toinon [1].

---

[1] Dans ses églogues, Ronsard emploie fréquemment les noms de *Guillot, Pierrot, Margot.* Il appelle Henri II *Henriot*, Charles IX *Car-*

Entre ces deux excès la route est difficile.
Suivez, pour la trouver, Théocrite et Virgile :
Que leurs tendres écrits, par les Graces dictés,
Ne quittent point vos mains, jour et nuit feuilletés.
Seuls dans leurs doctes vers ils pourront vous apprendre
Par quel art sans bassesse un auteur peut descendre ;
Chanter Flore, les champs, Pomone, les vergers;
Au combat de la flûte animer deux bergers;
Des plaisirs de l'amour vanter la douce amorce;
Changer Narcisse en fleur, couvrir Daphné d'écorce,
Et par quel art encor l'Églogue quelquefois
Rend dignes d'un consul [1] la campagne et les bois.
Telle est de ce poëme et la force et la grace.

D'un ton un peu plus haut, mais pourtant sans audace,
La plaintive Élégie, en longs habits de deuil,
Sait, les cheveux épars, gémir sur un cercueil.
Elle peint des amants la joie et la tristesse;
Flatte, menace, irrite, apaise une maîtresse.
Mais, pour bien exprimer ces caprices heureux,
C'est peu d'être poëte, il faut être amoureux.

Je hais ces vains auteurs dont la muse forcée
M'entretient de ses feux, toujours froide et glacée;
Qui s'affligent par art, et, fous de sens rassis,
S'érigent, pour rimer, en amoureux transis. [vaines :
Leurs transports les plus doux ne sont que phrases
Ils ne savent jamais que se charger de chaînes,

---

lin, et Catherine de Médicis *Catin;* mais, ajoute le commentateur qui nous fournit cette note, ces noms-là n'étoient point autrefois aussi ridicules qu'ils le sont devenus depuis.

[1] Virgile, églogue IV, v. 3. (B.)

Que bénir leur martyre, adorer leur prison,
Et faire quereller le sens et la raison.
Ce n'étoit pas jadis sur ce ton ridicule
Qu'Amour dictoit les vers que soupiroit Tibulle,
Ou que, du tendre Ovide animant les doux sons,
Il donnoit de son art les charmantes leçons.
Il faut que le cœur seul parle dans l'Élégie.

 L'Ode, avec plus d'éclat, et non moins d'énergie,
Élevant jusqu'au ciel son vol ambitieux,
Entretient dans ses vers commerce avec les dieux.
Aux athlètes dans Pise [1] elle ouvre la barrière,
Chante un vainqueur poudreux au bout de la carrière,
Mène Achille sanglant aux bords du Simoïs,
Ou fait fléchir l'Escaut sous le joug de Louis.
Tantôt, comme une abeille ardente à son ouvrage,
Elle s'en va de fleurs dépouiller le rivage :
Elle peint les festins, les danses, et les ris;
Vante un baiser cueilli sur les lèvres d'Iris,
Qui mollement résiste, et, par un doux caprice,
Quelquefois le refuse, afin qu'on le ravisse [2].
Son style impétueux souvent marche au hasard :
Chez elle un beau désordre est un effet de l'art.

 Loin ces rimeurs craintifs dont l'esprit flegmatique
Garde dans ses fureurs un ordre didactique;
Qui, chantant d'un héros les progrès éclatants,
Maigres historiens, suivront l'ordre des temps.
Ils n'osent un moment perdre un sujet de vue :
Pour prendre Dole, il faut que Lille soit rendue;

---

[1] Pise en Élide, où l'on célébroit les jeux olympiques. (B.)
[2] Horace, liv. ii, ode xii.

Et que leur vers exact, ainsi que Mézeray,
Ait fait déja tomber les remparts de Courtray.
Apollon de son feu leur fut toujours avare.
  On dit, à ce propos, qu'un jour ce dieu bizarre,
Voulant pousser à bout tous les rimeurs françois,
Inventa du Sonnet les rigoureuses lois;
Voulut qu'en deux quatrains de mesure pareille
La rime avec deux sons frappât huit fois l'oreille;
Et qu'ensuite six vers artistement rangés
Fussent en deux tercets par le sens partagés.
Surtout de ce poëme il bannit la licence:
Lui-même en mesura le nombre et la cadence;
Défendit qu'un vers foible y pût jamais entrer,
Ni qu'un mot déja mis osât s'y remontrer.
Du reste il l'enrichit d'une beauté suprême :
Un Sonnet sans défaut vaut seul un long poëme.
Mais en vain mille auteurs y pensent arriver;
Et cet heureux phénix est encore à trouver.
A peine dans Gombauld, Maynard et Malleville,
En peut-on admirer deux ou trois entre mille :
Le reste, aussi peu lu que ceux de Pelletier,
N'a fait de chez Sercy [1] qu'un saut chez l'épicier.
Pour enfermer son sens dans la borne prescrite
La mesure est toujours trop longue ou trop petite.
  L'Épigramme, plus libre en son tour plus borné,
N'est souvent qu'un bon mot de deux rimes orné.
Jadis de nos auteurs les pointes ignorées
Furent de l'Italie en nos vers attirées.

---

[1] Libraire du Palais. (B.)

Le vulgaire, ébloui de leur faux agrément,
A ce nouvel appât courut avidement.
La faveur du public excitant leur audace,
Leur nombre impétueux inonda le Parnasse :
Le Madrigal d'abord en fut enveloppé;
Le Sonnet orgueilleux lui-même en fut frappé;
La Tragédie [1] en fit ses plus chères délices;
L'Élégie en orna ses douloureux caprices;
Un héros sur la scène eut soin de s'en parer,
Et sans pointe un amant n'osa plus soupirer;
On vit tous les bergers, dans leurs plaintes nouvelles,
Fidèles à la pointe encor plus qu'à leurs belles;
Chaque mot eut toujours deux visages divers :
La prose la reçut aussi bien que les vers;
L'avocat au palais en hérissa son style,
Et le docteur [2] en chaire en sema l'Évangile.

   La raison outragée enfin ouvrit les yeux,
La chassa pour jamais des discours sérieux;
Et, dans tous ces écrits la déclarant infame,
Par grace lui laissa l'entrée en l'Épigramme,
Pourvu que sa finesse, éclatant à propos,
Roulât sur la pensée, et non pas sur les mots.
Ainsi de toutes parts les désordres cessèrent.
Toutefois à la cour les turlupins [3] restèrent,
Insipides plaisants, bouffons infortunés,
D'un jeu de mots grossier partisans surannés.

---

[1] La *Sylvie* de Mairet. (B.)
[2] Le petit P. André, augustin. (B.)
[3] Surnom d'un comédien de l'hôtel de Bourgogne, nommé Henri-
e-Grand.

Ce n'est pas quelquefois qu'une muse un peu fine
Sur un mot, en passant, ne joue et ne badine,
Et d'un sens détourné n'abuse avec succès :
Mais fuyez sur ce point un ridicule excès :
Et n'allez pas toujours d'une pointe frivole
Aiguiser par la queue une Épigramme folle.

 Tout poëme est brillant de sa propre beauté.
Le Rondeau, né gaulois, a la naïveté ;
La Ballade, asservie à ses vieilles maximes,
Souvent doit tout son lustre au caprice des rimes ;
Le Madrigal, plus simple, et plus noble en son tour,
Respire la douceur, la tendresse et l'amour.

 L'ardeur de se montrer, et non pas de médire,
Arma la Vérité du vers de la Satire.
Lucile le premier osa la faire voir ;
Aux vices des Romains présenta le miroir ;
Vengea l'humble vertu de la richesse altière,
Et l'honnête homme à pied du faquin en litière.

 Horace à cette aigreur mêla son enjouement :
On ne fut plus ni fat ni sot impunément ;
Et malheur à tout nom qui, propre à la censure,
Put entrer dans un vers sans rompre la mesure !

 Perse, en ses vers obscurs mais serrés et pressants,
Affecta d'enfermer moins de mots que de sens.

 Juvénal, élevé dans les cris de l'école,
Poussa jusqu'à l'excès sa mordante hyperbole.
Ses ouvrages, tout pleins d'affreuses vérités,
Étincellent pourtant de sublimes beautés :
Soit que [1] sur un écrit arrivé de Caprée

[1] Satire x. (B.)

Il brise de Séjan la statue adorée;
Soit ¹ qu'il fasse au conseil courir les sénateurs,
D'un tyran soupçonneux pâles adulateurs;
Ou que ², poussant à bout la luxure latine,
Aux portefaix de Rome il vende Messaline.
Ses écrits pleins de feu partout brillent aux yeux.

 De ces maîtres savants disciple ingénieux,
Regnier, seul parmi nous formé sur leurs modèles,
Dans son vieux style encore a des graces nouvelles.
Heureux, si ses discours, craints du chaste lecteur,
Ne se sentoient des lieux où fréquentoit l'auteur³;
Et si, du son hardi de ses rimes cyniques,
Il n'alarmoit souvent les oreilles pudiques !

 Le latin, dans les mots, brave l'honnêteté :
Mais le lecteur françois veut être respecté;
Du moindre sens impur la liberté l'outrage,
Si la pudeur des mots n'en adoucit l'image.
Je veux dans la satire un esprit de candeur
Et fuis un effronté qui prêche la pudeur.

 D'un trait de ce poëme, en bons mots si fertile,
Le François, né malin, forma le Vaudeville;
Agréable indiscret, qui, conduit par le chant,
Passe de bouche en bouche, et s'accroît en marchant.
La liberté françoise en ses vers se déploie :
Cet enfant de plaisir veut naître dans la joie.
Toutefois n'allez pas, goguenard dangereux,

---

¹ Satire IV. (B.)
² Satire VI. (B.)
³ Brossette prétend que ces deux vers sont d'Arnauld, et les seuls qu'il ait jamais faits.

Faire Dieu le sujet d'un badinage affreux :
A la fin tous ces jeux, que l'athéisme élève,
Conduisent tristement le plaisant à la Grève [1].
Il faut, même en chansons, du bon sens et de l'art :
Mais pourtant on a vu le vin et le hasard
Inspirer quelquefois une muse grossière,
Et fournir, sans génie, un couplet à Linière.
Mais pour un vain bonheur qui vous a fait rimer,
Gardez qu'un sot orgueil ne vous vienne enfumer.
Souvent l'auteur altier de quelque chansonnette
Au même instant prend droit de se croire poëte :
Il ne dormira plus qu'il n'ait fait un sonnet;
Il met tous les matins six impromptus au net.
Encore est-ce un miracle, en ses vagues furies,
Si bientôt, imprimant ses sottes rêveries,
Il ne se fait graver au devant du recueil,
Couronné de lauriers, par la main de Nanteuil [2].

[1] Il paroît que l'auteur s'est rappelé en écrivant ce vers le sort déplorable d'un poëte nommé Petit, auteur d'un ouvrage intitulé *Paris ridicule*, et qui fut condamné au feu pour quelques couplets indévots.
[2] Fameux graveur. (B.)

CHANT III.

Il n'est point de serpent, ni de monstre odieux,
Qui, par l'art imité, ne puisse plaire aux yeux :
D'un pinceau délicat l'artifice agréable
Du plus affreux objet fait un objet aimable.
Ainsi, pour nous charmer, la Tragédie en pleurs
D'OEdipe tout sanglant[1] fit parler les douleurs,
D'Oreste parricide exprima les alarmes,
Et, pour nous divertir, nous arracha des larmes.
Vous donc qui, d'un beau feu pour le théâtre épris,
Venez en vers pompeux y disputer le prix,
Voulez-vous sur la scène étaler des ouvrages
Où tout Paris en foule apporte ses suffrages,
Et qui, toujours plus beaux plus ils sont regardés,
Soient au bout de vingt ans encor redemandés ;
Que dans tous vos discours la passion émue
Aille chercher le cœur, l'échauffe et le remue.
Si d'un beau mouvement l'agréable fureur
Souvent ne nous remplit d'une douce terreur,
Ou n'excite en notre ame une pitié charmante,
En vain vous étalez une scène savante :
Vos froids raisonnements ne feront qu'attiédir
Un spectateur toujours paresseux d'applaudir,
Et qui, des vains efforts de votre rhétorique
Justement fatigué, s'endort, ou vous critique.
Le secret est d'abord de plaire et de toucher :

[1] Sophocle. (B.)

Inventez des ressorts qui puissent m'attacher.

Que dès les premiers vers l'action préparée
Sans peine du sujet m'aplanisse l'entrée.
Je me ris d'un acteur qui, lent à s'exprimer,
De ce qu'il veut d'abord ne sait pas m'informer;
Et qui, débrouillant mal une pénible intrigue,
D'un divertissement me fait une fatigue[1].
J'aimerois mieux encor qu'il déclinât son nom[2],
Et dît, Je suis Oreste, ou bien Agamemnon,
Que d'aller, par un tas de confuses merveilles,
Sans rien dire à l'esprit, étourdir les oreilles :
Le sujet n'est jamais assez tôt expliqué.

Que le lieu de la scène y soit fixe et marqué.
Un rimeur, sans péril, delà les Pyrénées[3],
Sur la scène en un jour renferme des années :
Là souvent le héros d'un spectacle grossier,
Enfant au premier acte, est barbon au dernier.
Mais nous, que la raison à ses règles engage,
Nous voulons qu'avec art l'action se ménage;
Qu'en un lieu, qu'en un jour, un seul fait accompli
Tienne jusqu'à la fin le théâtre rempli.

Jamais au spectateur n'offrez rien d'incroyable :
Le vrai peut quelquefois n'être pas vraisemblable.
Une merveille absurde est pour moi sans appas :
L'esprit n'est point ému de ce qu'il ne croit pas.
Ce qu'on ne doit point voir, qu'un récit nous l'expose :
Les yeux en le voyant saisiroient mieux la chose,

---

[1] On a dit que ces vers s'adressoient à l'*Héraclius* de Corneille.
[2] Il y a de pareils exemples dans Euripide. (B.)
[3] Lope de Véga.

Mais il est des objets que l'art judicieux
Doit offrir à l'oreille et reculer des yeux.

Que le trouble, toujours croissant de scène en scène,
A son comble arrivé, se débrouille sans peine.
L'esprit ne se sent point plus vivement frappé
Que lorsqu'en un sujet d'intrigue enveloppé,
D'un secret tout à coup la vérité connue
Change tout, donne à tout une face imprévue.

La Tragédie, informe et grossière en naissant,
N'étoit qu'un simple chœur, où chacun en dansant,
Et du dieu des raisins entonnant les louanges,
S'efforçoit d'attirer de fertiles vendanges.
Là, le vin et la joie éveillant les esprits,
Du plus habile chantre un bouc étoit le prix.

Thespis fut le premier qui, barbouillé de lie,
Promena par les bourgs[1] cette heureuse folie;
Et, d'acteurs mal ornés chargeant un tombereau,
Amusa les passants d'un spectacle nouveau.

Eschyle dans le chœur jeta les personnages,
D'un masque plus honnête habilla les visages,
Sur les ais d'un théâtre en public exhaussé
Fit paroître l'acteur d'un brodequin chaussé.
Sophocle enfin, donnant l'essor à son génie,
Accrut encor la pompe, augmenta l'harmonie,
Intéressa le chœur dans toute l'action,
Des vers trop raboteux polit l'expression,
Lui donna chez les Grecs cette hauteur divine[2]
Où jamais n'atteignit la foiblesse latine.

[1] Les bourgs de l'Attique. (B.)
[2] Voyez Quintilien, liv. x, chap. 1. (B.)

CHANT III.

Chez nos dévots aïeux le théâtre abhorré
Fut long-temps dans la France un plaisir ignoré.
De pélerins[1], dit-on, une troupe grossière
En public à Paris y monta la première ;
Et, sottement zélée en sa simplicité,
Joua les Saints, la Vierge, et Dieu, par piété.
Le savoir, à la fin dissipant l'ignorance,
Fit voir de ce projet la dévote imprudence.
On chassa ces docteurs prêchant sans mission ;
On vit renaître Hector, Andromaque, Ilion[2].
Seulement les acteurs laissant le masque antique[3],
Le violon tint lieu[4] de chœur et de musique.

Bientôt l'amour, fertile en tendres sentiments,
S'empara du théâtre ainsi que des romans.
De cette passion la sensible peinture
Est pour aller au cœur la route la plus sûre.
Peignez donc, j'y consens, les héros amoureux ;
Mais ne m'en formez pas des bergers doucereux :
Qu'Achille aime autrement que Thyrsis et Philène ;
N'allez pas d'un Cyrus nous faire un Artamène[5] ;
Et que l'amour, souvent de remords combattu,
Paroisse une foiblesse et non une vertu.

---

[1] Leurs pièces sont imprimées. (B.)

[2] Ce ne fut que sous Louis XIII que la tragédie commença à prendre une bonne forme en France. (B.)

[3] Ce masque antique s'appliquoit sur le visage de l'acteur, et représentoit le personnage que l'on introduisoit sur la scène. (B.)

[4] *Esther* et *Athalie* ont montré combien on a perdu en supprimant les chœurs et la musique. (B.)

[5] Artamène, nom de Cyrus dans le roman de mademoiselle de Scuderi.

Des héros de roman fuyez les petitesses :
Toutefois aux grands cœurs donnez quelques foiblesses.
Achille déplairoit, moins bouillant et moins prompt:
J'aime à lui voir verser des pleurs pour un affront.
A ces petits défauts marqués dans sa peinture,
L'esprit avec plaisir reconnoît la nature.
Qu'il soit sur ce modèle en vos écrits tracé :
Qu'Agamemnon soit fier, superbe, intéressé;
Que pour ses dieux Énée ait un respect austère.
Conservez à chacun son propre caractère.
Des siècles, des pays, étudiez les mœurs :
Les climats font souvent les diverses humeurs.

   Gardez donc de donner, ainsi que dans Clélie,
L'air ni l'esprit françois à l'antique Italie;
Et, sous des noms romains faisant notre portrait,
Peindre Caton galant, et Brutus dameret.
Dans un roman frivole aisément tout s'excuse;
C'est assez qu'en courant la fiction amuse;
Trop de rigueur alors seroit hors de saison :
Mais la scène demande une exacte raison;
L'étroite bienséance y veut être gardée.

   D'un nouveau personnage inventez-vous l'idée,
Qu'en tout avec soi-même il se montre d'accord,
Et qu'il soit jusqu'au bout tel qu'on l'a vu d'abord.

   Souvent, sans y penser, un écrivain qui s'aime
Forme tous ses héros semblables à soi-même :
Tout a l'humeur gasconne en un auteur gascon;
Calprenède et Juba[1] parlent du même ton.

   La nature est en nous plus diverse et plus sage;

---

[1] Héros de la *Cléopâtre*. (B.) Roman de la Calprenède.

Chaque passion parle un différent langage :
La colère est superbe, et veut des mots altiers ;
L'abattement s'explique en des termes moins fiers.
 Que devant Troie en flamme Hécube désolée
Ne vienne pas pousser une plainte ampoulée,
Ni sans raison décrire en quel affreux pays
Par sept bouches l'Euxin reçoit le Tanaïs [1].
Tous ces pompeux amas d'expressions frivoles
Sont d'un déclamateur amoureux des paroles.
Il faut dans la douleur que vous vous abaissiez :
Pour me tirer des pleurs, il faut que vous pleuriez.
Ces grands mots dont alors l'acteur emplit sa bouche
Ne partent point d'un cœur que sa misère touche.
 Le théâtre, fertile en censeurs pointilleux,
Chez nous pour se produire est un champ périlleux.
Un auteur n'y fait pas de faciles conquêtes ;
Il trouve à le siffler des bouches toujours prêtes :
Chacun le peut traiter de fat et d'ignorant ;
C'est un droit qu'à la porte on achète en entrant.
Il faut qu'en cent façons, pour plaire, il se replie ;
Que tantôt il s'élève et tantôt s'humilie ;
Qu'en nobles sentiments il soit partout fécond ;
Qu'il soit aisé, solide, agréable, profond ;
Que de traits surprenants sans cesse il nous réveille ;
Qu'il coure dans ses vers de merveille en merveille ;
Et que tout ce qu'il dit, facile à retenir,
De son ouvrage en nous laisse un long souvenir.
Ainsi la Tragédie agit, marche, et s'explique.

---

[1] Sénèque le tragique, *Troade*, sc. 1re. (B.)

D'un air plus grand encor la poésie épique,
Dans le vaste récit d'une longue action,
Se soutient par la fable, et vit de fiction.
Là pour nous enchanter tout est mis en usage;
Tout prend un corps, une ame, un esprit, un visage.
Chaque vertu devient une divinité :
Minerve est la prudence, et Vénus la beauté;
Ce n'est plus la vapeur qui produit le tonnerre,
C'est Jupiter armé pour effrayer la terre;
Un orage terrible aux yeux des matelots,
C'est Neptune en courroux qui gourmande les flots;
Écho n'est plus un son qui dans l'air retentisse,
C'est une nymphe en pleurs qui se plaint de Narcisse.
Ainsi, dans cet amas de nobles fictions,
Le poëte s'égaie en mille inventions,
Orne, élève, embellit, agrandit toutes choses,
Et trouve sous sa main des fleurs toujours écloses.
Qu'Énée et ses vaisseaux, par le vent écartés,
Soient aux bords africains d'un orage emportés,
Ce n'est qu'une aventure ordinaire et commune,
Qu'un coup peu surprenant des traits de la fortune.
Mais que Junon, constante en son aversion,
Poursuive sur les flots les restes d'Ilion;
Qu'Éole, en sa faveur, les chassant d'Italie,
Ouvre aux vents mutinés les prisons d'Éolie;
Que Neptune en courroux s'élevant sur la mer
D'un mot calme les flots, mette la paix dans l'air,
Délivre les vaisseaux, des syrtes les arrache :
C'est là ce qui surprend, frappe, saisit, attache.
Sans tous ces ornements le vers tombe en langueur;

La poésie est morte, ou rampe sans vigueur;
Le poëte n'est plus qu'un orateur timide,
Qu'un froid historien d'une fable insipide.
 C'est donc bien vainement que nos auteurs déçus[1],
Bannissant de leurs vers ces ornements reçus,
Pensent faire agir Dieu, ses saints et ses prophètes,
Comme ces dieux éclos du cerveau des poëtes;
Mettent à chaque pas le lecteur en enfer;
N'offrent rien qu'Astaroth, Belzébuth, Lucifer.
De la foi d'un chrétien les mystères terribles
D'ornements égayés ne sont point susceptibles :
L'évangile à l'esprit n'offre de tous côtés
Que pénitence à faire et tourments mérités;
Et de vos fictions le mélange coupable
Même à ses vérités donne l'air de la fable.
Et quel objet enfin à présenter aux yeux
Que le diable toujours hurlant contre les cieux[2],
Qui de votre héros veut rabaisser la gloire,
Et souvent avec Dieu balance la victoire!
 Le Tasse, dira-t-on, l'a fait avec succès.
Je ne veux point ici lui faire son procès :
Mais, quoi que notre siècle à sa gloire publie,
Il n'eût point de son livre illustré l'Italie,
Si son sage héros, toujours en oraison,
N'eût fait que mettre enfin Satan à la raison;
Et si Renaud, Argant, Tancrède et sa maîtresse,
N'eussent de son sujet égayé la tristesse.

[1] L'auteur avoit en vue Saint-Sorlin Desmarets, qui a écrit contre la fable. (B.)

[2] Voyez le Tasse. (B.)

Ce n'est pas que j'approuve, en un sujet chrétien [1],
Un auteur follement idolâtre et païen.
Mais, dans une profane et riante peinture,
De n'oser de la fable employer la figure;
De chasser les tritons de l'empire des eaux;
D'ôter à Pan sa flûte, aux Parques leurs ciseaux;
D'empêcher que Caron, dans la fatale barque,
Ainsi que le berger ne passe le monarque :
C'est d'un scrupule vain s'alarmer sottement,
Et vouloir aux lecteurs plaire sans agrément.
Bientôt ils défendront de peindre la Prudence,
De donner à Thémis ni bandeau ni balance,
De figurer aux yeux la Guerre au front d'airain,
Ou le Temps qui s'enfuit une horloge à la main;
Et partout des discours, comme une idolâtrie,
Dans leur faux zèle iront chasser l'allégorie.
Laissons-les s'applaudir de leur pieuse erreur.
Mais pour nous, bannissons une vaine terreur;
Et, fabuleux chrétiens, n'allons point, dans nos songes,
Du Dieu de vérité faire un Dieu de mensonges.

    La fable offre à l'esprit mille agréments divers :
Là tous les noms heureux semblent nés pour les vers,
Ulysse, Agamemnon, Oreste, Idoménée,
Hélène, Ménélas, Pâris, Hector, Énée.
Oh! le plaisant projet d'un poëte ignorant,
Qui de tant de héros va choisir Childebrand!
D'un seul nom quelquefois le son dur ou bizarre
Rend un poëme entier ou burlesque ou barbare.

    Voulez-vous long-temps plaire et jamais ne lasser,

[1] Voyez l'Arioste. (B.)

Faites choix d'un héros propre à m'intéresser,
En valeur éclatant, en vertus magnifique;
Qu'en lui, jusqu'aux défauts, tout se montre héroïque;
Que ses faits surprenants soient dignes d'être ouïs;
Qu'il soit tel que César, Alexandre, ou Louis;
Non tel que Polynice et son perfide [1] frère :
On s'ennuie aux exploits d'un conquérant vulgaire.

N'offrez point un sujet d'incidents trop chargé.
Le seul courroux d'Achille, avec art ménagé,
Remplit abondamment une Iliade entière :
Souvent trop d'abondance appauvrit la matière.

Soyez vif et pressé dans vos narrations :
Soyez riche et pompeux dans vos descriptions.
C'est là qu'il faut des vers étaler l'élégance :
N'y présentez jamais de basse circonstance.
N'imitez pas ce fou [2] qui, décrivant les mers,
Et peignant, au milieu de leurs flots entr'ouverts,
L'Hébreu sauvé du joug de ses injustes maîtres,
Met, pour le voir passer, les poissons [3] aux fenêtres;
Peint le petit enfant qui va, saute, revient,
Et joyeux à sa mère offre un caillou qu'il tient.
Sur de trop vains objets c'est arrêter la vue.

Donnez à votre ouvrage une juste étendue.
Que le début soit simple et n'ait rien d'affecté.
N'allez pas dès l'abord, sur Pégase monté,
Crier à vos lecteurs d'une voix de tonnerre :

---

[1] Polynice et Étéocle, frères ennemis, auteurs de la guerre de Thèbes. Voyez la *Thébaïde* de Stace. (B.)

[2] Saint-Amand.

[3] Les poissons ébahis les regardent passer.
(*Moïse sauvé*.)

« Je chante le vainqueur des vainqueurs de la terre [1]. »
Que produira l'auteur après tous ces grands cris?
La montagne en travail enfante une souris.
Oh! que j'aime bien mieux cet auteur plein d'adresse
Qui, sans faire d'abord de si haute promesse,
Me dit d'un ton aisé, doux, simple, harmonieux :
« Je chante les combats et cet homme pieux
« Qui, des bords phrygiens conduit dans l'Ausonie,
« Le premier aborda les champs de Lavinie! »
Sa muse en arrivant ne met pas tout en feu,
Et, pour donner beaucoup, ne nous promet que peu;
Bientôt vous la verrez, prodiguant les miracles,
Du destin des Latins prononcer les oracles;
De Styx et d'Achéron peindre les noirs torrents,
Et déja les Césars dans l'Élysée errants.

De figures sans nombre égayez votre ouvrage;
Que tout y fasse aux yeux une riante image :
On peut être à la fois et pompeux et plaisant;
Et je hais un sublime ennuyeux et pesant.
J'aime mieux Arioste et ses fables comiques,
Que ces auteurs toujours froids et mélancoliques
Qui, dans leur sombre humeur, se croiroient faire
Si les Graces jamais leur dérideroient le front. [affront

On diroit que pour plaire, instruit par la nature,
Homère ait à Vénus [2] dérobé sa ceinture.
Son livre est d'agréments un fertile trésor :
Tout ce qu'il a touché se convertit en or;
Tout reçoit dans ses mains une nouvelle grace;

---

[1] *Alaric*, poëme de Scuderi, liv. I. (B.)
[2] *Iliade*, liv. xiv. (B.)

CHANT III.

Partout il divertit, et jamais il ne lasse.
Une heureuse chaleur anime ses discours :
Il ne s'égare point en de trop longs détours.
Sans garder dans ses vers un ordre méthodique,
Son sujet de soi-même et s'arrange et s'explique :
Tout, sans faire d'apprêts, s'y prépare aisément;
Chaque vers, chaque mot court à l'événement.
Aimez donc ses écrits, mais d'un amour sincère :
C'est avoir profité que de savoir s'y plaire.

    Un poëme excellent, où tout marche et se suit,
N'est pas de ces travaux qu'un caprice produit;
Il veut du temps, des soins; et ce pénible ouvrage
Jamais d'un écolier ne fut l'apprentissage.
Mais souvent parmi nous un poëte sans art,
Qu'un beau feu quelquefois échauffa par hasard,
Enflant d'un vain orgueil son esprit chimérique,
Fièrement prend en main la trompette héroïque :
Sa muse déréglée, en ses vers vagabonds,
Ne s'élève jamais que par sauts et par bonds;
Et son feu, dépourvu de sens et de lecture,
S'éteint à chaque pas faute de nourriture.
Mais en vain le public, prompt à le mépriser,
De son mérite faux le veut désabuser;
Lui-même, applaudissant à son maigre génie,
Se donne par ses mains l'encens qu'on lui dénie :
Virgile, auprès de lui, n'a point d'invention;
Homère n'entend point la noble fiction [1].

---

[1] Desmarets est désigné dans ce vers. Il disoit que l'action de l'*Iliade n'étoit point noble*, que les fictions d'Homère *étoient mal réglées*, et que Virgile *n'avoit point d'invention*.

Si contre cet arrêt le siècle se rebelle,
A la postérité d'abord il en appelle :
Mais attendant qu'ici le bon sens de retour
Ramène triomphants ses ouvrages au jour,
Leurs tas au magasin, cachés à la lumière,
Combattent tristement les vers et la poussière.
Laissons-les donc entre eux s'escrimer en repos ;
Et, sans nous égarer, suivons notre propos.

 Des succès fortunés du spectacle tragique
Dans Athènes naquit la Comédie antique.
Là le Grec, né moqueur, par mille jeux plaisants
Distilla le venin de ses traits médisants.
Aux accès insolents d'une bouffonne joie
La sagesse, l'esprit, l'honneur, furent en proie.
On vit par le public un poëte avoué
S'enrichir aux dépens du mérite joué ;
Et Socrate par lui, dans un chœur de nuées [1],
D'un vil amas de peuple attirer les huées.
Enfin de la licence on arrêta le cours :
Le magistrat des lois emprunta le secours,
Et, rendant par édit les poëtes plus sages,
Défendit de marquer les noms et les visages.
Le théâtre perdit son antique fureur :
La Comédie apprit à rire sans aigreur,
Sans fiel et sans venin sut instruire et reprendre,
Et plut innocemment dans les vers de Ménandre.
Chacun, peint avec art dans ce nouveau miroir,
S'y vit avec plaisir, ou crut ne s'y point voir :

---

[1] Les *Nuées*, comédie d'Aristophane. (B.)

L'avare, des premiers, rit du tableau fidèle
D'un avare souvent tracé sur son modèle;
Et mille fois un fat finement exprimé
Méconnut le portrait sur lui-même formé.

Que la nature donc soit votre étude unique,
Auteurs qui prétendez aux honneurs du comique.
Quiconque voit bien l'homme, et, d'un esprit profond,
De tant de cœurs cachés a pénétré le fond;
Qui sait bien ce que c'est qu'un prodigue, un avare,
Un honnête homme, un fat, un jaloux, un bizarre,
Sur une scène heureuse il peut les étaler,
Et les faire à nos yeux vivre, agir et parler.
Présentez-en partout les images naïves :
Que chacun y soit peint des couleurs les plus vives.
La nature, féconde en bizarres portraits,
Dans chaque ame est marquée à de différents traits;
Un geste la découvre, un rien la fait paroître:
Mais tout esprit n'a pas des yeux pour la connoître.

Le temps, qui change tout, change aussi nos humeurs:
Chaque âge a ses plaisirs, son esprit et ses mœurs.

Un jeune homme, toujours bouillant dans ses caprices,
Est prompt à recevoir l'impression des vices;
Est vain dans ses discours, volage en ses désirs,
Rétif à la censure, et fou dans les plaisirs.

L'âge viril, plus mûr, inspire un air plus sage,
Se pousse auprès des grands, s'intrigue, se ménage,
Contre les coups du sort songe à se maintenir,
Et loin dans le présent regarde l'avenir.

La vieillesse chagrine incessamment amasse,
Garde, non pas pour soi, les trésors qu'elle entasse;

Marche en tous ses desseins d'un pas lent et glacé ;
Toujours plaint le présent et vante le passé ;
Inhabile aux plaisirs dont la jeunesse abuse,
Blâme en eux les douceurs que l'âge lui refuse.

Ne faites point parler vos acteurs au hasard,
Un vieillard en jeune homme, un jeune homme en
Étudiez la cour, et connoissez la ville : [vieillard.
L'une et l'autre est toujours en modèles fertile.
C'est par là que Molière, illustrant ses écrits,
Peut-être de son art eût remporté le prix,
Si, moins ami du peuple, en ses doctes peintures
Il n'eût point fait souvent grimacer ses figures ;
Quitté, pour le bouffon, l'agréable et le fin,
Et sans honte à Térence allié Tabarin :
Dans ce sac ridicule où Scapin s'enveloppe
Je ne reconnois plus l'auteur du Misanthrope [1].

Le Comique, ennemi des soupirs et des pleurs,
N'admet point en ses vers de tragiques douleurs ;
Mais son emploi n'est pas d'aller, dans une place,
De mots sales et bas charmer la populace :
Il faut que ses acteurs badinent noblement ;

---

[1] Comédie de Molière. (B.) On a remarqué dans le vers précédent une inadvertance singulière : ce n'est pas Scapin, c'est Géronte qui est enveloppé dans un sac. Cette erreur a donné lieu de croire qu'il existe ici une faute d'impression ; et un jeune écrivain, de notre époque (1827), M. Lami, a cru pouvoir présenter la version suivante, comme étant probablement celle de Boileau :

> Dans ce sac ridicule où Scapin l'enveloppe,
> Je ne reconnois plus l'auteur du Misanthrope.

Molière en effet jouoit les rôles à manteau, et représentoit Géronte dans les *Fourberies de Scapin*.

CHANT III.

Que son nœud bien formé se dénoue aisément ;
Que l'action, marchant où la raison la guide,
Ne se perde jamais dans une scène vide ;
Que son style humble et doux se relève à propos,
Que ses discours, partout fertiles en bons mots,
Soient pleins de passions finement maniées,
Et les scènes toujours l'une à l'autre liées.
Aux dépens du bon sens gardez de plaisanter :
Jamais de la nature il ne faut s'écarter.
Contemplez de quel air un père dans Térence [1]
Vient d'un fils amoureux gourmander l'imprudence ;
De quel air cet amant écoute ses leçons,
Et court chez sa maîtresse oublier ses chansons.
Ce n'est pas un portrait, une image semblable ;
C'est un amant, un fils, un père véritable.

J'aime sur le théâtre un agréable auteur
Qui, sans se diffamer aux yeux du spectateur,
Plaît par la raison seule, et jamais ne la choque ;
Mais pour un faux plaisant à grossière équivoque,
Qui pour me divertir n'a que la saleté [2],
Qu'il s'en aille, s'il veut, sur deux tréteaux monté,
Amusant le Pont-Neuf de ses sornettes fades,
Aux laquais assemblés jouer ses mascarades.

---

[1] Voyez Simon dans l'*Adrienne*, et Démée dans les *Adelphes*. (B.)
[2] Quelques commentateurs assurent qu'il est ici question de Montfleuri, auteur de la *Femme juge et partie*.

CHANT IV.

Dans Florence jadis vivoit un médecin,
Savant hâbleur, dit-on, et célèbre assassin.
Lui seul y fit long-temps la publique misère :
Là, le fils orphelin lui redemande un père ;
Ici le frère pleure un frère empoisonné :
L'un meurt vide de sang, l'autre plein de séné.
Le rhume à son aspect se change en pleurésie,
Et par lui la migraine est bientôt frénésie.
Il quitte enfin la ville, en tous lieux détesté.
De tous ses amis morts un seul ami resté
Le mène en sa maison de superbe structure.
C'étoit un riche abbé, fou de l'architecture.
Le médecin d'abord semble né dans cet art,
Déja de bâtiments parle comme Mansard [1] :
D'un salon qu'on élève il condamne la face ;
Au vestibule obscur il marque une autre place ;
Approuve l'escalier tourné d'autre façon.
Son ami le conçoit, et mande son maçon.
Le maçon vient, écoute, approuve, et se corrige.
Enfin, pour abréger un si plaisant prodige,
Notre assassin renonce à son art inhumain ;
Et désormais, la règle et l'équerre à la main,
Laissant de Galien la science suspecte,
De méchant médecin devient bon architecte.

[1] François Mansard, né à Paris en 1598, mort en 1666, inventeur des *mansardes*.

Son exemple est pour nous un précepte excellent.
Soyez plutôt maçon, si c'est votre talent,
Ouvrier estimé dans un art nécessaire,
Qu'écrivain du commun, et poëte vulgaire.
Il est dans tout autre art des degrés différents,
On peut avec honneur remplir les seconds rangs,
Mais, dans l'art dangereux de rimer et d'écrire,
Il n'est point de degrés du médiocre au pire :
Qui dit froid écrivain dit détestable auteur.
Boyer [1] est à Pinchêne égal pour le lecteur ;
On ne lit guère plus Rampale et Ménardière [2],
Que Magnon [3], du Souhait [4], Corbin [5] et la Morlière [6].
Un fou du moins fait rire, et peut nous égayer :
Mais un froid écrivain ne sait rien qu'ennuyer.
J'aime mieux Bergerac [7] et sa burlesque audace
Que ces vers où Motin [8] se morfond et nous glace.

   Ne vous enivrez point des éloges flatteurs
Qu'un amas quelquefois de vains admirateurs
Vous donne en ces réduits, prompts à crier : Merveille !
Tel écrit récité se soutint à l'oreille,
Qui, dans l'impression au grand jour se montrant,

---

[1] Auteur médiocre. (B.) Boyer a composé des pièces de théâtre, telles que *Judith*, *Agamemnon*, etc.

[2] Auteurs inconnus, le premier, de quelques tragédies, le second, d'une *Poétique* et d'un traité de la *Mélancolie*.

[3] Magnon a composé un poëme fort long, intitulé *l'Encyclopédie*. (B.)

[4] Du Souhait avoit traduit l'*Iliade* en prose. (B.)

[5] Corbin avoit traduit la *Bible* mot à mot. (B.)

[6] La Morlière, méchant poëte. (B.)

[7] Cyrano de Bergerac, auteur du *Voyage de la lune*. (B.)

[8] Pierre Motin, auteur de poésies insérées dans quelques éditions de Malherbe, de Racan, etc.

Ne soutient pas des yeux le regard pénétrant [1].
On sait de cent auteurs l'aventure tragique :
Et Gombaud tant loué garde encor la boutique.

   Écoutez tout le monde, assidu consultant :
Un fat quelquefois ouvre un avis important.
Quelques vers toutefois qu'Apollon vous inspire,
En tous lieux aussitôt ne courez pas les lire.
Gardez-vous d'imiter ce rimeur furieux [2]
Qui de ses vains écrits lecteur harmonieux,
Aborde en récitant quiconque le salue,
Et poursuit de ses vers les passants dans la rue.
Il n'est temple si saint des anges respecté
Qui soit contre sa muse un lieu de sûreté [3].

   Je vous l'ai déja dit, aimez qu'on vous censure,
Et, souple à la raison, corrigez sans murmure.
Mais ne vous rendez pas dès qu'un sot vous reprend.

   Souvent dans son orgueil un subtil ignorant
Par d'injustes dégoûts combat toute une pièce,
Blâme des plus beaux vers la noble hardiesse.
On a beau réfuter ses vains raisonnements ;
Son esprit se complaît dans ses faux jugements ;
Et sa foible raison, de clarté dépourvue,
Pense que rien n'échappe à sa débile vue.
Ses conseils sont à craindre ; et, si vous les croyez,
Pensant fuir un écueil, souvent vous vous noyez.

   Faites choix d'un censeur solide et salutaire
Que la raison conduise et le savoir éclaire,

---

[1] Chapelain. (B.)
[2] Du Perrier. (B.)
[3] Il récita de ses vers à l'auteur, malgré lui, dans une église. (B.)

Et dont le crayon sûr d'abord aille chercher
L'endroit que l'on sent foible, et qu'on se veut cacher.
Lui seul éclaircira vos doutes ridicules,
De votre esprit tremblant lèvera les scrupules.
C'est lui qui vous dira par quel transport heureux,
Quelquefois dans sa course un esprit vigoureux,
Trop resserré par l'art, sort des règles prescrites,
Et de l'art même apprend à franchir leurs limites.
Mais ce parfait censeur se trouve rarement.
Tel excelle à rimer qui juge sottement :
Tel s'est fait par ses vers distinguer dans la ville,
Qui jamais de Lucain n'a distingué Virgile [1].

  Auteurs, prêtez l'oreille à mes instructions.
Voulez-vous faire aimer vos riches fictions,
Qu'en savantes leçons votre muse fertile
Partout joigne au plaisant le solide et l'utile.
Un lecteur sage fuit un vain amusement,
Et veut mettre à profit son divertissement. [vrages,
  Que votre ame et vos mœurs, peintes dans vos ou-
N'offrent jamais de vous que de nobles images.
Je ne puis estimer ces dangereux auteurs
Qui de l'honneur, en vers, infames déserteurs,
Trahissant la vertu sur un papier coupable,
Aux yeux de leurs lecteurs rendent le vice aimable.
  Je ne suis pas pourtant de ces tristes esprits [2]
Qui, bannissant l'amour de tous chastes écrits,
D'un si riche ornement veulent priver la scène;
Traitent d'empoisonneurs et Rodrigue et Chimène.

---

[1] Ce trait paraît dirigé contre le grand **Corneille**.
[2] Nicole, qui a écrit contre la comédie.

L'amour le moins honnête exprimé chastement
N'excite point en nous de honteux mouvement.
Didon a beau gémir et m'étaler ses charmes;
Je condamne sa faute en partageant ses larmes.
Un auteur vertueux, dans ses vers innocents,
Ne corrompt point le cœur en chatouillant les sens :
Son feu n'allume point de criminelle flamme.
Aimez donc la vertu, nourrissez-en votre ame :
En vain l'esprit est plein d'une noble vigueur;
Le vers se sent toujours des bassesses du cœur.

 Fuyez surtout, fuyez ces basses jalousies,
Des vulgaires esprits malignes frénésies.
Un sublime écrivain n'en peut être infecté;
C'est un vice qui suit la médiocrité.
Du mérite éclatant cette sombre rivale
Contre lui chez les grands incessamment cabale;
Et, sur les pieds en vain tâchant de se hausser,
Pour s'égaler à lui cherche à le rabaisser.
Ne descendons jamais dans ces lâches intrigues :
N'allons point à l'honneur par de honteuses brigues.

 Que les vers ne soient pas votre éternel emploi.
Cultivez vos amis, soyez homme de foi :
C'est peu d'être agréable et charmant dans un livre;
Il faut savoir encore et converser et vivre.

 Travaillez pour la gloire, et qu'un sordide gain
Ne soit jamais l'objet d'un illustre écrivain.
Je sais qu'un noble esprit peut, sans honte et sans crime,
Tirer de son travail un tribut légitime :
Mais je ne puis souffrir ces auteurs renommés
Qui, dégoûtés de gloire, et d'argent affamés,

Mettent leur Apollon aux gages d'un libraire,
Et font d'un art divin un métier mercenaire.

    Avant que la raison, s'expliquant par la voix,
Eût instruit les humains, eût enseigné des lois,
Tous les hommes suivoient la grossière nature,
Dispersés dans les bois couroient à la pâture ;
La force tenoit lieu de droit et d'équité ;
Le meurtre s'exerçoit avec impunité.
Mais du discours enfin l'harmonieuse adresse
De ces sauvages mœurs adoucit la rudesse,
Rassembla les humains dans les forêts épars,
Enferma les cités de murs et de remparts,
De l'aspect du supplice effraya l'insolence,
Et sous l'appui des lois mit la foible innocence.
Cet ordre fut, dit-on, le fruit des premiers vers.
De là sont nés ces bruits reçus dans l'univers,
Qu'aux accents dont Orphée emplit les monts de Thrace
Les tigres amollis dépouilloient leur audace ;
Qu'aux accords d'Amphion les pierres se mouvoient,
Et sur les murs thébains en ordre s'élevoient.
L'harmonie en naissant produisit ces miracles.
Depuis, le ciel en vers fit parler les oracles ;
Du sein d'un prêtre, ému d'une divine horreur,
Apollon par des vers exhala sa fureur.
Bientôt, ressuscitant les héros des vieux âges,
Homère aux grands exploits anima les courages.
Hésiode à son tour, par d'utiles leçons,
Des champs trop paresseux vint hâter les moissons.
En mille écrits fameux la sagesse tracée
Fut, à l'aide des vers, aux mortels annoncée ;

Et partout des esprits ses préceptes vainqueurs,
Introduits par l'oreille, entrèrent dans les cœurs.
Pour tant d'heureux bienfaits les muses révérées
Furent d'un juste encens dans la Grèce honorées;
Et leur art, attirant le culte des mortels,
A sa gloire en cent lieux vit dresser des autels.
Mais enfin, l'indigence amenant la bassesse,
Le Parnasse oublia sa première noblesse.
Un vil amour du gain, infectant les esprits,
De mensonges grossiers souilla tous les écrits;
Et partout, enfantant mille ouvrages frivoles,
Trafiqua du discours et vendit les paroles.

  Ne vous flétrissez point par un vice si bas.
Si l'or seul a pour vous d'invincibles appas,
Fuyez ces lieux charmants qu'arrose le Permesse :
Ce n'est point sur ses bords qu'habite la richesse.
Aux plus savants auteurs, comme aux plus grands guer-
Apollon ne promet qu'un nom et des lauriers. [riers,

  Mais quoi ! dans la disette une muse affamée
Ne peut pas, dira-t-on, subsister de fumée;
Un auteur qui, pressé d'un besoin importun,
Le soir entend crier ses entrailles à jeun,
Goûte peu d'Hélicon les douces promenades:
Horace a bu son soûl quand il voit les Ménades;
Et, libre du souci qui trouble Colletet,
N'attend pas pour dîner le succès d'un sonnet.

  Il est vrai : mais enfin cette affreuse disgrace
Rarement parmi nous afflige le Parnasse.
Et que craindre en ce siècle, où toujours les beaux arts
D'un astre favorable éprouvent les regards;

Où d'un prince éclairé la sage prévoyance
Fait partout au mérite ignorer l'indigence?

   Muses, dictez sa gloire à tous vos nourrissons :
Son nom vaut mieux pour eux que toutes vos leçons.
Que Corneille, pour lui rallumant son audace,
Soit encor le Corneille et du Cid et d'Horace :
Que Racine, enfantant des miracles nouveaux,
De ses héros sur lui forme tous les tableaux :
Que de son nom, chanté par la bouche des belles,
Benserade [1] en tous lieux amuse les ruelles :
Que Segrais dans l'églogue en charme les forêts;
Que pour lui l'épigramme aiguise tous ses traits.
Mais quel heureux auteur, dans une autre Énéide,
Aux bords du Rhin tremblant conduira cet Alcide?
Quelle savante lyre au bruit de ses exploits
Fera marcher encor les rochers et les bois;
Chantera le Batave, éperdu dans l'orage,
Soi-même se noyant pour sortir du naufrage;
Dira les bataillons sous Mastricht enterrés,
Dans ces affreux assauts du soleil éclairés?

   Mais tandis que je parle, une gloire nouvelle
Vers ce vainqueur rapide aux Alpes vous appelle.
Déja Dôle et Salins [2] sous le joug ont ployé;
Besançon fume encor sous son roc foudroyé.
Où sont ces grands guerriers dont les fatales ligues
Devoient à ce torrent opposer tant de digues?
Est-ce encore en fuyant qu'ils pensent l'arrêter,
Fiers du honteux honneur d'avoir su l'éviter?

[1] Auteur des *Métamorphoses d'Ovide* en rondeaux.
[2] Places de la Franche-Comté, prises en plein hiver. (B.)

Que de remparts détruits ! que de villes forcées !
Que de moissons de gloire en courant amassées !
Auteurs, pour les chanter redoublez vos transports :
Le sujet ne veut pas de vulgaires efforts.
Pour moi, qui, jusqu'ici nourri dans la satire,
N'ose encor manier la trompette et la lyre,
Vous me verrez pourtant, dans ce champ glorieux,
Vous animer du moins de la voix et des yeux ;
Vous offrir ces leçons que ma muse au Parnasse
Rapporta, jeune encor, du commerce d'Horace ;
Seconder votre ardeur, échauffer vos esprits,
Et vous montrer de loin la couronne et le prix.
Mais aussi pardonnez, si, plein de ce beau zèle,
De tous vos pas fameux observateur fidèle,
Quelquefois du bon or je sépare le faux,
Et des auteurs grossiers j'attaque les défauts.
Censeur un peu fâcheux, mais souvent nécessaire,
Plus enclin à blâmer, que savant à bien faire.

LE LUTRIN,

POËME HÉROÏ-COMIQUE.

AVIS AU LECTEUR[1].

Il seroit inutile maintenant de nier que le poëme suivant a été composé à l'occasion d'un différent assez léger, qui s'émut, dans une des plus célèbres églises de Paris, entre le trésorier et le chantre. Mais c'est tout ce qu'il y a de vrai. Le reste, depuis le commencement jusqu'à la fin, est une pure fiction : et tous les personnages y sont non seulement inventés, mais j'ai eu soin même de les faire d'un caractère directement opposé au caractère de ceux qui desservent cette église, dont la plupart, et principalement les chanoines, sont tous gens, non seulement d'une fort grande probité, mais de beaucoup d'esprit, et entre lesquels il y en a tel à qui je demanderois aussi volontiers son sentiment sur mes ouvrages, qu'à beaucoup de messieurs de l'académie. Il ne faut donc pas s'étonner si personne n'a été offensé de l'impression de ce poëme, puisqu'il n'y a en effet personne qui y soit véritablement attaqué. Un prodigue ne s'avise guère de s'offenser de voir rire d'un avare, ni un dévot de voir tourner en ridicule un libertin.

Je ne dirai point comment je fus engagé à travailler à cette bagatelle sur une espèce de défi qui me fut fait en riant par feu M. le premier président de Lamoignon, qui est celui que j'y peins sous le nom d'Ariste. Ce détail, à mon avis, n'est pas fort nécessaire. Mais je croirois me faire un trop grand tort si je laissois échapper cette occasion d'apprendre à ceux qui l'ignorent, que

---

[1] Placé par Boileau dans l'édition de 1701, à la tête du *Lutrin*.

ce grand personnage, durant sa vie, m'a honoré de son amitié. Je commençai à le connoître dans le temps que mes satires faisoient le plus de bruit ; et l'accès obligeant qu'il me donna dans son illustre maison fit avantageusement mon apologie contre ceux qui vouloient m'accuser alors de libertinage et de mauvaises mœurs. C'étoit un homme d'un savoir étonnant, et passionné admirateur de tous les bons livres de l'antiquité ; et c'est ce qui lui fit plus aisément souffrir mes ouvrages, où il crut entrevoir quelque goût des anciens. Comme sa piété étoit sincère, elle étoit aussi fort gaie, et n'avoit rien d'embarrassant. Il ne s'effraya point du nom de satire que portoient ces ouvrages, où il ne vit en effet que des vers et des auteurs attaqués. Il me loua même plusieurs fois d'avoir purgé, pour ainsi dire, ce genre de poésie de la saleté qui lui avoit été jusqu'alors comme affectée. J'eus donc le bonheur de ne lui être pas désagréable. Il m'appela à tous ses plaisirs et à tous ses divertissements ; c'est-à-dire à ses lectures et à ses promenades. Il me favorisa même quelquefois de sa plus étroite confidence, et me fit voir à fond son ame entière. Et que n'y vis-je point! Quel trésor surprenant de probité et de justice! Quel fonds inépuisable de piété et de zèle. Bien que sa vertu jetât un fort grand éclat au dehors, c'étoit tout autre chose au dedans ; et on voyoit bien qu'il avoit soin d'en tempérer les rayons, pour ne pas blesser les yeux d'un siècle aussi corrompu que le nôtre. Je fus sincèrement épris de tant de qualités admirables, et s'il eut beaucoup de bonne volonté pour moi, j'eus aussi pour lui une très forte attache. Les soins que je lui rendis ne furent mêlés d'aucune raison d'intérêt mercenaire ; et je songeai bien plus à profiter de sa conversation que de son crédit. Il mourut dans le temps que cette amitié étoit en son plus haut point; et le souvenir de sa perte m'afflige encore tous les jours. Pourquoi faut-il que des hommes si dignes de vivre soient sitôt enlevés du monde, tandis que des misérables et des gens de rien arrivent à une extrême vieillesse! Je ne m'étendrai pas davantage sur un sujet si triste : car je sens bien que si je continuois à en parler, je ne pourrois m'empêcher de mouiller peut-être de larmes la préface d'un ouvrage de pure plaisanterie.

ARGUMENT.

Le trésorier remplit la première dignité du chapitre dont il est ici parlé, et il officie avec toutes les marques de l'épiscopat. Le chantre remplit la seconde dignité. Il y avoit autrefois dans le chœur, à la place de celui-ci, un énorme pupitre ou lutrin qui le couvroit presque tout entier. Il le fit ôter. Le trésorier voulut le faire remettre. De là arriva une dispute, qui fait le sujet de ce poëme.

LE LUTRIN,

POËME HÉROÏ-COMIQUE.

1672—1683.

CHANT PREMIER.

Je chante les combats, et ce prélat terrible [1]
Qui, par ses longs travaux et sa force invincible,
Dans une illustre église exerçant son grand cœur,
Fit placer à la fin un lutrin dans le chœur.
C'est en vain que le chantre [2], abusant d'un faux titre,
Deux fois l'en fit ôter par les mains du chapitre :
Ce prélat, sur le banc de son rival altier
Deux fois le reportant, l'en couvrit tout entier.
Muse, redis-moi donc quelle ardeur de vengeance
De ces hommes sacrés rompit l'intelligence,
Et troubla si long-temps deux célèbres rivaux.
Tant de fiel entre-t-il dans l'ame des dévots !
Et toi, fameux héros [3] dont la sage entremise

---

[1] Claude Auvri, d'abord camérier du cardinal Mazarin, puis évêque de Coutances, ensuite trésorier de la Sainte-Chapelle de Paris.

[2] Jacques Barrin, fils du maître des requêtes La Galissonnière.

[3] M. le premier président de Lamoignon. (B.)

De ce schisme naissant débarrassa l'église,
Viens d'un regard heureux animer mon projet,
Et garde-toi de rire en ce grave sujet.
 Parmi les doux plaisirs d'une paix fraternelle
Paris voyoit fleurir son antique chapelle :
Ses chanoines vermeils et brillants de santé
S'engraissoient d'une longue et sainte oisiveté ;
Sans sortir de leurs lits, plus doux que leurs hermines,
Ces pieux fainéants faisoient chanter matines,
Veilloient à bien dîner, et laissoient en leur lieu
A des chantres gagés le soin de louer Dieu :
Quand la Discorde, encor toute noire de crimes,
Sortant des Cordeliers pour aller aux Minimes [1],
Avec cet air hideux qui fait frémir la Paix,
S'arrêta près d'un arbre au pied de son palais.
Là, d'un œil attentif contemplant son empire,
A l'aspect du tumulte elle-même s'admire.
Elle y voit par le coche et d'Évreux et du Mans
Accourir à grands flots ses fidèles Normands :
Elle y voit aborder le marquis, la comtesse,
Le bourgeois, le manant, le clergé, la noblesse ;
Et partout des plaideurs les escadrons épars
Faire autour de Thémis flotter ses étendards.
Mais une église seule à ses yeux immobile
Garde au sein du tumulte une assiette tranquille :
Elle seule la brave ; elle seule aux procès
De ses paisibles murs veut défendre l'accès.
La Discorde, à l'aspect d'un calme qui l'offense,

---

[1] Il y eut de grandes brouilleries dans ces deux couvents, à l'occasion de quelques supérieurs qu'on y vouloit élire. (B.)

Fait siffler ses serpents, s'excite à la vengeance :
Sa bouche se remplit d'un poison odieux,
Et de longs traits de feu lui sortent par les yeux.

 Quoi! dit-elle d'un ton qui fit trembler les vitres,
J'aurai pu jusqu'ici brouiller tous les chapitres,
Diviser Cordeliers, Carmes et Célestins [1];
J'aurai fait soutenir un siége aux Augustins [2] :
Et cette église seule, à mes ordres rebelle,
Nourrira dans son sein une paix éternelle!
Suis-je donc la Discorde? et, parmi les mortels,
Qui voudra désormais encenser mes autels [3] ?

 A ces mots, d'un bonnet couvrant sa tête énorme,
Elle prend d'un vieux chantre et la taille et la forme :
Elle peint de bourgeons son visage guerrier,
Et s'en va de ce pas trouver le trésorier.

 Dans le réduit obscur d'une alcôve enfoncée
S'élève un lit de plume à grands frais amassée :
Quatre rideaux pompeux, par un double contour,
En défendent l'entrée à la clarté du jour.
Là, parmi les douceurs d'un tranquille silence,
Règne sur le duvet une heureuse indolence :
C'est là que le prélat, muni d'un déjeuner,
Dormant d'un léger somme, attendoit le dîner.
La jeunesse en sa fleur brille sur son visage :

---

[1] De longues divisions s'étoient élevées entre ces moines, et n'avoient été terminées que par un arrêt du parlement du mois d'avril 1667.

[2] Ce vers fait allusion à une querelle qui s'éleva en 1658 entre le parlement et les moines augustins. Ceux-ci soutinrent un siége en règle contre les archers; ils furent cependant forcés à capituler.

[3] VIRGILE, *Énéide*, liv. 1, v. 52 et 53.

Son menton sur son sein descend à double étage;
Et son corps, ramassé dans sa courte grosseur,
Fait gémir les coussins sous sa molle épaisseur.
 La déesse en entrant, qui voit la nappe mise,
Admire un si bel ordre, et reconnoît l'Église;
Et, marchant à grands pas vers le lieu du repos,
Au prélat sommeillant elle adresse ces mots:
 Tu dors, Prélat, tu dors, et là haut à ta place
Le chantre aux yeux du chœur étale son audace,
Chante les OREMUS, fait des processions,
Et répand à grands flots les bénédictions.
Tu dors! Attends-tu donc que, sans bulle et sans titre,
Il te ravisse encor le rochet et la mitre?
Sors de ce lit oiseux qui te tient attaché,
Et renonce au repos, ou bien à l'évêché.
 Elle dit, et, du vent de sa bouche profane,
Lui souffle avec ces mots l'ardeur de la chicane.
Le prélat se réveille, et, plein d'émotion,
Lui donne toutefois la bénédiction.
 Tel qu'on voit un taureau qu'une guêpe en furie
A piqué dans les flancs aux dépens de sa vie;
Le superbe animal, agité de tourments,
Exhale sa douleur en longs mugissements:
Tel le fougueux prélat, que ce songe épouvante,
Querelle en se levant et laquais et servante:
Et, d'un juste courroux rallumant sa vigueur,
Même avant le dîner, parle d'aller au chœur.
Le prudent Gilotin [1], son aumônier fidèle,

---

[1] Le vrai nom de ce personnage étoit Guéronet.

En vain par ses conseils sagement le rappelle;
Lui montre le péril; que midi va sonner;
Qu'il va faire, s'il sort, refroidir le dîner.

    Quelle fureur, dit-il, quel aveugle caprice,
Quand le dîner est prêt, vous appelle à l'office?
De votre dignité soutenez mieux l'éclat :
Est-ce pour travailler que vous êtes prélat?
A quoi bon ce dégoût et ce zèle inutile?
Est-il donc pour jeûner quatre-temps ou vigile?
Reprenez vos esprits, et souvenez-vous bien
Qu'un dîner réchauffé ne valut jamais rien.

    Ainsi dit Gilotin; et ce ministre sage
Sur table, au même instant, fait servir le potage.
Le prélat voit la soupe, et, plein d'un saint respect,
Demeure quelque temps muet à cet aspect.
Il cède, il dîne enfin : mais, toujours plus farouche,
Les morceaux trop hâtés se pressent dans sa bouche.
Gilotin en gémit, et, sortant de fureur,
Chez tous ses partisans va semer la terreur.
On voit courir chez lui leurs troupes éperdues,
Comme l'on voit marcher les bataillons de grues [1],
Quand le Pygmée altier, redoublant ses efforts,
De l'Hèbre [2] ou du Strymon [3] vient d'occuper les bords.
A l'aspect imprévu de leur foule agréable,
Le prélat radouci veut se lever de table :
La couleur lui renaît, sa voix change de ton;
Il fait par Gilotin rapporter un jambon,

---

[1] HOMÈRE, Iliade, liv. III, v. 6. (B.)
[2] Fleuve de Thrace. (B.)
[3] Fleuve de l'ancienne Thrace. (B.)

Lui-même le premier, pour honorer la troupe,
D'un vin pur et vermeil il fait remplir sa coupe;
Il l'avale d'un trait : et, chacun l'imitant,
La cruche au large ventre est vide en un instant.
Sitôt que du nectar la troupe est abreuvée,
On dessert : et soudain, la nappe étant levée,
Le prélat, d'une voix conforme à son malheur,
Leur confie en ces mots sa trop juste douleur :

Illustres compagnons de mes longues fatigues,
Qui m'avez soutenu par vos pieuses ligues,
Et par qui, maître enfin d'un chapitre insensé,
Seul à MAGNIFICAT je me vois encensé;
Souffrirez-vous toujours qu'un orgueilleux m'outrage;
Que le chantre à vos yeux détruise votre ouvrage,
Usurpe tous mes droits, et, s'égalant à moi,
Donne à votre lutrin et le ton et la loi?
Ce matin même encor, ce n'est point un mensonge,
Une divinité me l'a fait voir en songe;
L'insolent, s'emparant du fruit de mes travaux,
A prononcé pour moi le BENEDICAT VOS!   [armes.
Oui, pour mieux m'égorger, il prend mes propres

Le prélat à ces mots verse un torrent de larmes.
Il veut, mais vainement, poursuivre son discours;
Ses sanglots redoublés en arrêtent le cours.
Le zélé Gilotin, qui prend part à sa gloire,
Pour lui rendre la voix fait rapporter à boire :
Quand Sidrac, à qui l'âge alonge le chemin,
Arrive dans la chambre un bâton à la main.
Ce vieillard dans le chœur a déjà vu quatre âges :
Il sait de tous les temps les différents usages :

Et son rare savoir, de simple marguillier [1],
L'éleva par degrés au rang de chevecier [2].
A l'aspect du prélat qui tombe en défaillance,
Il devine son mal, il se ride, il s'avance;
Et d'un ton paternel réprimant ses douleurs :
　　Laisse au chantre, dit-il, la tristesse et les pleurs,
Prélat; et, pour sauver tes droits et ton empire,
Écoute seulement ce que le ciel m'inspire.
Vers cet endroit du chœur où le chantre orgueilleux
Montre, assis à ta gauche, un front si sourcilleux,
Sur ce rang d'ais serrés qui forment sa clôture
Fut jadis un lutrin d'inégale structure,
Dont les flancs élargis, de leur vaste contour
Ombrageoient pleinement tous les lieux d'alentour.
Derrière ce lutrin, ainsi qu'au fond d'un antre,
A peine sur son banc on discernoit le chantre :
Tandis qu'à l'autre banc le prélat radieux,
Découvert au grand jour, attiroit tous les yeux.
Mais un démon, fatal à cette ample machine,
Soit qu'une main la nuit eût hâté sa ruine,
Soit qu'ainsi de tout temps l'ordonnât le destin,
Fit tomber à nos yeux le pupitre un matin.
J'eus beau prendre le ciel et le chantre à partie,
Il fallut l'emporter dans notre sacristie,
Où depuis trente hivers, sans gloire enseveli,
Il languit tout poudreux dans un honteux oubli.
Entends-moi donc, Prélat. Dès que l'ombre tranquille

---

[1] C'est celui qui a soin des reliques. (B.)
[2] C'est celui qui a soin des chapes et de la cire. (B.)

Viendra d'un crêpe noir envelopper la ville,
Il faut que trois de nous, sans tumulte et sans bruit,
Partent à la faveur de la naissante nuit,
Et, du lutrin rompu réunissant la masse,
Aillent d'un zèle adroit le remettre en sa place.
Si le chantre demain ose le renverser,
Alors de cent arrêts tu le peux terrasser.
Pour soutenir tes droits que le ciel autorise,
Abyme tout plutôt; c'est l'esprit de l'église :
C'est par là qu'un prélat signale sa vigueur.
Ne borne pas ta gloire à prier dans un chœur :
Ces vertus dans Aleth [1] peuvent être en usage;
Mais dans Paris, plaidons; c'est là notre partage.
Tes bénédictions dans le trouble croissant,
Tu pourras les répandre et par vingt et par cent;
Et, pour braver le chantre en son orgueil extrême,
Les répandre à ses yeux, et le bénir lui-même.

Ce discours aussitôt frappe tous les esprits;
Et le prélat charmé l'approuve par des cris.
Il veut que, sur-le-champ, dans la troupe on choisisse
Les trois que Dieu destine à ce pieux office :
Mais chacun prétend part à cet illustre emploi.
Le sort, dit le prélat, vous servira de loi [2].
Que l'on tire au billet ceux que l'on doit élire.
Il dit, on obéit, on se presse d'écrire.
Aussitôt trente noms, sur le papier tracés,
Sont au fond d'un bonnet par billets entassés.

[1] Nicolas Pavillon, alors évêque d'Aleth, étoit renommé pour sa piété.
[2] Homère, Iliade, liv. vii, v. 171. (E.)

Pour tirer ces billets avec moins d'artifice,
Guillaume, enfant de chœur, prête sa main novice :
Son front nouveau tondu, symbole de candeur,
Rougit, en approchant, d'une honnête pudeur.
Cependant le prélat, l'œil au ciel, la main nue,
Bénit trois fois les noms et trois fois les remue.
Il tourne le bonnet : l'enfant tire ; et Brontin [1]
Est le premier des noms qu'apporte le destin.
Le prélat en conçoit un favorable augure,
Et ce nom dans la troupe excite un doux murmure.
On se tait ; et bientôt on voit paroître au jour
Le nom, le fameux nom du perruquier l'Amour [2].
Ce nouvel Adonis, à la blonde crinière,
Est l'unique souci d'Anne sa perruquière [3] :
Ils s'adorent l'un l'autre ; et ce couple charmant
S'unit long-temps, dit-on, avant le sacrement :
Mais, depuis trois moissons, à leur saint assemblage
L'official a joint le nom de mariage.
Ce perruquier superbe est l'effroi du quartier,
Et son courage est peint sur son visage altier.
Un des noms reste encore, et le prélat par grace
Une dernière fois les brouille et les ressasse.
Chacun croit que son nom est le dernier des trois.
Mais que ne dis-tu point, ô puissant porte-croix,

---

[1] Le sous-marguillier de la Sainte-Chapelle se nommoit Frontin.

[2] Molière a peint le caractère de cet homme dans son *Médecin malgré lui*, à la fin de la première scène, sur ce que M. Despréaux lui en avoit dit. (B.)

[3] Anne Dubuisson, seconde femme du perruquier l'Amour, suivant Brossette.

Boirude [1], sacristain, cher appui de ton maître,
Lorsqu'aux yeux du prélat tu vis ton nom paroître!
On dit que ton front jaune, et ton teint sans couleur,
Perdit en ce moment son antique pâleur;
Et que ton corps goutteux, plein d'une ardeur guerrière,
Pour sauter au plancher fit deux pas en arrière.
Chacun bénit tout haut l'arbitre des humains,
Qui remet leur bon droit en de si bonnes mains.
Aussitôt on se lève; et l'assemblée en foule,
Avec un bruit confus, par les portes s'écoule.
 Le prélat resté seul calme un peu son dépit,
Et jusques au souper se couche et s'assoupit.

[1] Altération du nom de François Sirude, sacristain, et ensuite vicaire de la Sainte-Chapelle.

CHANT II.

Cependant cet oiseau qui prône les merveilles [1],
Ce monstre composé de bouches et d'oreilles,
Qui, sans cesse volant de climats en climats,
Dit partout ce qu'il sait et ce qu'il ne sait pas;
La Renommée enfin, cette prompte courrière,
Va d'un mortel effroi glacer la perruquière;
Lui dit que son époux, d'un faux zèle conduit,
Pour placer un lutrin doit veiller cette nuit.
   A ce triste récit, tremblante, désolée,
Elle accourt, l'œil en feu, la tête échevelée,
Et trop sûre d'un mal qu'on pense lui celer:
   Oses-tu bien encor, traître, dissimuler [2]?
Dit-elle: et ni la foi que ta main m'a donnée,
Ni nos embrassements qu'a suivis l'hyménée,
Ni ton épouse enfin toute prête à périr,
Ne sauroient donc t'ôter cette ardeur de courir!
Perfide! si du moins, à ton devoir fidèle,
Tu veillois pour orner quelque tête nouvelle!
L'espoir d'un juste gain, consolant ma langueur,
Pourroit de ton absence adoucir la longueur.
Mais quel zèle indiscret, quelle aveugle entreprise
Arme aujourd'hui ton bras en faveur d'une église?
Où vas-tu, cher époux? est-ce que tu me fuis?
As-tu donc oublié tant de si douces nuits?

[1] Énéide, liv. IV, v. 173. (B.)
[2] Énéide, liv IV, v. 305. (B.)

Quoi! d'un œil sans pitié vois-tu couler mes larmes?
Au nom de nos baisers jadis si pleins de charmes,
Si mon cœur, de tout temps facile à tes désirs,
N'a jamais d'un moment différé tes plaisirs;
Si, pour te prodiguer mes plus tendres caresses,
Je n'ai point exigé ni serments, ni promesses;
Si toi seul à mon lit enfin eus toujours part;
Diffère au moins d'un jour ce funeste départ.

 En achevant ces mots, cette amante enflammée
Sur un placet [1] voisin tombe demi-pâmée.
Son époux s'en émeut, et son cœur éperdu
Entre deux passions demeure suspendu;
Mais enfin rappelant son audace première :

 Ma femme, lui dit-il d'une voix douce et fière,
Je ne veux point nier les solides bienfaits
Dont ton amour prodigue a comblé mes souhaits,
Et le Rhin de ses flots ira grossir la Loire
Avant que tes faveurs sortent de ma mémoire.
Mais ne présume pas qu'en te donnant ma foi
L'hymen m'ait pour jamais asservi sous ta loi.
Si le ciel en mes mains eût mis ma destinée,
Nous aurions fui tous deux le joug de l'hyménée;
Et, sans nous opposer ces devoirs prétendus,
Nous goûterions encor des plaisirs défendus.
Cesse donc à mes yeux d'étaler un vain titre :
Ne m'ôte pas l'honneur d'élever un pupitre;
Et toi-même, donnant un frein à tes désirs,
Raffermis ma vertu qu'ébranlent tes soupirs.

[1] Sorte de siége qui n'a ni dos ni bras.

CHANT II.

Que te dirai-je enfin ? c'est le ciel qui m'appelle.
Une église, un prélat m'engage en sa querelle.
Il faut partir : j'y cours. Dissipe tes douleurs,
Et ne me trouble plus par ces indignes pleurs.

Il la quitte à ces mots. Son amante effarée
Demeure le teint pâle et la vue égarée :
La force l'abandonne; et sa bouche trois fois
Voulant le rappeler, ne trouve plus de voix.
Elle fuit, et, de pleurs inondant son visage,
Seule pour s'enfermer vole au cinquième étage.
Mais, d'un bouge prochain accourant à ce bruit,
Sa servante Alison la rattrape et la suit.
Les ombres cependant, sur la ville épandues,
Du faîte des maisons descendent dans les rues [1],
Le souper hors du chœur chasse les chapelains,
Et de chantres buvants les cabarets sont pleins.
Le redouté Brontin, que son devoir éveille,
Sort à l'instant, chargé d'une triple bouteille
D'un vin dont Gilotin, qui savoit tout prévoir,
Au sortir du conseil eut soin de le pourvoir.
L'odeur d'un jus si doux lui rend le faix moins rude.
Il est bientôt suivi du sacristain Boirude;
Et tous deux, de ce pas, s'en vont avec chaleur
Du trop lent perruquier réveiller la valeur.
Partons, lui dit Brontin : déja le jour plus sombre,
Dans les eaux s'éteignant, va faire place à l'ombre.
D'où vient ce noir chagrin que je lis dans tes yeux?
Quoi ! le pardon sonnant te retrouve en ces lieux !

[1] Virgile, églog. 1, v. 83.

Où donc est ce grand cœur dont tantôt l'alégresse
Sembloit du jour trop long accuser la paresse?
Marche, et suis-nous du moins où l'honneur nous attend.
　Le perruquier honteux rougit en l'écoutant.
Aussitôt de longs clous il prend une poignée :
Sur son épaule il charge une lourde coignée;
Et derrière son dos, qui tremble sous le poids,
Il attache une scie en forme de carquois :
Il sort au même instant, il se met à leur tête.
A suivre ce grand chef l'un et l'autre s'apprête :
Leur cœur semble allumé d'un zèle tout nouveau;
Brontin tient un maillet, et Boirude un marteau.
La lune, qui du ciel voit leur démarche altière,
Retire en leur faveur sa paisible lumière.
La Discorde en sourit, et, les suivant des yeux,
De joie, en les voyant, pousse un cri dans les cieux.
L'air, qui gémit du cri de l'horrible déesse,
Va jusque dans Cîteaux réveiller la Mollesse.
C'est là qu'en un dortoir elle fait son séjour :
Les Plaisirs nonchalants folâtrent à l'entour;
L'un pétrit dans un coin l'embonpoint des chanoines;
L'autre broie en riant le vermillon des moines :
La Volupté la sert avec des yeux dévots,
Et toujours le Sommeil lui verse des pavots.
Ce soir, plus que jamais, en vain il les redouble.
La Mollesse à ce bruit se réveille, se trouble :
Quand la Nuit, qui déja va tout envelopper,
D'un funeste récit vient encor la frapper;
Lui conte du prélat l'entreprise nouvelle :
Aux pieds des murs sacrés d'une sainte chapelle,

CHANT II.

Elle a vu trois guerriers, ennemis de la paix,
Marcher à la faveur de ses voiles épais :
La Discorde en ces lieux menace de s'accroître :
Demain avec l'aurore un lutrin va paroître,
Qui doit y soulever un peuple de mutins.
Ainsi le ciel l'écrit au livre des destins.

A ce triste discours, qu'un long soupir achève,
La Mollesse, en pleurant, sur un bras se relève,
Ouvre un œil languissant, et, d'une foible voix,
Laisse tomber ces mots qu'elle interrompt vingt fois :
O Nuit ! que m'as-tu dit ? quel démon sur la terre
Souffle dans tous les cœurs la fatigue et la guerre ?
Hélas ! qu'est devenu ce temps, cet heureux temps,
Où les rois s'honoroient du nom de fainéants,
S'endormoient sur le trône, et, me servant sans honte,
Laissoient leur sceptre aux mains ou d'un maire ou d'un
Aucun soin n'approchoit de leur paisible cour : [comte !
On reposoit la nuit, on dormoit tout le jour.
Seulement au printemps, quand Flore dans les plaines
Faisoit taire des vents les bruyantes haleines,
Quatre bœufs attelés, d'un pas tranquille et lent,
Promenoient dans Paris le monarque indolent.
Ce doux siècle n'est plus. Le ciel impitoyable
A placé sur leur trône un prince infatigable.
Il brave mes douceurs, il est sourd à ma voix :
Tous les jours il m'éveille au bruit de ses exploits.
Rien ne peut arrêter sa vigilante audace :
L'été n'a point de feux, l'hiver n'a point de glace.
J'entends à son seul nom tous mes sujets frémir.
En vain deux fois la paix a voulu l'endormir;

Loin de moi son courage, entraîné par la gloire,
Ne se plaît qu'à courir de victoire en victoire.
Je me fatiguerois à te tracer le cours
Des outrages cruels qu'il me fait tous les jours.
Je croyois, loin des lieux d'où ce prince m'exile,
Que l'église du moins m'assuroit un asile.
Mais en vain j'espérois y régner sans effroi :
Moines, abbés, prieurs, tout s'arme contre moi.
Par mon exil honteux la Trappe [1] est ennoblie;
J'ai vu dans Saint-Denis la réforme établie;
Le Carme, le Feuillant, s'endurcit aux travaux;
Et la règle déja se remet dans Clairvaux.
Cîteaux dormoit encore, et la Sainte-Chapelle
Conservoit du vieux temps l'oisiveté fidèle :
Et voici qu'un lutrin, prêt à tout renverser,
D'un séjour si chéri vient encor me chasser!
O toi, de mon repos compagne aimable et sombre!
A de si noirs forfaits prêteras-tu ton ombre?
Ah, Nuit! si tant de fois, dans les bras de l'amour,
Je t'admis aux plaisirs que je cachois au jour,
Du moins ne permets pas... La Mollesse oppressée
Dans sa bouche à ce mot sent sa langue glacée;
Et, lasse de parler, succombant sous l'effort,
Soupire, étend les bras, ferme l'œil, et s'endort.

---

[1] Abbaye de Saint-Bernard, dans laquelle l'abbé Armand le Bouthillier de Rancé a mis la réforme. (B.)

CHANT III.

Mais la Nuit aussitôt de ses ailes affreuses
Couvre des Bourguignons les campagnes vineuses,
Revole vers Paris, et, hâtant son retour,
Déja de Montlhéri voit la fameuse tour[1].
Ses murs, dont le sommet se dérobe à la vue,
Sur la cime d'un roc s'alongent dans la nue,
Et, présentant de loin leur objet ennuyeux,
Du passant qui le fuit semblent suivre les yeux.
Mille oiseaux effrayants, mille corbeaux funèbres,
De ces murs désertés habitent les ténèbres.
Là, depuis trente hivers, un hibou retiré
Trouvoit contre le jour un refuge assuré.
Des désastres fameux ce messager fidèle
Sait toujours des malheurs la première nouvelle,
Et, tout prêt d'en semer le présage odieux,
Il attendoit la Nuit dans ces sauvages lieux.
Aux cris qu'à son abord vers le ciel il envoie,
Il rend tous ses voisins attristés de sa joie.
La plaintive Progné de douleur en frémit;
Et, dans les bois prochains, Philomèle en gémit.
Suis-moi, lui dit la Nuit. L'oiseau plein d'alégresse
Reconnoît à ce ton la voix de sa maîtresse.
Il la suit: et tous deux, d'un cours précipité,
De Paris à l'instant abordent la cité;

[1] Tour très haute, à cinq lieues de Paris, sur le chemin d'Orléans. (B.)

Là, s'élançant d'un vol que le vent favorise,
Ils montent au sommet de la fatale église.
La Nuit baisse la vue, et, du haut du clocher,
Observe les guerriers, les regarde marcher.
Elle voit le barbier qui, d'une main légère,
Tient un verre de vin qui rit dans la fougère;
Et chacun, tour à tour, s'inondant de ce jus,
Célébrer, en buvant, Gilotin et Bacchus.
Ils triomphent, dit-elle, et leur ame abusée
Se promet dans mon ombre une victoire aisée :
Mais allons; il est temps qu'ils connoissent la Nuit.
A ces mots, regardant le hibou qui la suit,
Elle perce les murs de la voûte sacrée ;
Jusqu'en la sacristie elle s'ouvre une entrée,
Et, dans le ventre creux du pupitre fatal,
Va placer de ce pas le sinistre animal.

 Mais les trois champions, pleins de vin et d'audace,
Du palais cependant passent la grande place;
Et, suivant de Bacchus les auspices sacrés,
De l'auguste chapelle ils montent les degrés.
Ils atteignoient déja le superbe portique
Où Ribou le libraire [1], au fond de sa boutique,
Sous vingt fidèles clefs garde et tient en dépôt
L'amas toujours entier des écrits de Haynault [2];
Quand Boirude, qui voit que le péril approche,
Les arrête, et, tirant un fusil de sa poche,

---

[1] Ce libraire avoit imprimé la *Satire des satires* de Boursault, et d'autres ouvrages dans lesquels Boileau étoit maltraité.

[2] Pour Hesnault, écrivain du 17° siècle, qui a traduit le début du poëme de Lucrèce.

Des veines d'un caillou [1], qu'il frappe au même instant,
Il fait jaillir un feu qui pétille en sortant ;
Et bientôt, au brasier d'une mèche enflammée,
Montre, à l'aide du soufre, une cire allumée.
Cet astre tremblotant, dont le jour les conduit,
Est pour eux un soleil au milieu de la nuit.
Le temple à sa faveur est ouvert par Boirude :
Ils passent de la nef la vaste solitude,
Et dans la sacristie entrant, non sans terreur,
En percent jusqu'au fond la ténébreuse horreur.

C'est là que du lutrin gît la machine énorme :
La troupe quelque temps en admire la forme.
Mais le barbier, qui tient les moments précieux :
Ce spectacle n'est pas pour amuser nos yeux,
Dit-il : le temps est cher, portons-le dans le temple ;
C'est là qu'il faut demain qu'un prélat le contemple.
Et d'un bras, à ces mots, qui peut tout ébranler,
Lui-même, se courbant, s'apprête à le rouler.
Mais à peine il y touche [2], ô prodige incroyable !
Que du pupitre sort une voix effroyable.
Brontin en est ému ; le sacristain pâlit ;
Le perruquier commence à regretter son lit.
Dans son hardi projet toutefois il s'obstine ;
Lorsque des flancs poudreux de la vaste machine
L'oiseau sort en courroux, et, d'un cri menaçant,
Achève d'étonner le barbier frémissant :
De ses ailes dans l'air secouant la poussière,
Dans la main de Boirude il éteint la lumière.

[1] Virgile, Géorg. liv. I, v. 135 ; et Énéide, liv. I, v. 178.
[2] Énéide, liv. III, v. 39. (B.)

Les guerriers à ce coup demeurent confondus;
Ils regagnent la nef, de frayeur éperdus : [blissent,
Sous leurs corps tremblotants leurs genoux s'affoi-
D'une subite horreur leurs cheveux se hérissent;
Et bientôt, au travers des ombres de la nuit,
Le timide escadron se dissipe et s'enfuit.

    Ainsi lorsqu'en un coin, qui leur tient lieu d'asile,
D'écoliers libertins une troupe indocile,
Loin des yeux d'un préfet au travail assidu,
Va tenir quelquefois un brelan défendu :
Si du veillant Argus la figure effrayante
Dans l'ardeur du plaisir à leurs yeux se présente,
Le jeu cesse à l'instant, l'asile est déserté,
Et tout fuit à grands pas le tyran redouté.

    La Discorde, qui voit leur honteuse disgrace,
Dans les airs cependant tonne, éclate, menace,
Et, malgré la frayeur dont leurs cœurs sont glacés,
S'apprête à réunir ses soldats dispersés.
Aussitôt de Sidrac elle emprunte l'image :
Elle ride son front, alonge son visage,
Sur un bâton noueux laisse courber son corps,
Dont la chicane semble animer les ressorts;
Prend un cierge en sa main, et d'une voix cassée
Vient ainsi gourmander la troupe terrassée :

    Lâches, où fuyez-vous, quelle peur vous abat?
Aux cris d'un vil oiseau vous cédez sans combat!
Où sont ces beaux discours jadis si pleins d'audace?
Craignez-vous d'un hibou l'impuissante grimace?
Que feriez-vous, hélas ! si quelque exploit nouveau
Chaque jour, comme moi, vous traînoit au barreau;

S'il falloit, sans amis, briguant une audience,
D'un magistrat glacé soutenir la présence,
Ou, d'un nouveau procès hardi solliciteur,
Aborder sans argent un clerc de rapporteur?
Croyez-moi, mes enfants, je vous parle à bon titre :
J'ai moi seul autrefois plaidé tout un chapitre;
Et le barreau n'a point de monstres si hagards
Dont mon œil n'ait cent fois soutenu les regards:
Tous les jours sans trembler j'assiégeois leurs passages.
L'église étoit alors fertile en grands courages :
Le moindre d'entre nous, sans argent, sans appui,
Eût plaidé le prélat, et le chantre avec lui.
Le monde, de qui l'âge avance les ruines,
Ne peut plus enfanter de ces ames divines [1] :
Mais que vos cœurs, du moins, imitant leurs vertus,
De l'aspect d'un hibou ne soient pas abattus.
Songez quel déshonneur va souiller votre gloire,
Quand le chantre demain entendra sa victoire.
Vous verrez tous les jours le chanoine insolent,
Au seul mot de hibou vous sourire en parlant.
Votre ame, à ce penser, de colère murmure :
Allez donc de ce pas en prévenir l'injure;
Méritez les lauriers qui vous sont réservés,
Et ressouvenez-vous quel prélat vous servez.
Mais déja la fureur dans vos yeux étincelle :
Marchez, courez, volez où l'honneur vous appelle.
Que le prélat surpris d'un changement si prompt,
Apprenne la vengeance aussitôt que l'affront.

---

[1] Iliade, liv. I. Discours de Nestor. (B.)

En achevant ces mots, la déesse guerrière
De son pied trace en l'air un sillon de lumière;
Rend aux trois champions leur intrépidité,
Et les laisse tout pleins de sa divinité.

C'est ainsi, grand Condé, qu'en ce combat célèbre [1]
Où ton bras fit trembler le Rhin, l'Escaut et l'Èbre,
Lorsqu'aux plaines de Lens nos bataillons poussés
Furent presque à tes yeux ouverts et renversés,
Ta valeur, arrêtant les troupes fugitives,
Rallia d'un regard leurs cohortes craintives;
Répandit dans leurs rangs ton esprit belliqueux,
Et força la victoire à te suivre avec eux.

La colère, à l'instant succédant à la crainte,
Ils rallument le feu de leur bougie éteinte :
Ils rentrent; l'oiseau sort : l'escadron raffermi
Rit du honteux départ d'un si foible ennemi.
Aussitôt dans le chœur la machine emportée
Est sur le banc du chantre à grand bruit remontée.
Ses ais demi-pourris, que l'âge a relâchés,
Sont à coups de maillet unis et rapprochés.
Sous les coups redoublés tous les bancs retentissent;
Les murs en sont émus, les voûtes en mugissent,
Et l'orgue même en pousse un long gémissement.

Que fais-tu, chantre, hélas! dans ce triste moment?
Tu dors d'un profond somme, et ton cœur sans alarmes
Ne sait pas qu'on bâtit l'instrument de tes larmes !
Oh! que si quelque bruit, par un heureux réveil,
T'annonçoit du Lutrin le funeste appareil;

---

[1] En 1648. (B.)

Avant que de souffrir qu'on en posât la masse,
Tu viendrois en apôtre expirer dans ta place;
Et, martyr glorieux d'un point d'honneur nouveau,
Offrir ton corps aux clous et ta tête au marteau.
   Mais déja sur ton banc la machine enclavée
Est, durant ton sommeil, à ta honte élevée.
Le sacristain achève en deux coups de rabot;
Et le pupitre enfin tourne sur son pivot.

CHANT IV.

Les cloches, dans les airs, de leurs voix argentines,
Appeloient à grand bruit les chantres à matines;
Quand leur chef [1], agité d'un sommeil effrayant,
Encor tout en sueur, se réveille en criant.
Aux élans redoublés de sa voix douloureuse,
Tous ses valets tremblants quittent la plume oiseuse:
Le vigilant Girot [2] court à lui le premier.
C'est d'un maître si saint le plus digne officier;
La porte dans le chœur à sa garde est commise:
Valet souple au logis, fier huissier à l'église.
  Quel chagrin, lui dit-il, trouble votre sommeil?
Quoi! voulez-vous au chœur prévenir le soleil?
Ah! dormez, et laissez à des chantres vulgaires
Le soin d'aller sitôt mériter leurs salaires.
  Ami, lui dit le chantre, encor pâle d'horreur,
N'insulte point, de grace, à ma juste terreur:
Mêle plutôt ici tes soupirs à mes plaintes,
Et tremble en écoutant le sujet de mes craintes.
Pour la seconde fois un sommeil gracieux
Avoit sous ses pavots appesanti mes yeux,
Quand, l'esprit enivré d'une douce fumée,
J'ai cru remplir au chœur ma place accoutumée.
Là, triomphant aux yeux des chantres impuissants,

---

[1] Le chantre. (B.)
[2] Le vrai nom de ce valet de chambre étoit Brunot.

CHANT IV.

Je bénissois le peuple, et j'avalois l'encens :
Lorsque du fond caché de notre sacristie
Une épaisse nuée à longs flots est sortie,
Qui, s'ouvrant à mes yeux, dans son bleuâtre éclat
M'a fait voir un serpent conduit par le prélat.
Du corps de ce dragon, plein de soufre et de nitre,
Une tête sortoit en forme de pupitre,
Dont le triangle affreux, tout hérissé de crins,
Surpassoit en grosseur nos plus épais lutrins.
Animé par son guide, en sifflant il s'avance :
Contre moi sur mon banc je le vois qui s'élance.
J'ai crié, mais en vain : et, fuyant sa fureur,
Je me suis réveillé plein de trouble et d'horreur.

   Le chantre, s'arrêtant à cet endroit funeste,
A ses yeux effrayés laisse dire le reste.
Girot en vain l'assure, et, riant de sa peur,
Nomme sa vision l'effet d'une vapeur :
Le désolé vieillard, qui hait la raillerie,
Lui défend de parler, sort du lit en furie.
On apporte à l'instant ses somptueux habits,
Où sur l'ouate molle éclate le tabis.
D'une longue soutane il endosse la moire,
Prend ses gants violets, les marques de sa gloire;
Et saisit, en pleurant, ce rochet qu'autrefois
Le prélat trop jaloux lui rogna de trois doigts.
Aussitôt, d'un bonnet ornant sa tête grise,
Déja l'aumusse en main il marche vers l'église;
Et, hâtant de ses ans l'importune langueur,
Court, vole, et, le premier, arrive dans le chœur.

   O toi qui, sur ces bords qu'une eau dormante mouille,

Vis combattre autrefois le rat et la grenouille [1];
Qui, par les traits hardis d'un bizarre pinceau,
Mis l'Italie en feu pour la perte d'un seau [2] :
Muse, prête à ma bouche une voix plus sauvage,
Pour chanter le dépit, la colère, la rage,
Que le chantre sentit allumer dans son sang
A l'aspect du pupitre élevé sur son banc.
D'abord pâle et muet, de colère immobile,
A force de douleur, il demeura tranquille :
Mais sa voix s'échappant au travers des sanglots
Dans sa bouche à la fin fit passage à ces mots :
La voilà donc, Girot, cette hydre épouvantable
Que m'a fait voir un songe, hélas, trop véritable !
Je le vois ce dragon tout prêt à m'égorger,
Ce pupitre fatal qui me doit ombrager !
Prélat, que t'ai-je fait? quelle rage envieuse
Rend pour me tourmenter ton ame ingénieuse?
Quoi ! même dans ton lit, cruel, entre deux draps,
Ta profane fureur ne se repose pas !
O ciel ! quoi ! sur mon banc une honteuse masse
Désormais me va faire un cachot de ma place !
Inconnu dans l'église, ignoré dans ce lieu,
Je ne pourrai donc plus être vu que de Dieu !
Ah ! plutôt qu'un moment cet affront m'obscurcisse,
Renonçons à l'autel, abandonnons l'office;
Et, sans lasser le ciel par des chants superflus,
Ne voyons plus un chœur où l'on ne nous voit plus.
Sortons... Mais cependant mon ennemi tranquille

---

[1] Homère a fait le poëme de la *Guerre des rats et des grenouilles*. (B.)
[2] La *Secchia rapita*, poëme italien. (B.)

Jouira sur son banc de ma rage inutile,
Et verra dans le chœur le pupitre exhaussé
Tourner sur le pivot où sa main l'a placé !
Non, s'il n'est abattu, je ne saurois plus vivre.
A moi, Girot, je veux que mon bras m'en délivre.
Périssons, s'il le faut : mais de ses ais brisés
Entraînons, en mourant, les restes divisés.

  A ces mots, d'une main par la rage affermie,
Il saisissoit déja la machine ennemie,
Lorsqu'en ce sacré lieu, par un heureux hasard,
Entrent Jean le choriste, et le sonneur Girard,
Deux Manseaux renommés, en qui l'expérience
Pour les procès est jointe à la vaste science.
L'un et l'autre aussitôt prend part à son affront.
Toutefois condamnant un mouvement trop prompt,
Du lutrin, disent-ils, abattons la machine :
Mais ne nous chargeons pas tout seuls de sa ruine ;
Et que tantôt, aux yeux du chapitre assemblé,
Il soit sous trente mains en plein jour accablé.

  Ces mots des mains du chantre arrachent le pupitre.
J'y consens, leur dit-il ; assemblons le chapitre.
Allez donc de ce pas, par de saints hurlements,
Vous-mêmes appeler les chanoines dormants.
Partez. Mais ce discours les surprend et les glace.
Nous ! qu'en ce vain projet, pleins d'une folle audace,
Nous allions, dit Girard, la nuit nous engager !
De notre complaisance osez-vous l'exiger ?
Hé, seigneur ! quand nos cris pourroient, du fond des [rues,
De leurs appartements percer les avenues,
Réveiller ces valets autour d'eux étendus,

De leur sacré repos ministres assidus,
Et pénétrer des lits au bruit inaccessibles,
Pensez-vous, au moment que les ombres paisibles
A ces lits enchanteurs ont su les attacher,
Que la voix d'un mortel les en puisse arracher?
Deux chantres feront-ils, dans l'ardeur de vous plaire,
Ce que, depuis trente ans, six cloches n'ont pu faire?
 Ah! je vois bien où tend tout ce discours trompeur,
Reprend le chaud vieillard : le prélat vous fait peur.
Je vous ai vus cent fois, sous sa main bénissante,
Courber servilement une épaule tremblante.
Hé bien, allez ; sous lui fléchissez les genoux :
Je saurai réveiller les chanoines sans vous.
Viens, Girot, seul ami qui me reste fidèle :
Prenons du saint jeudi la bruyante crécelle [1].
Suis-moi. Qu'à son lever le soleil aujourd'hui
Trouve tout le chapitre éveillé devant lui.
 Il dit. Du fond poudreux d'une armoire sacrée
Par les mains de Girot la crécelle est tirée.
Ils sortent à l'instant, et, par d'heureux efforts,
Du lugubre instrument font crier les ressorts.
Pour augmenter l'effroi, la Discorde infernale
Monte dans le Palais, entre dans la grand'salle,
Et, du fond de cet antre, au travers de la nuit,
Fait sortir le démon du tumulte et du bruit.
Le quartier alarmé n'a plus d'yeux qui sommeillent;
Déja de toutes parts les chanoines s'éveillent :
L'un croit que le tonnerre est tombé sur les toits,

---

[1] Instrument dont on se sert le jeudi saint au lieu de cloches. (B.)

Et que l'église brûle une seconde fois [1] ;
L'autre, encore agité de vapeurs plus funèbres,
Pense être au jeudi saint, croit que l'on dit ténèbres,
Et déja tout confus, tenant midi sonné,
En soi-même frémit de n'avoir point dîné.

 Ainsi, lorsque tout prêt à briser cent murailles
Louis, la foudre en main, abandonnant Versailles,
Au retour du soleil et des zéphyrs nouveaux,
Fait dans les champs de Mars déployer ses drapeaux;
Au seul bruit répandu de sa marche étonnante,
Le Danube s'émeut, le Tage s'épouvante,
Bruxelle attend le coup qui la doit foudroyer,
Et le Batave encore est prêt à se noyer.

 Mais en vain dans leurs lits un juste effroi les presse :
Aucun ne laisse encor la plume enchanteresse.
Pour les en arracher Girot s'inquiétant
Va crier qu'au chapitre un repas les attend.
Ce mot dans tous les cœurs répand la vigilance :
Tout s'ébranle, tout sort, tout marche en diligence.
Ils courent au chapitre, et chacun se pressant
Flatte d'un doux espoir son appétit naissant.
Mais, ô d'un déjeuner vaine et frivole attente !
A peine ils sont assis, que, d'une voix dolente,
Le chantre désolé, lamentant son malheur,
Fait mourir l'appétit et naître la douleur.
Le seul chanoine Évrard [2] d'abstinence incapable,
Ose encor proposer qu'on apporte la table.

---

 [1] Le toit de la Sainte-Chapelle fut brûlé en 1618. (B.)
 [2] Le personnage ici désigné s'appeloit Louis Roger d'Anse ou d'Ense. Il étoit connu pour le plus gourmand de la Sainte-Chapelle.

Mais il a beau presser, aucun ne lui répond :
Quand, le premier rompant ce silence profond,
Alain tousse, et se lève; Alain, ce savant homme [1],
Qui de Bauny vingt fois a lu toute la Somme [2],
Qui possède Abéli, qui sait tout Raconis [3],
Et même entend, dit-on, le latin d'A.-Kempis [4].

N'en doutez point, leur dit ce savant canoniste,
Ce coup part, j'en suis sûr, d'une main janséniste.
Mes yeux en sont témoins : j'ai vu moi-même hier
Entrer chez le prélat le chapelain Garnier [5].
Arnauld, cet hérétique ardent à nous détruire,
Par ce ministre adroit tente de le séduire :
Sans doute il aura lu dans son saint Augustin
Qu'autrefois saint Louis érigea ce lutrin;
Il va nous inonder des torrents de sa plume.
Il faut, pour lui répondre, ouvrir plus d'un volume.
Consultons sur ce point quelque auteur signalé;
Voyons si des lutrins Bauny n'a point parlé :
Étudions enfin, il en est temps encore;
Et, pour ce grand projet, tantôt dès que l'aurore
Rallumera le jour dans l'onde enseveli,
Que chacun prenne en main le moelleux Abéli [6].

---

[1] Sous le nom d'Alain, Boileau désignoit, dit-on, l'abbé Aubery, chanoine de Saint-Jacques, puis du Saint-Sépulchre, et enfin de la Sainte-Chapelle. Il étoit ennemi du jansénisme.

[2] *La Somme des péchés*, livre du jésuite Bauny.

[3] Evêque de Lavaur, qui a écrit contre Arnauld.

[4] Un des auteurs auxquels on attribue l'*Imitation de J. C.*

[5] Garnier pour *Fournier*, chapelain de la Sainte-Chapelle.

[6] Fameux auteur, qui a fait la *Moelle théologique* (*Medulla theologica*). (B.)

CHANT IV.

Ce conseil imprévu de nouveau les étonne :
Surtout le gras Évrard d'épouvante en frissonne.
Moi, dit-il, qu'à mon âge, écolier tout nouveau,
J'aille pour un lutrin me troubler le cerveau !
O le plaisant conseil ! Non, non, songeons à vivre :
Va maigrir, si tu veux, et sécher sur un livre.
Pour moi, je lis la Bible autant que l'Alcoran :
Je sais ce qu'un fermier nous doit rendre par an;
Sur quelle vigne à Reims [1] nous avons hypothèque :
Vingt muids rangés chez moi font ma bibliothèque.
En plaçant un pupitre on croit nous rabaisser :
Mon bras seul sans latin saura le renverser. [prouve?
Que m'importe qu'Arnauld me condamne ou m'ap-
J'abats ce qui me nuit partout où je le trouve :
C'est là mon sentiment. A quoi bon tant d'apprêts ?
Du reste déjeunons, messieurs, et buvons frais.

 Ce discours, que soutient l'embonpoint du visage,
Rétablit l'appétit, réchauffe le courage :
Mais le chantre surtout en paraît rassuré.
Oui, dit-il, le pupitre a déja trop duré.
Allons sur sa ruine assurer ma vengeance :
Donnons à ce grand œuvre une heure d'abstinence;
Et qu'au retour tantôt un ample déjeuner
Long-temps nous tienne à table et s'unisse au dîner.

 Aussitôt il se lève, et la troupe fidèle
Par ces mots attirants sent redoubler son zèle.
Ils marchent droit au chœur d'un pas audacieux,
Et bientôt le lutrin se fait voir à leurs yeux.

[1] Une partie des revenus de la Sainte-Chapelle consistoit en vins du territoire de Reims.

A ce terrible objet aucun d'eux ne consulte,
Sur l'ennemi commun ils fondent en tumulte,
Ils sapent le pivot, qui se défend en vain;
Chacun sur lui d'un coup veut honorer sa main.
Enfin sous tant d'efforts la machine succombe,
Et son corps entr'ouvert chancelle, éclate, et tombe:
Tel sur les monts glacés des farouches Gelons [1]
Tombe un chêne battu des voisins aquilons;
Ou tel, abandonné de ses poutres usées,
Fond enfin un vieux toit sous ses tuiles brisées.
La masse est emportée, et ses ais arrachés
Sont aux yeux des mortels chez le chantre cachés.

[1] Peuples de Sarmatie, voisins du Borysthène. (B.)

CHANT V.

L'aurore cependant, d'un juste effroi troublée,
Des chanoines levés voit la troupe assemblée,
Et contemple long-temps, avec des yeux confus,
Ces visages fleuris qu'elle n'a jamais vus.
Chez Sidrac aussitôt Brontin d'un pied fidèle
Du pupitre abattu va porter la nouvelle.
Le vieillard de ses soins bénit l'heureux succès,
Et sur un bois détruit bâtit mille procès.
L'espoir d'un doux tumulte échauffant son courage,
Il ne sent plus le poids ni les glaces de l'âge;
Et chez le trésorier, de ce pas, à grand bruit,
Vient étaler au jour les crimes de la nuit.
 Au récit imprévu de l'horrible insolence,
Le prélat hors du lit impétueux s'élance.
Vainement d'un breuvage à deux mains apporté
Gilotin avant tout le veut voir humecté :
Il veut partir à jeun. Il se peigne, il s'apprête;
L'ivoire trop hâté deux fois rompt sur sa tête,
Et deux fois de sa main le buis tombe en morceaux :
Tel Hercule filant rompoit tous les fuseaux.
Il sort demi-paré. Mais déja sur sa porte
Il voit de saints guerriers une ardente cohorte,
Qui tous, remplis pour lui d'une égale vigueur,
Sont prêts, pour le servir, à déserter le chœur.
Mais le vieillard condamne un projet inutile.
Nos destins sont, dit-il, écrits chez la Sibylle :

Son antre n'est pas loin; allons la consulter,
Et subissons la loi qu'elle nous va dicter.
Il dit : à ce conseil, où la raison domine,
Sur ses pas au barreau la troupe s'achemine,
Et bientôt, dans le temple, entend, non sans frémir,
De l'antre redouté les soupiraux gémir.

    Entre ces vieux appuis dont l'affreuse grand'salle
Soutient l'énorme poids de sa voûte infernale,
Est un pilier fameux [1], des plaideurs respecté,
Et toujours de Normands à midi fréquenté.
Là, sur des tas poudreux de sacs et de pratique,
Hurle tous les matins une Sibylle étique :
On l'appelle Chicane; et ce monstre odieux
Jamais pour l'équité n'eut d'oreilles ni d'yeux.
La Disette au teint blême, et la triste Famine,
Les Chagrins dévorants, et l'infame Ruine,
Enfants infortunés de ses raffinements,
Troublent l'air d'alentour de longs gémissements.
Sans cesse feuilletant les lois et la coutume,
Pour consumer autrui, le monstre se consume;
Et, dévorant maisons, palais, châteaux entiers,
Rend pour des monceaux d'or de vains tas de papiers.
Sous le coupable effort de sa noire insolence,
Thémis a vu cent fois chanceler sa balance.
Incessamment il va de détour en détour :
Comme un hibou, souvent il se dérobe au jour :
Tantôt, les yeux en feu, c'est un lion superbe;
Tantôt, humble serpent, il se glisse sous l'herbe.

---

[1] Le pilier des consultations. (B.)

CHANT V.

En vain, pour le dompter, le plus juste des rois
Fit régler le chaos des ténébreuses lois :
Ses griffes, vainement par Pussort [1] accourcies,
Se ralongent déja, toujours d'encre noircies;
Et ses ruses, perçant et digues et remparts,
Par cent brèches déja rentrent de toutes parts.
  Le vieillard humblement l'aborde et le salue;
Et faisant, avant tout, briller l'or à sa vue :
Reine des longs procès, dit-il, dont le savoir
Rend la force inutile, et les lois sans pouvoir,
Toi, pour qui dans le Mans le laboureur moissonne,
Pour qui naissent à Caen tous les fruits de l'automne :
Si, dès mes premiers ans, heurtant tous les mortels,
L'encre a toujours pour moi coulé sur tes autels,
Daigne encor me connoître en ma saison dernière;
D'un prélat qui t'implore exauce la prière.
Un rival orgueilleux, de sa gloire offensé,
A détruit le lutrin par nos mains redressé.
Épuise en sa faveur ta science fatale :
Du digeste et du code ouvre-nous le dédale;
Et montre-nous cet art, connu de tes amis,
Qui, dans ses propres lois, embarrasse Thémis.
  La Sibylle, à ces mots, déja hors d'elle-même,
Fait lire sa fureur sur son visage blême,
Et, pleine du démon qui la vient oppresser,
Par ces mots étonnants tâche à le repousser :
  Chantres, ne craignez plus une audace insensée.
Je vois, je vois au chœur la masse replacée :

---

[1] M. Pussort, conseiller d'état, est celui qui a le plus contribué à faire le code. (B.)

Mais il faut des combats. Tel est l'arrêt du sort.
Et surtout évitez un dangereux accord.

 Là bornant son discours, encor tout écumante,
Elle souffle aux guerriers l'esprit qui la tourmente;
Et dans leurs cœurs brûlants de la soif de plaider
Verse l'amour de nuire, et la peur de céder.

 Pour tracer à loisir une longue requête,
A retourner chez soi leur brigade s'apprête.
Sous leurs pas diligents le chemin disparoît,
Et le pilier, loin d'eux, déja baisse et décroît.

 Loin du bruit cependant les chanoines à table
Immolent trente mets à leur faim indomptable.
Leur appétit fougueux, par l'objet excité,
Parcourt tous les recoins d'un monstrueux pâté;
Par le sel irritant la soif est allumée;
Lorsque d'un pied léger la prompte Renommée,
Semant partout l'effroi, vient au chantre éperdu
Conter l'affreux détail de l'oracle rendu.
Il se lève, enflammé de muscat et de bile,
Et prétend à son tour consulter la Sibylle.
Évrard a beau gémir du repas déserté,
Lui-même est au barreau par le nombre emporté.
Par les détours étroits d'une barrière oblique,
Ils gagnent les degrés et le perron antique.
Où sans cesse, étalant bons et méchants écrits,
Barbin vend aux passants des auteurs à tout prix [1].

 Là le chantre à grand bruit arrive et se fait place,
Dans le fatal instant que, d'une égale audace,

---

[1] Barbin se piquoit de savoir vendre des livres quoique méchants. (B.)

CHANT V.

Le prélat et sa troupe, à pas tumultueux,
Descendoient du Palais l'escalier tortueux.
L'un et l'autre rival, s'arrêtant au passage,
Se mesure des yeux, s'observe, s'envisage;
Une égale fureur anime leurs esprits :
Tels deux fougueux taureaux [1] de jalousie épris,
Auprès d'une génisse au front large et superbe
Oubliant tous les jours le pâturage et l'herbe,
A l'aspect l'un de l'autre embrasés, furieux,
Déja le front baissé, se menacent des yeux.
Mais Évrard, en passant coudoyé par Boirude,
Ne sait point contenir son aigre inquiétude :
Il entre chez Barbin, et, d'un bras irrité,
Saisissant du Cyrus un volume écarté,
Il lance au sacristain le tome épouvantable.
Boirude fuit le coup : le volume effroyable
Lui rase le visage, et, droit dans l'estomac,
Va frapper en sifflant l'infortuné Sidrac.
Le vieillard, accablé de l'horrible Artamène [2],
Tombe aux pieds du prélat, sans pouls et sans haleine.
Sa troupe le croit mort, et chacun empressé
Se croit frappé du coup dont il le voit blessé.
Aussitôt contre Évrard vingt champions s'élancent,
Pour soutenir leur choc les chanoines s'avancent,
La Discorde triomphe, et du combat fatal
Par un cri donne en l'air l'effroyable signal.

Chez le libraire absent tout entre, tout se mêle :
Les livres sur Évrard fondent comme la grêle

[1] Virgile, Géorg. liv. III, v. 215. (B.)
[2] *Artamène* ou *le grand Cyrus*, roman de mademoiselle Scudéri. (B.)

Qui, dans un grand jardin, à coups impétueux,
Abat l'honneur naissant des rameaux fructueux.
Chacun s'arme au hasard du livre qu'il rencontre :
L'un tient l'Édit d'amour[1], l'autre en saisit la Montre[2],
L'un prend le seul Jonas qu'on ait vu relié;
L'autre un Tasse françois[3], en naissant oublié.
L'élève de Barbin, commis à la boutique,
Veut en vain s'opposer à leur fureur gothique;
Les volumes, sans choix à la tête jetés,
Sur le perron poudreux volent de tous côtés :
Là, près d'un Guarini, Térence tombe à terre;
Là, Xénophon dans l'air heurte contre un La Serre.
Oh ! que d'écrits obscurs, de livres ignorés,
Furent en ce grand jour de la poudre tirés !
Vous en fûtes tirés, Almerinde et Simandre[4] :
Et toi, rebut du peuple, inconnu Caloandre[5]
Dans ton repos, dit-on, saisi par Gaillerbois[6],
Tu vis le jour alors pour la première fois.
Chaque coup sur la chair laisse une meurtrissure :
Déja plus d'un guerrrier se plaint d'une blessure.
D'un Le Vayer épais Giraut est renversé :
Marineau, d'un Brébeuf à l'épaule blessé,

---

[1] Opuscule de *Regnier Desmarais* ou *Desmaréts*, secrétaire perpetuel de l'académie françoise.

[2] De Bonnecorse. (B.)

[3] Traduction de Le Clerc. (B.)

[4] Titre d'un roman traduit de l'italien de Luca Assarino.

[5] Roman italien traduit par Scudéri. Ce roman est d'Ambrosio Marino.

[6] Chanoine de la Sainte-Chapelle, frère du lieutenant-criminel Tardieu.

En sent par tout le bras une douleur amère,
Et maudit la Pharsale aux provinces si chère.
D'un Pinchêne in-quarto Dodillon étourdi
A long-temps le teint pâle et le cœur affadi.
Au plus fort du combat le chapelain Garagne,
Vers le sommet du front atteint d'un Charlemagne,
(Des vers de ce poëme effet prodigieux!)
Tout prêt à s'endormir, bâille, et ferme les yeux.
A plus d'un combattant la Clélie est fatale :
Girou dix fois par elle éclate et se signale.
Mais tout cède aux efforts du chanoine Fabri [1].
Ce guerrier, dans l'église aux querelles nourri,
Est robuste de corps, terrible de visage,
Et de l'eau dans son vin n'a jamais su l'usage.
Il terrasse lui seul et Guibert et Grasset,
Et Gorillon la basse, et Grandin le fausset,
Et Gerbais l'agréable, et Guérin l'insipide.
 Des chantres désormais la brigade timide
S'écarte, et du Palais regagne les chemins.
Telle, à l'aspect d'un loup, terreur des champs voisins,
Fuit d'agneaux effrayés une troupe bêlante :
Ou tels devant Achille, aux campagnes du Xanthe,
Les Troyens se sauvoient à l'abri de leurs tours,
Quand Brontin à Boirude adresse ce discours :
 Illustre porte-croix, par qui notre bannière
N'a jamais en marchant fait un pas en arrière,
Un chanoine lui seul triomphant du prélat

---

[1] Altération du nom de Lefebvre, conseiller clerc, homme très violent.

Du rochet à nos yeux ternira-t-il l'éclat?
Non, non : pour te couvrir de sa main redoutable [1],
Accepte de mon corps l'épaisseur favorable.
Viens, et, sous ce rempart, à ce guerrier hautain
Fais voler ce Quinault qui me reste à la main.
A ces mots, il lui tend le doux et tendre ouvrage.
Le sacristain, bouillant de zèle et de courage,
Le prend, se cache, approche, et, droit entre les yeux,
Frappe du noble écrit l'athlète audacieux.
Mais c'est pour l'ébranler une foible tempête,
Le livre sans vigueur mollit contre sa tête.
Le chanoine les voit, de colère embrasé :
Attendez, leur dit-il, couple lâche et rusé,
Et jugez si ma main aux grands exploits novice,
Lance à mes ennemis un livre qui mollisse.
A ces mots il saisit un vieil Infortiat [2],
Grossi des visions d'Accurse et d'Alciat,
Inutile ramas de gothique écriture,
Dont quatre ais mal unis formoient la couverture,
Entourée à demi d'un vieux parchemin noir,
Où pendoit à trois clous un reste de fermoir.
Sur l'ais qui le soutient auprès d'un Avicenne [3],
Deux des plus forts mortels l'ébranleroient à peine :
Le chanoine pourtant l'enlève sans effort,
Et, sur le couple pâle et déja demi-mort,
Fait tomber à deux mains l'effroyable tonnerre.
Les guerriers de ce coup vont mesurer la terre,

---

[1] Iliade, liv. vIII, v. 267. (B.)
[2] Livre de droit d'une grosseur énorme. (B.)
[3] Auteur arabe. (B.)

CHANT V.

Et, du bois et des clous meurtris et déchirés,
Long-temps, loin du perron, roulent sur les degrés.
　Au spectacle étonnant de leur chute imprévue,
Le prélat pousse un cri qui pénètre la nue.
Il maudit dans son cœur le démon des combats,
Et de l'horreur du coup il recule six pas.
Mais bientôt, rappelant son antique prouesse,
Il tire du manteau sa dextre vengeresse;
Il part, et, de ses doigts saintement alongés,
Bénit tous les passants, en deux files rangés.
Il sait que l'ennemi, que ce coup va surprendre,
Désormais sur ses pieds ne l'oseroit attendre,
Et déja voit pour lui tout le peuple en courroux
Crier aux combattants : Profanes, à genoux !
Le chantre, qui de loin voit approcher l'orage,
Dans son cœur éperdu cherche en vain du courage,
Sa fierté l'abandonne, il tremble, il cède, il fuit.
Le long des sacrés murs sa brigade le suit :
Tout s'écarte à l'instant; mais aucun n'en réchappe;
Partout le doigt vainqueur les suit et les ratrape.
Évrard seul, en un coin prudemment retiré,
Se croyoit à couvert de l'insulte sacré :
Mais le prélat vers lui fait une marche adroite :
Il l'observe de l'œil; et, tirant vers la droite,
Tout d'un coup tourne à gauche, et d'un bras fortuné
Bénit subitement le guerrier consterné.
Le chanoine, surpris de la foudre mortelle,
Se dresse, et lève en vain une tête rebelle;
Sur ses genoux tremblants il tombe à cet aspect,
Et donne à la frayeur ce qu'il doit au respect.

Dans le temple aussitôt le prélat plein de gloire
Va goûter les doux fruits de sa sainte victoire :
Et de leur vain projet les chanoines punis
S'en retournent chez eux, éperdus, et bénis.

CHANT VI.

1681—1683.

Tandis que tout conspire à la guerre sacrée,
La Piété sincère, aux Alpes retirée [1],
Du fond de son désert entend les tristes cris
De ses sujets cachés dans les murs de Paris.
Elle quitte à l'instant sa retraite divine :
La Foi, d'un pas certain, devant elle chemine;
L'Espérance au front gai l'appuie et la conduit;
Et, la bourse à la main, la Charité la suit.
Vers Paris elle vole, et, d'une audace sainte,
Vient aux pieds de Thémis proférer cette plainte :
  Vierge, effroi des méchants, appui de mes autels,
Qui, la balance en main, règles tous les mortels,
Ne viendrai-je jamais en tes bras salutaires
Que pousser des soupirs et pleurer mes misères !
Ce n'est donc pas assez qu'au mépris de tes lois
L'Hypocrisie ait pris et mon nom et ma voix;
Que, sous ce nom sacré, partout ses mains avares
Cherchent à me ravir crosses, mitres, tiares !
Faudra-t-il voir encor cent monstres furieux
Ravager mes états usurpés à tes yeux !
Dans les temps orageux de mon naissant empire,
Au sortir du baptême on couroit au martyre.

[1] La grande chartreuse est dans les Alpes. (B.)

Chacun, plein de mon nom, ne respiroit que moi :
Le fidèle, attentif aux règles de sa loi,
Fuyant des vanités la dangereuse amorce,
Aux honneurs appelé, n'y montoit que par force :
Ces cœurs, que les bourreaux ne faisoient point frémir,
A l'offre d'une mitre étoient prêts à gémir ;
Et, sans peur des travaux, sur mes traces divines
Couroient chercher le ciel au travers des épines.
Mais depuis que l'Église eut, aux yeux des mortels,
De son sang en tous lieux cimenté ses autels,
Le calme dangereux succédant aux orages,
Une lâche tiédeur s'empara des courages :
De leur zèle brûlant l'ardeur se ralentit ;
Sous le joug des péchés leur foi s'appesantit :
Le moine secoua le cilice et la haire ;
Le chanoine indolent apprit à ne rien faire ;
Le prélat, par la brigue aux honneurs parvenu,
Ne sut plus qu'abuser d'un ample revenu,
Et pour toutes vertus fit au dos d'un carrosse,
A côté d'une mitre, armorier sa crosse.
L'Ambition partout chassa l'Humilité ;
Dans la crasse du froc logea la Vanité.
Alors de tous les cœurs l'union fut détruite,
Dans mes cloîtres sacrés la Discorde introduite
Y bâtit de mon bien ses plus sûrs arsenaux ;
Traîna tous mes sujets au pied des tribunaux.
En vain à ses fureurs j'opposai mes prières ;
L'insolente, à mes yeux, marcha sous mes bannières.
Pour comble de misère, un tas de faux docteurs
Vint flatter les péchés de discours imposteurs ;

Infectant les esprits d'exécrables maximes,
Voulut faire à Dieu même approuver tous les crimes.
Une servile peur tint lieu de charité;
Le besoin d'aimer Dieu passa pour nouveauté :
Et chacun à mes pieds, conservant sa malice,
N'apporta de vertu que l'aveu de son vice.

Pour éviter l'affront de ces noirs attentats,
J'allai chercher le calme au séjour des frimas,
Sur ces monts entourés d'une éternelle glace
Où jamais au printemps les hivers n'ont fait place.
Mais, jusque dans la nuit de mes sacrés déserts,
Le bruit de mes malheurs fait retentir les airs.
Aujourd'hui même encore une voix trop fidèle
M'a d'un triste désastre apporté la nouvelle :
J'apprends que, dans ce temple où le plus saint [1] des rois
Consacra tout le fruit de ses pieux exploits,
Et signala pour moi sa pompeuse largesse,
L'implacable Discorde et l'infame Mollesse,
Foulant aux pieds les lois, l'honneur et le devoir,
Usurpent en mon nom le souverain pouvoir.
Souffriras-tu, ma sœur, une action si noire?
Quoi ! ce temple, à ta porte, élevé pour ma gloire,
Où jadis des humains j'attirois tous les vœux,
Sera de leurs combats le théâtre honteux !
Non, non, il faut enfin que ma vengeance éclate :
Assez et trop long-temps l'impunité les flatte.
Prends ton glaive, et, fondant sur ces audacieux,
Viens aux yeux des mortels justifier les cieux.

[1] Saint Louis, fondateur de la Sainte-Chapelle. (B.)

Ainsi parle à sa sœur cette vierge enflammée;
La grace est dans ses yeux d'un feu pur allumée.
Thémis sans différer lui promet son secours,
La flatte, la rassure et lui tient ce discours :

Chère et divine sœur, dont les mains secourables
Ont tant de fois séché les pleurs des misérables,
Pourquoi toi-même, en proie à tes vives douleurs,
Cherches-tu sans raison à grossir tes malheurs?
En vain de tes sujets l'ardeur est ralentie;
D'un ciment éternel ton église est bâtie,
Et jamais de l'enfer les noirs frémissements
N'en sauroient ébranler les fermes fondements.
Au milieu des combats, des troubles, des querelles,
Ton nom encor chéri vit au sein des fidèles.
Crois-moi, dans ce lieu même où l'on veut t'opprimer,
Le trouble qui t'étonne est facile à calmer :
Et, pour y rappeler la paix tant désirée,
Je vais t'ouvrir, ma sœur, une route assurée.
Prête-moi donc l'oreille, et retiens tes soupirs.

Vers ce temple fameux, si cher à tes désirs,
Où le ciel fut pour toi si prodigue en miracles,
Non loin de ce palais où je rends mes oracles,
Est un vaste séjour des mortels révéré,
Et de clients soumis à toute heure entouré [1].
Là, sous le faix pompeux de ma pourpre honorable,
Veille au soin de ma gloire un homme incomparable [2],
Ariste, dont le Ciel et Louis ont fait choix
Pour régler ma balance et dispenser mes lois.

[1] L'hôtel du premier président, aujourd'hui la préfecture de police.
[2] M. de Lamoignon, premier président. (B.)

CHANT VI.

Par lui dans le barreau sur mon trône affermie,
Je vois hurler en vain la Chicane ennemie :
Par lui la vérité ne craint plus l'imposteur,
Et l'orphelin n'est plus dévoré du tuteur.
Mais pourquoi vainement t'en retracer l'image?
Tu le connois assez; Ariste est ton ouvrage.
C'est toi qui le formas dès ses plus jeunes ans :
Son mérite sans tache est un de tes présents.
Tes divines leçons, avec le lait sucées,
Allumèrent l'ardeur de ses nobles pensées.
Aussi son cœur, pour toi brûlant d'un si beau feu,
N'en fit point dans le monde un lâche désaveu ;
Et son zèle hardi, toujours prêt à paroître,
N'alla point se cacher dans les ombres d'un cloître.
Va le trouver, ma sœur : à ton auguste nom,
Tout s'ouvrira d'abord en sa sainte maison.
Ton visage est connu de sa noble famille;
Tout y garde tes lois, enfants, sœur, femme, fille.
Tes yeux d'un seul regard sauront le pénétrer;
Et, pour obtenir tout, tu n'as qu'à te montrer.

 Là s'arrête Thémis. La Piété charmée
Sent renaître la joie en son ame calmée.
Elle court chez Ariste; et s'offrant à ses yeux :

 Que me sert, lui dit-elle, Ariste, qu'en tous lieux
Tu signales pour moi ton zèle et ton courage,
Si la Discorde impie à ta porte m'outrage?
Deux puissants ennemis, par elle envenimés,
Dans ces murs, autrefois si saints, si renommés,
A mes sacrés autels font un profane insulte,
Remplissent tout d'effroi, de trouble et de tumulte.

De leur crime à leurs yeux va-t'en peindre l'horreur :
Sauve-moi, sauve-les de leur propre fureur.

 Elle sort à ces mots. Le héros en prière
Demeure tout couvert de feux et de lumière.
De la céleste fille il reconnoît l'éclat,
Et mande au même instant le chantre et le prélat.

 Muse, c'est à ce coup que mon esprit timide
Dans sa course élevée a besoin qu'on le guide,
Pour chanter par quels soins, par quels nobles travaux,
Un mortel sut fléchir ces superbes rivaux.

 Mais plutôt, toi qui fis ce merveilleux ouvrage,
Ariste, c'est à toi d'en instruire notre âge.
Seul tu peux révéler par quel art tout puissant
Tu rendis tout à coup le chantre obéissant.
Tu sais par quel conseil rassemblant le chapitre
Lui-même, de sa main, reporta le pupitre ;
Et comment le prélat, de ses respects content,
Le fit du banc fatal enlever à l'instant.
Parle donc : c'est à toi d'éclaircir ces merveilles.
Il me suffit pour moi d'avoir su, par mes veilles,
Jusqu'au sixième chant pousser ma fiction,
Et fait d'un vain pupitre un second Ilion.
Finissons. Aussi bien, quelque ardeur qui m'inspire,
Quand je songe au héros qui me reste à décrire,
Qu'il faut parler de toi, mon esprit éperdu
Demeure sans parole, interdit, confondu.

 Ariste, c'est ainsi qu'en ce sénat illustre
Où Thémis, par tes soins, reprend son premier lustre,
Quand, la première fois, un athlète nouveau
Vient combattre en champ clos aux joutes du barreau,

CHANT VI.

Souvent sans y penser ton auguste présence
Troublant par trop d'éclat sa timide éloquence,
Le nouveau Cicéron, tremblant, décoloré,
Cherche en vain son discours sur sa langue égaré :
En vain, pour gagner temps, dans ses transes affreuses,
Traîne d'un dernier mot les syllabes honteuses;
Il hésite, il bégaie; et le triste orateur
Demeure enfin muet aux yeux du spectateur [1].

[1] L'orateur demeurant muet, il n'y a plus d'auditeurs : il reste seulement des spectateurs. (B.) On croit que le poëte a voulu désigner dans cet orateur qui reste muet l'avocat Barbier-d'Aucour, qui perdit la mémoire au milieu de son premier plaidoyer, et abandonna depuis la robe pour la plume.

TABLE

DES

MATIÈRES CONTENUES DANS CE VOLUME.

Avertissement du nouvel éditeur.	Page j
Vie de Boileau, par M. Daunou.	v
Préfaces de Boileau.	lxxvij
Discours au roi.	1
Discours sur la satire.	7

SATIRES.

I. Adieux d'un poëte à la ville de Paris.	15
II. A Molière. Sur la difficulté d'accorder la rime et la raison.	22
III. Description d'un mauvais dîner.	26
IV. A M. l'abbé Le Vayer. Les folies humaines.	35
V. A M. le marquis de Dangeau. Sur la noblesse.	40
VI. Les embarras de Paris.	46
VII. Sur le genre satirique.	51
VIII. A M. M*** (Morel). Sur l'homme.	55
IX. L'auteur à son esprit.	67
Avertissement sur la satire X.	80
X. Les femmes.	82
XI. A M. de Valincour. Sur l'honneur.	110
Avertissement sur la satire XII.	118
XII. Sur l'Équivoque.	124

ÉPITRES.

Avertissement sur l'épître première.	139
I. Au Roi. Contre les conquêtes.	141
II. A M. l'abbé des Roches. Contre les plaideurs.	149
III. A M. Arnauld. La mauvaise honte.	152
Avertissement sur l'épître IV.	156

TABLE.

IV. Au Roi. Le passage du Rhin. Page	157
V. A M. de Guilleragues. Se connoître soi-même.	164
VI. A M. de Lamoignon. La campagne et la ville.	170
VII. A M. Racine. Le profit à tirer de la critique.	177
VIII. Au Roi. Remercîment.	182
IX. A M. le marquis de Seignelay. Rien n'est beau que le vrai.	187
Préface pour les trois dernières épîtres.	194
X. A mes Vers. Détails de la vie de l'auteur.	198
XI. A mon Jardinier. Le travail.	204
XII. A M. l'abbé Renaudot. Sur l'amour de Dieu.	209

L'ART POÉTIQUE.

Chant Ier.	221
Chant II.	230
Chant III.	238
Chant IV.	254

LE LUTRIN.

Avis au lecteur.	265
Chant Ier.	269
Chant II.	279
Chant III.	285
Chant IV.	292
Chant V.	301
Chant VI.	311

FIN DE LA TABLE.

www.ingramcontent.com/pod-product-compliance
Lightning Source LLC
Chambersburg PA
CBHW050918230426
43666CB00010B/2221